日本人が意外と知らない

# 「アメリカ50州」の秘密

松尾弌之 監修
株式会社レッカ社 編著

PHP文庫

日本人が意外と知らない

# 「アメリカ50州」の秘密

松尾弌之 監修／株式会社レッカ社 編著

PHP文庫

○本表紙図柄＝ロゼッタ・ストーン（大英博物館蔵）
○本表紙デザイン＋紋章＝上田晃郷

はじめに

# いくつもの顔を持つ「不思議の国」アメリカ

映画、食物、衣類、それに英語など「アメリカ」は私たちの身の回りにあふれている。そうしたものに取り囲まれているうちに、ついついアメリカをわかったつもりになり、「もうこれ以上知る必要がない」などという気になってしまうかもしれない。

しかし、アメリカ合衆国の面積は日本の二五倍以上。その広がりは「二五倍」という数字がただ概念的に表現する大きさよりも、はるかに大きい。すなわち、私たちの想像を絶する膨大な大地の上に広がるのがアメリカの姿だ。

あまりにも膨大すぎるため、日本人一人ひとりが思い描くアメリカ像（最先端、近代的、合理的など）にはそぐわない「アメリカ」が、あちらこちらに存在する。なかには、ほとんど信じられないような事象もある。大陸中央部を貫くミシシッピ川には、あまり見かけることはないが、ときどき水面に顔を出すヒゲを生やした巨大なほ乳類が生息しているという。マナーテといわれる草食動物で、ジュゴンの仲間らしい。ノースカロライナ州沿岸のロアノーク島では、十六世紀英国時代の言語が「方言」として残っている。同じようにルイジアナ州ニューオーリンズの郊外には、古いフランス語を日常語とする人々が暮らしている。

古いものだけではない。同性同士の結婚が成立する場所もある。公にギャンブルが認められて、現金を入れて勝負をするスロットマシンの行列が空港の到着ロビーに置いてある場所もある。病気で死ぬときに自らの身体を冷凍させて、医学が進歩した未来に生き返ることを夢見る人たちもいる。

アメリカはどこもかしこも近代的で、衛生的で、高層ビルの林立する、大都市からなる国ではない。かといってとうもろこし畑の広がる、農業だけが特徴の国というわけでもない。むしろいくつもの顔を持ち、バラエティーに富み、つかみ所のない「不思議の国」である。

そのアメリカを、本書では「場所の広がり」として捉え、五〇州別に解説している。最初から順に読んでいただいてもかまわないし、終わりからさかのぼって読んでも、気になる州をつまみ食いしてもかまわない。アメリカをあまり知らない方でも手軽に読めるよう、それぞれの州の特徴・個性をわかりやすく切り取ったつもりである。

松尾弌之

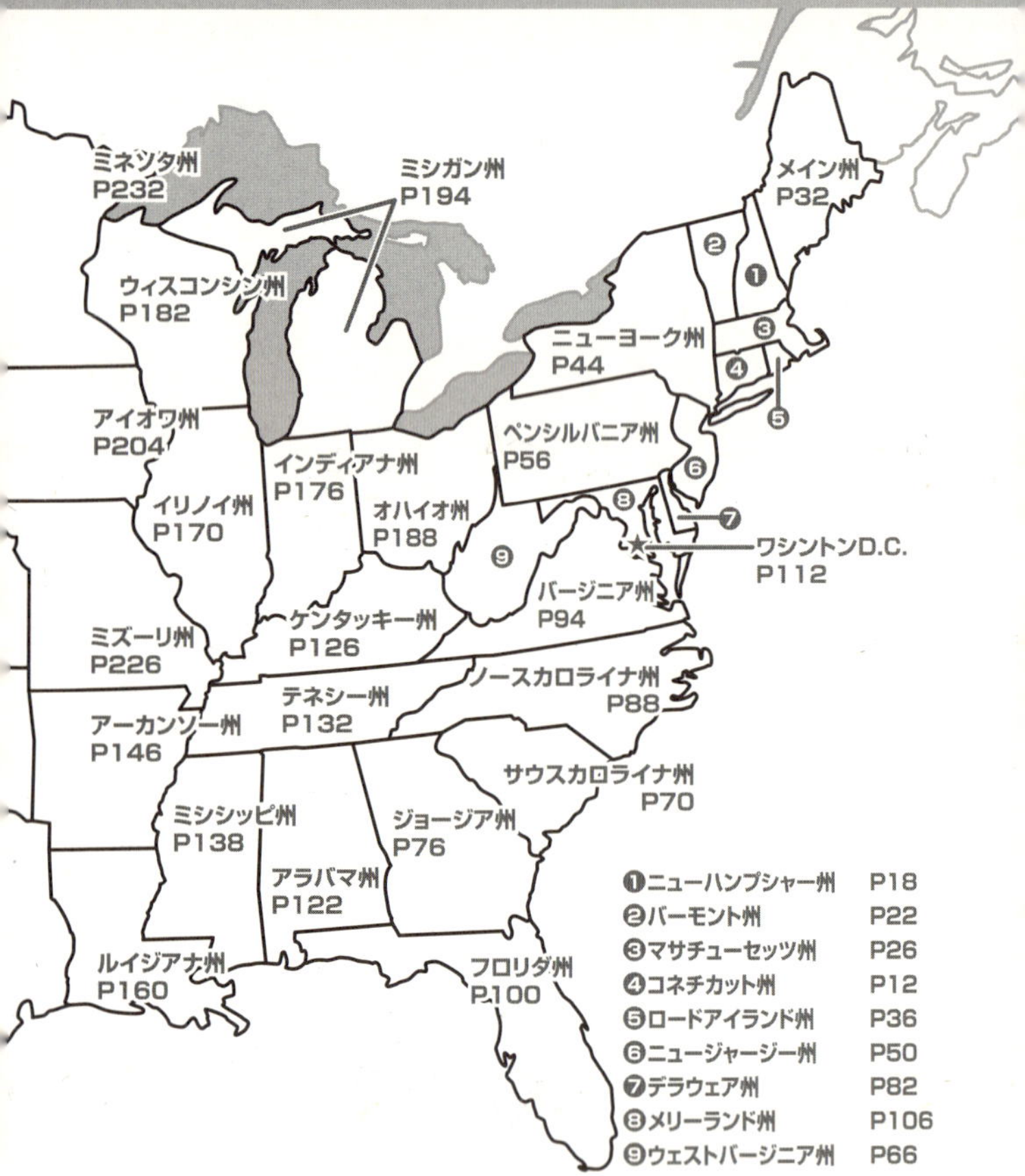
ミネソタ州
P232
ミシガン州
P194
メイン州
P32
ウィスコンシン州
P182
ニューヨーク州
P44
アイオワ州
P204
ペンシルバニア州
P56
インディアナ州
P176
イリノイ州
P170
オハイオ州
P188
ワシントンD.C.
P112
バージニア州
P94
ケンタッキー州
P126
ミズーリ州
P226
ノースカロライナ州
P88
テネシー州
P132
アーカンソー州
P146
サウスカロライナ州
P70
ミシシッピ州
P138
ジョージア州
P76
アラバマ州
P122
ルイジアナ州
P160
フロリダ州
P100
❶ニューハンプシャー州 P18
❷バーモント州 P22
❸マサチューセッツ州 P26
❹コネチカット州 P12
❺ロードアイランド州 P36
❻ニュージャージー州 P50
❼デラウェア州 P82
❽メリーランド州 P106
❾ウェストバージニア州 P66

# アメリカ州地図

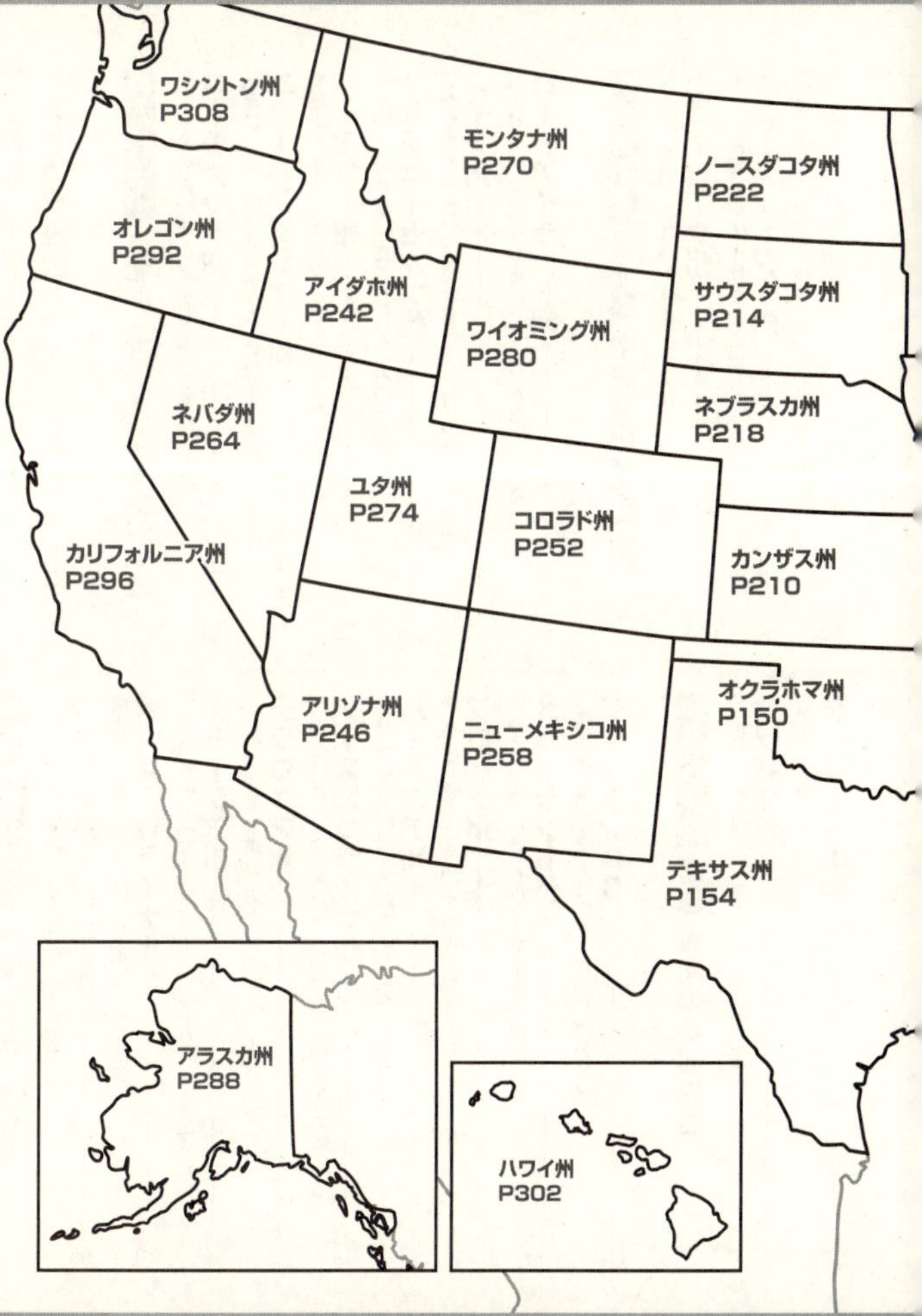
ワシントン州
P308
モンタナ州
P270
ノースダコタ州
P222
オレゴン州
P292
アイダホ州
P242
サウスダコタ州
P214
ワイオミング州
P280
ネブラスカ州
P218
ネバダ州
P264
ユタ州
P274
コロラド州
P252
カリフォルニア州
P296
カンザス州
P210
オクラホマ州
P150
アリゾナ州
P246
ニューメキシコ州
P258
テキサス州
P154
アラスカ州
P288
ハワイ州
P302

## CONTENTS

CONTENTS

# PART 1
# 東北部　ニューイングランド地域

古くからイギリスの植民地として栄えてきたニューイングランド地域の6州。農業に適した土地がそれほど多くないため、産業の中枢は漁業、近年では工業が担ってきた。教育・文化面にも力を入れている州が多い。

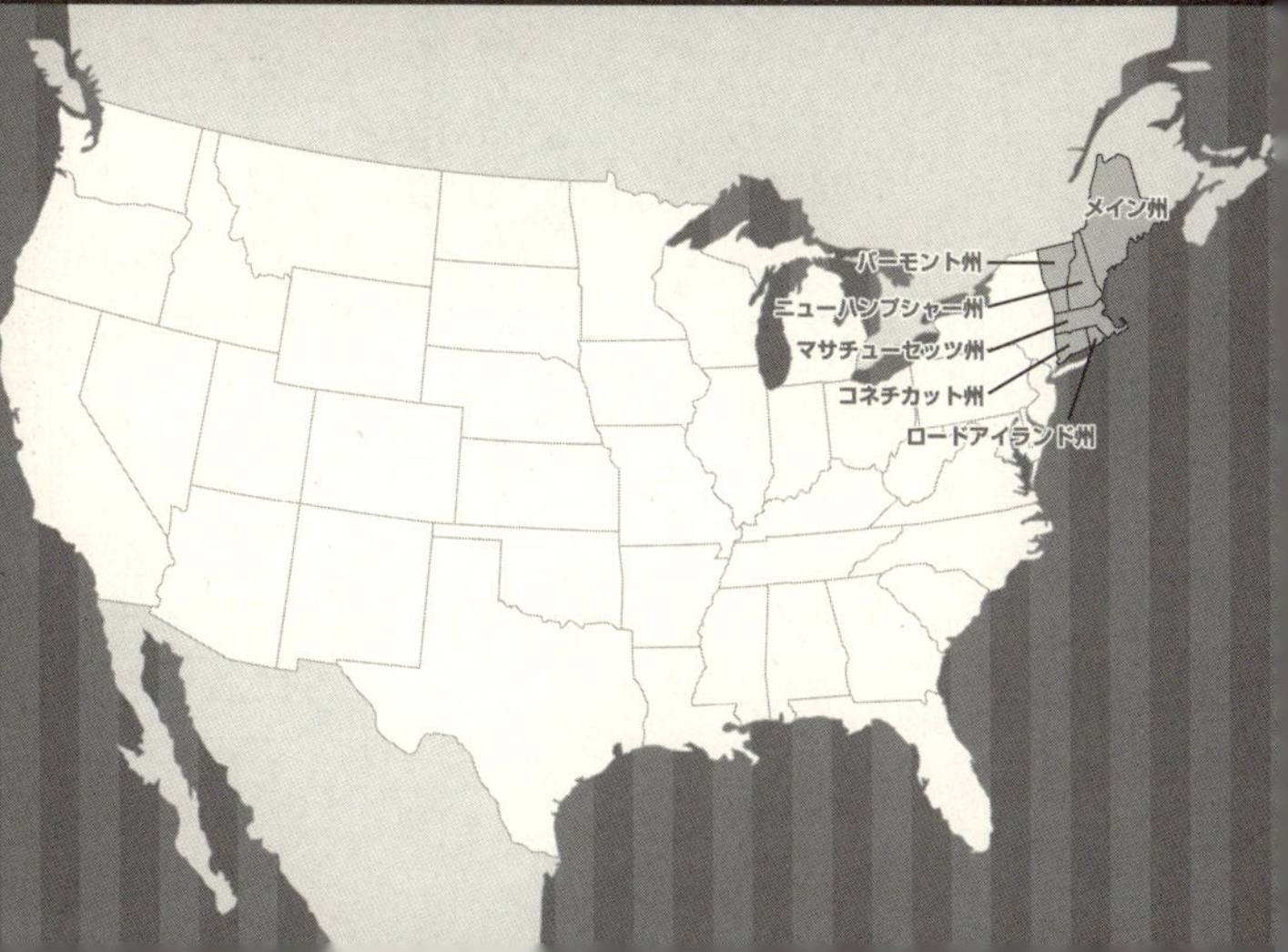

アメリカの近代化を牽引した最も裕福な州

# コネチカット州

Connecticut

| | |
|---|---|
| 人口 | 3,405,565人 |
| 面積 | 14,357km² |
| 略称(郵便略称) | Conn.(CT) |
| 合衆国加盟 | 1788年1月9日 |
| 州都 | ハートフォード |

## ■愛国歌「ヤンキー・ドゥードル」を州歌に持つ

日本人ならば、誰もが童謡『アルプス一万尺』を一度は耳にしたことがあるだろう。この歌は、実はアメリカの民謡『ヤンキー・ドゥードル』のメロディーに日本オリジナルの歌詞をつけた童謡である。

この童謡のメロディー自体は、中世ヨーロッパ時代から存在していた。だが、『ヤンキー・ドゥードル』という題名がつけられたのはフレンチ・インディアン戦争時の一七七五年のことだ。題名と歌詞はイギリス人軍医のシュックバーグが創作したもので、植民地兵を揶揄《やゆ》する内容だったという。

ところが、当の植民地兵は軽快なこの曲を気に入り、のちに勃発したアメリカ独立戦争時には植民地兵からなる独立軍が愛唱するようになった。もちろん歌詞は反英的な内容に変えられたが、それでも「まぬけなニューイングランド人」を意味す

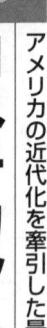

エール大学は、ハーバード大学と並ぶ最高学府のひとつ。長い歴史と伝統を持ち、法曹界や政界に多くの卒業生を輩出している。　Photo:アフロ

る『ヤンキー・ドゥードル』という題名を残す遊び心は、なんともアメリカ人らしい。

さて、前置きが長くなってしまったが、今やアメリカの準国歌的地位を占める『ヤンキー・ドゥードル』を、州歌に指定しているのがコネチカット州だ。同州は独立一三州の一州で、独立戦争時の愛国歌を堂々と州歌に指定していることからも、アメリカを牽引してきた州としてのプライドがうかがえる。

## ■数々の「米国初」を誕生させる

一六三六年、コネチカット植民地議会は「基本議事規則」を制定した。これは植民地初の州憲法で、合衆国憲法（一七八七年）はこれをもとにつくられている。このことからコネチカット州は「憲法の州」と呼ばれ、この呼び名は一九五九年に同州議会によって「公式の俗称」として採用された。

州憲法に始まり、以降の同州では「米国初」の組織や施設が次々と誕生している。一七〇九年、州南東部のニューロンドンに米国初の印刷所が開設され、一七八四年には米国初の法律学校タッピング・リーブが開校された。そして、一七九五年には米国初の保険会社が設立されている。

また、のちに考案された火災保険や自動車保険なども同州の保険会社が最初に実施している。現在、州都ハートフォードには七〇社を超える保険会社の本拠地が集中し、「保険の首都」という異名がある。ちなみに一八一〇年創業の大手保険会社「ハートフォード生命保険」は、二〇〇〇年に日本で法人化されており、二〇〇九年現在、プロ野球・千葉ロッテマリーンズのスポンサーも務めている。

また、同州出身のノア・ウェブスターが米国初の辞書を出版した功績も見逃せない。同じ英語圏で宗主国だったイギリスの辞書ではなく、「アメリカ英語」の独自の綴《つづ》りや単語をまとめた「ウェブスター辞書」は、独立から間もないアメリカ人に向けて、愛国心の高揚を促したといっても過言ではない。

このほかにも、米国初となる公開美術館ワズワース・アテネウムの設立（一八四二年）や、米海軍初の潜水艦建造（一九〇〇年）など、コネチカット州は多方面においてアメリカの近代化に大きく貢献したのだ。

## ■個人所得が全米ナンバーワンの州

現在の主要産業は、保険業を除けば航空機部品や家電類などの機械工業である。同州は北部から南部へと四本の河川が流れ、恵まれた水路によって古くは独立戦争時の軍需物資の供給で栄えた。その後も活発に工業化が進み、米国内における工業リーダーの役割を担うようになった。

さらに当時の州民は、地元で製造した道具や機械などを販売する手腕に長けていたという。他州の人々は巧みな話術に誘われ、購入予定のなかった「wooden nutmeg（木でつくられたナツメグの模造品）」まで買ってしまうことから、しばしば彼らを「ナツメグ・ヤンキー」と呼んだそうだ。同州には「ナツメグ州」というニックネームがあるが、これは香辛料であるナツメグが名産だったわけではなく、州民が販売した模造品のナツメグにちなんでつけられたものだ。

建国初期から栄えた保険業と工業、これに加えて「商売上手」という州民の特徴は現在にも受け継がれ、同州の個人所得は全米第一位（二万八七六六ドル）となっている。

また、コネチカット州には、複写機メーカーのゼロックスやサンドイッチ・チェーンのサブウェイ、そして世界最大の複合企業ゼネラル・エレクトリックなど、大手企業の本拠地が数多く置かれている。このようなことから、同州は「裕福な州」というイメージが強く、マンハッタンで働くエリートなど近隣州の上流層が、コネチカットの高級住宅街に居を構えるケースも少なくない。

## ■エール大学を擁する学術都市ニューヘイブン

充実した教育も、同州の高級なイメージに強く影響している。同州第二の都市ニユーヘイブンは、数多《あまた》の教育機関や研究施設を抱える世界でも屈指の学術都市として知られ、なかでも有名なのは、アメリカで三番目に古い歴史を持つ名門、私立エール大学である。

一七〇一年に開校したエール大学は、ハーバード大学と並ぶアメリカの最高学府で、イギリス・THE社が発表する「二〇〇八年世界大学ランキング」では世界第二位に選出されている。特に法学・政治学の分野に秀でており、歴代大統領を筆頭に法曹界や政界に多くの卒業生を輩出している。

なお、前述のウェブスターはアメリカ史の教科書を編纂《へんさん》した人物でもあり、ニューヘイブン市内にはウェブスターら教育界の発展に尽力した名士の墓がある。

| | |
|---|---|
| モットー | 移住せし者、なお耐え抜く |
| ニックネーム | ナツメグ州、厳格な法律の州、物質補給州 |
| シンボル | 州鳥：コマツグミ、州花：ハナガサノキ |
| 産業・産物 | 航空機部品製造業、機械業、保険業、タバコ |
| 出来事・行事 | 米国初の保険会社設立（1795年）、米国初の女性州知事誕生（1974年）、バーナム・フェスティバル（8月） |
| 施設・企業<br>大学・組織 | エール大学、ゼロックス本社、ハートフォード生命保険本社、ゼネラル・エレクトリック本社 |
| 出身者 | カーペンターズ（兄妹デュオ）、チャールズ・グッドイヤー（硫化ゴム発明者）、ノア・ウェブスター（辞書編集者）、ストー夫人（作家） |

四年に一度、注目を集める「大統領予備選」スタート州

# ニューハンプシャー州

New Hampshire

| | |
|---|---|
| 人口 | 1,235,786人 |
| 面積 | 24,216 km² |
| 略称(郵便略称) | N.H.(NH) |
| 合衆国加盟 | 1788年6月21日 |
| 州都 | コンコード |

## ■日本史にも縁の深い「ポーツマス条約」の締結地

ニューイングランド地域の中央部に位置するニューハンプシャー州は、アメリカ合衆国が誕生した際の一三植民地のひとつである。人口、面積ともに下から数えた方が早い小さな州だが、ニューイングランドの多くの州と同様に、長い歴史と伝統を誇る重要な州として知られている。

こうした背景からか、同州のモットーは「自由に生きるか、さもなくば死を」という、いささか現代では刺激的な内容だ。これはバージニアのパトリック・ヘンリーの言葉として知られ、独立戦争時に活躍したニューハンプシャーの英雄、ジョン・スターク将軍も掲げた言葉だ。このように、激動の時代を生き抜いた先人の遺志を今日まで語り継ぐ精神もまた、一三植民地だった同州の特徴なのかもしれない。

州名の由来はイギリス南部のハンプシャーで、これは一六二二年、同州の植民地

2008年1月にニューハンプシャー州で行われた大統領予備選挙の様子。
Photo:ロイター/アフロ

開発許可を得たジョン・メイソンの出身地である。州都のコンコードを中心に、かつては花崗岩《かこうがん》を多く産出する地域として栄えたことから、「花崗岩の州」という俗称でも親しまれている。

同州の歴史において、日本人が最もなじみ深いのは「ポーツマス条約」だろう。この条約は一九〇五年、日露戦争の講和会議が開催された同州南東部の港湾都市、ポーツマスで調印されたものだ。

## ■大統領予備選の重要選挙区

さて、ニューハンプシャー州といえば、「大統領予備選挙が最初に行われる州」として、四年に一度（さらにつけ加えれば、オリンピックイヤーでもある）、世界中から熱い注目を浴びる州である。

同州で勝利した者は、党公認の大統領候補者に選出される可能性がきわめて高いことから、大統領本選の行方を占う重要な選挙区とされている。

ちなみに、先の大統領選の民主党予備選では、その「ジンクス」が崩れた数少ない例として、日本でも大きな話題を呼んだことが記憶に新しい。

二〇〇八年一月八日、ニューハンプシャー州の予備選において、現大統領のバラク・オバマは、最大のライバルだったヒラリー・クリントンに僅差で敗れている。この選挙のように、第二次世界大戦以降に同州で敗れた候補者が大統領になった例は、一九九二年のビル・クリントン（第四二代大統領）に続いて二度目のことだ。

## ■「州の所得税と消費税はゼロ！」の買い物天国

同州の緯度は北海道の中部地方とほぼ同じで、夏は避暑地、冬はスキー場として賑わっている。観光地としては、州都のコンコードよりも同州最大の都市マンチェスターやポーツマスを訪れる人々が多い。

両都市には古い町並みや文化施設が多く、特にポーツマスでは四百年以上も前の建築物であるストロベリーバンク、そしてポーツマス条約の舞台裏についても知ることができるポーツマス歴史博物館などが名所となっている。

観光以外の産業では電気機器やプラスチック製品の生産が盛んで、農業では州面積の約八〇パーセントが森林地帯という立地を生かした乳製品や牛、リンゴの生産地としても知られる。

また、ニューハンプシャー州は、合衆国のなかでも数少ない「所得税と消費税を徴収しない州」である（もちろん、連邦税は納めなくてはいけない）。

このため、しばしば同州の産業に関連する分野の海外企業が、同州への進出に積極的な姿勢を示すこともあるという。

所得税と消費税がない同州は、税収の大部分がギャンブル税や酒税といった間接税によってまかなわれている。これらの税金は、ときに「ダーティーな税金」などと呼ばれ、国勢調査における「税の公平な州ランキング」では下位（四四位）に位置づけられている。

| | |
|---|---|
| モットー | 自由に生きるか、さもなくば死を |
| ニックネーム | 花崗岩の州、河川の母、ホワイト山脈の州 |
| シンボル | 州鳥：ムラサキマシコ、州花：ムラサキハシドイ |
| 産業・産物 | 機械工業、観光業、木材製品、酪農品、野菜 |
| 出来事・行事 | ポーツマス条約（1905年）、大統領予備選挙スタート州（1月、4年ごと）、国際自転車レース（9月） |
| 施設・企業<br>大学・組織 | ダートマス大学、ポーツマス歴史博物館、ポーツマス海軍造船所、パレス・シアター |
| 出身者 | フランクリン・ピアス（第14代大統領）、アラン・シェパード（米国初の宇宙飛行士）、ロバート・フロスト（詩人）、サラ・ジョセファ・ヘイル（詩人） |

自然を愛する人々が暮らす「スローライフ」の州

# バーモント州

Vermont

| | |
|---|---|
| 人口 | 608,827人 |
| 面積 | 24,901km² |
| 略称(郵便略称) | Vt.(VT) |
| 合衆国加盟 | 1791年3月4日 |
| 州都 | モントピリア |

## ■緑に恵まれた大地「グリーン・マウンテン」

ニューイングランド地域の北西部に位置し、州北部でカナダと隣接するバーモント州。かつてフランスに支配されていた歴史を持つ同州は、合衆国加盟後もカナダからフランス系移民が多く移住し、現在でも州民の約二五パーセントがフランス系移民の末裔《まつえい》という珍しい州だ。

このため、しばしばフランス文化の名残を感じさせる光景や風習が見られる。州名の由来はフランス語で緑（vert）の山（mont）からきており、ニックネームはこれを英訳した「緑の山州（the Green Mountain State）」である。

バーモント州は、その名のとおり緑に恵まれた州で、州面積の約七五パーセントが山間部の森林で覆われている。こうした地形が利用され、夏はアウトドアスポーツやキャンプ、冬は屈指のスキーリゾート地として、毎年多くの観光客が足を運ん

山間の美しいバーモント州の行楽地ストウにある、トラップファミリー・ロッジ。
Photo:アフロ

でいる。

また、州中北部の行楽地ストウには、トラップファミリー・ロッジがある。この建物は、トラップ一家のマリアが晩年に暮らした家をロッジとして改装したものだ。「トラップ一家」といわれても日本人はピンとこないかもしれないが、ミュージカル映画の傑作『サウンド・オブ・ミュージック』のモデルとなった音楽一家、と説明すればわかるだろう。

マリアは、同映画の原型となる自叙伝『トラップ一家』シリーズの著者だ。物語や映画の舞台はオーストリアだが、第二次世界大戦中にアメリカへと移住したマリアは、故郷の自然を彷彿《ほうふつ》させるストウの農場跡地に家を買い、仲間や家族と音楽を楽しむ余生を過ごしたという。

彼女のように山間部に住む人々は多く、同州では七割近くの州民が田園地帯や郊外に住居を構えている。このため、自然を愛する州民の環境保護の意識は高く、景観を優先する理由から、他州に比べて道路沿いの看板広告は非常に少ない。

## ■「バーモントカレー」命名の意外な理由とは？

同州の主要産物は、観光業と同じく立地をいかした酪農品や農作物で、バーモント・チーズやリンゴが有名である。

ところで、「バーモント」で「リンゴ」と聞けば、「バーモントカレー」を連想する人もいるのではないだろうか。同商品は一九六三年、「リンゴとハチミツ」を宣伝文句に、日本企業のハウス食品から発売されたものだ。もちろん、商品名の由来はバーモント州なのだが、実はハチミツは同州の特産物でもなんでもない。

それでは何がバーモントなのか？ ハウス食品によれば、当時リンゴとハチミツを利用した健康法がバーモント州で流行していたのだという。そこで、この両方を加えたカレーを「バーモントカレー」と名付けたのだ。

実際のところ、同州で甘味料といえばハチミツではなくメープルシロップである。メープルシロップはニューイングランド地域全体の特産物だが、同州産は世界的にもよく知られている。特に州北東部の町セントジョーンズベリーには、「世界のメープルの中心地」と呼ばれるケアリー・メープルシュガー工場や、世界最大のメープルキャンディー製造所のメープル・グローブ・メープル工場がある。

## ■出身大統領の「奇妙な共通点」

同州はこれまでに二名の大統領を輩出しているが、いずれも副大統領からの昇格就任という珍しいケースだ。

チェスター・A・アーサーは、前任のジェームズ・ガーフィールド大統領が悪政を繰り返した結果、暗殺されたことで一八八一年に第二一代大統領に就任した。また一九二三年、心臓発作で急逝したウォレン・ハーディングの代わりに、カルビン・クーリッジが第三〇代大統領に就任している。

| | |
|---|---|
| モットー | 自由と統一 |
| ニックネーム | 緑の山州 |
| シンボル | 州鳥：チャイロツグミ、州花：アカツメクサ |
| 産業・産物 | 観光業、機械工業、酪農品、リンゴ、メープルシロップ |
| 出来事・行事 | メープル祭（4月）、ベニントン戦勝記念日（8月16日）、ラトランド・ステート・フェア（8〜9月） |
| 施設・企業<br>大学・組織 | トラップファミリー・ロッジ、バートン・スノーボード本社、ベン&ジェリーズ本社、バーモント大学 |
| 出身者 | ジョン・デューイ（哲学者）、チェスター・A・アーサー（第21代大統領）、カルビン・クーリッジ（第30代大統領）、ジョン・ディア（鉄製すき発明者） |

清教徒たちが築いた「アメリカ人の故郷」

# マサチューセッツ州

Massachusetts

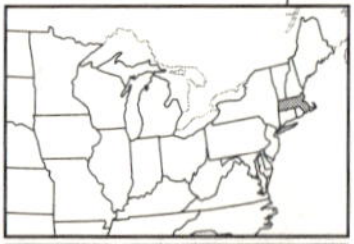

| | |
|---|---|
| 人口 | 6,349,097人 |
| 面積 | 27,336km² |
| 略称(郵便略称) | Mass.(MA) |
| 合衆国加盟 | 1788年2月6日 |
| 州都 | ボストン |

## ■歴史的な「ボストン茶会事件」の舞台となる

マサチューセッツは、地理的にも立場的にもニューイングランド地域の中心に位置する州である。州人口はニューイングランド地域のなかで最も多く、同地域における全人口の約四五パーセントを占めている。

国内有数の観光地として有名な州都ボストンは、古くから経済と文化を牽引した同地域最大の港湾都市だ。この町は一七七三年、イギリス本国の重税（当時のマサチューセッツはイギリス植民地）に不満を持った住民が蜂起した「ボストン茶会事件」が起こった場所であり、これを契機に各植民地では独立の気運が最高潮に達し、二年後のアメリカ独立戦争へとつながったのだ。

同州がアメリカ建国期の重要な州のひとつであることはいうまでもないが、さらに歴史をさかのぼれば、入植期においてもきわめて大切な役割を果たしている。

世界トップクラスの学力を誇るハーバード大学は、もともと宗教指導者を養成するために設立された。
Photo:アフロ

松坂大輔などが所属するボストン・レッドソックスの本拠地、フェンウェイ・パーク。
Photo:Getty Images/アフロ

一六二〇年、一〇二人の清教徒（ピューリタン）を乗せたメイフラワー号が、イギリスからアメリカ北東岸のプリマスにたどり着いた。彼らはイギリス国教会の迫害を逃れ、自由な信仰を求めて新大陸へと渡ったイギリス人だった。
「ピルグリム・ファーザーズ（巡礼始祖）」と呼ばれた彼らは、この地にプリマス植民地を建設。のちの一六九一年にマサチューセッツ湾植民地に吸収されたものの、およそ四百年が経過した現在でも、プリマスは愛国心の象徴たる「アメリカの故郷」として親しまれている。

ただし、イギリス人初の入植地がプリマスだったわけではない。一六〇七年には、すでにイギリス初の永続的植民地ジェームズタウン（現バージニア州内）が建設されていたのだ。

それにもかかわらず、プリマスが「アメリカ人の故郷」と称されるのはなぜか。それは「同国の礎を築いたのは、あくまでもニューイングランド地域である」という意識が、アメリカ国民の心に強く植えつけられているからだ。そのためアメリカ人は、南部大西洋岸地域のジェームズタウンよりも、ニューイングランド地域のプリマスを合衆国のルーツとして捉えているのである。

こうした意識は、プリマスを有するマサチューセッツ州の俗称にも表れている。「湾の州」や「古き植民地」、そして「清教徒の州」といった同州のニックネームは、いずれもがプリマス植民地やピルグリム・ファーザーズに由来している。

## ■宗教指導者の養成所として設立されたハーバード大学

マサチューセッツ州は現在でこそカトリック教徒が多いが、その歴史からうかがえるとおり、かつては清教徒が大半を占めていた。彼らは何よりも自分たちの宗派を重んじ、新大陸に清教徒の共同体をつくり上げようとしたのだ。

そのため、集団の指導者になる人物は、強いリーダーシップとともに豊富な宗教知識が求められた。しかし、コミュニティが拡大するなかで、いつしか指導者の人材不足に陥ってしまったという。

そこで一六三六年、彼らは次世代のリーダーを育てる宗教指導者の養成所を設立した。これが米国初の学校、ハーバード大学である。

現在、ハーバード大学は世界でもトップクラスの学力を誇り、イギリス・THE社が発表する「世界大学ランキング」をはじめ、数々の権威ある大学ランキングにおいても世界第一位に選ばれている。大学別の大統領輩出人数でもトップを記録しており、同州出身のジョン・F・ケネディ（第三五代）も卒業生だ。また、同大が置かれるケンブリッジは、もうひとつの名門校マサチューセッツ工科大学の本拠地でもある。

## ■州議会にも飾られる大切な名産「タラ」

州西部の丘陵地帯から東に移動すると、平野から大西洋へとたどり着く。この海域は漁場として栄え、特に州南東部のケープコッド湾のタラが有名だ。そもそもニューイングランド地域は他州に比べて土地が貧しく、かつては農作物を輸出する余裕がなかったそうだ。このため漁業は重要な産業となり、同州のタラは経済と食生活において貴重な資源であった。

州議会の下院議長席の近くには、「聖なるタラ」と呼ばれる全長一・五メートルの木彫りのタラが飾られており、同州においてタラがいかに大切な存在だったかを物語っている。また、ケープコッド（Cape Cod／コッド岬）という地名の由来も、名産のタラ（cod）から名付けられたものだ。さらに二十世紀初頭には冷凍タラの取引が活発になり、財産を築いた商人が「タラ貴族」と呼ばれることもあった。このタラ貴族のひとりであるピーター・ファニールは、ボストンの歴史的建造物ファニール・ホールを建てた人物として名高い。

なお、ケープコッドにはコッド・フィッシュ・ケイクという郷土料理がある。これは、干したタラとマッシュポテトに卵を混ぜた揚げ団子で、現在でも仕事を終えた漁師たちの朝食として食べられているそうだ。

郷土料理といえば、忘れてはならないのがボストン・ベイクド・ビーンズだ。この料理は、豆、豚肉、タマネギなどにメープルシロップやマスタードを加えたもので、清教徒によって考案された。

清教徒は、キリスト教の安息日である土日に仕事をしてはならないという戒律を守る宗派である。そこで、材料を火にかけるだけで簡単に調理できる週末用のメニューを生み出したという。のちにイギリスでも人気となり、ボストンは「ビーン・タウン」と呼ばれることもあった。

食以外の文化では、スポーツや音楽などが盛んな地域で、メジャーリーグの名門チーム、ボストン・レッドソックスや世界的に有名なオーケストラ、ボストン交響楽団の本拠地として知られている。

| | |
|---|---|
| モットー | 剣によりて平和を求むれど自由のもとにのみ平和なり |
| ニックネーム | 湾の州、古き植民地、清教徒の州 |
| シンボル | 州鳥：シジュウカラ、州花：イワナシ |
| 産業・産物 | 印刷・出版業、漁業、電子製品、クランベリー、温室野菜 |
| 出来事・行事 | メイフラワー号がプリマス上陸（1620年）、ボストン茶会事件（1773年）、東部諸州博覧会（9月） |
| 施設・企業<br>大学・組織 | ハーバード大学、マサチューセッツ工科大学、ダンキンドーナツ本社、ボストン・レッドソックス（MLB） |
| 出身者 | ナサニエル・ホーソン（作家）、ジョン・F・ケネディ（第35代大統領）、ジャック・ウェルチ（実業家）、サミュエル・モールス（モールス電信機発明者） |

## メイン州

豊かな自然と良港に恵まれたアメリカ最東端の州

Maine

| | |
|---|---|
| 人口 | 1,274,923人 |
| 面積 | 91,646km² |
| 略称(郵便略称) | Me.(ME) |
| 合衆国加盟 | 1820年3月15日 |
| 州都 | オーガスタ |

### ■アメリカで最も早く太陽が昇る

「アメリカの朝日の玄関」とも呼ばれるメイン州は、アメリカ最東端の州である。南北に長い日本では、しばしば「北海道から沖縄まで」という表現が使用されるが、アメリカ本土全域を示す言葉としては、東西の州名を用いて「メインからカリフォルニアまで」という表現が用いられることがある。

ニューイングランド地域で同州は最北部に位置し、国内で隣接する州は州西部で接するニューハンプシャー州だけだ。メイン州は、米国でひとつの州とのみ隣接する唯一の州であり、州北部の国境沿いではカナダのニューブランズウィック州とケベック州の二州と接している。

最初に大西洋を渡って北米大陸にたどり着いた人物は、北欧バイキングのレイフ・エリクソンとされている。コロンブスの西インド諸島発見よりも五百年ほど前

アケディア国立公園では、メイン州の豊かな自然を思う存分体感できる。
Photo:アフロ

の西暦一〇〇〇年ごろ、レイフはグリーンランドから北米大陸に到達し、「ヴィンランド」と命名したそうだ。ヴィンランドの正確な位置は諸説あり、最も有力なのはカナダ・ニューファンドランド島だが、俗説ではメイン州の名も挙がっている。このため同州の年表には、バイキング到達の項目が記された資料もわずかながら存在している。

## ■「白人比率」は全米トップ

メイン州が合衆国に加盟したのは一八二〇年であり、ニューイングランド諸州が一七八八年から続々と加盟したなかでは最も遅い加盟となる。だが、これはメイン植民地が一六九二年にマサチューセッツ植民地に吸収されたためであり、当時はマサチューセッツ州の一部として存在した。その後、一八二〇年のミズーリ協定に伴って州として独立。州に昇格した背景には、奴隷制を奨励するミズーリ州の連邦加盟があった。ミズーリ州の加盟に対し、奴隷制に反対のマサチューセッツ州をふたつに分けることで、奴隷州と自由州の数を均衡に保つ狙いがあったようだ。

そのため同州では今日に至るまで黒人の流入が少なく、二〇〇七年発表の人種構成比でも白人が九六・七パーセントを占めている。この白人比率は全米で最も高い数字であることから、「白人の州」と呼ばれることもある。

また、かつて同州ではフランス人入植者（アケディア人）への迫害が行われていた。この結果、アケディア人は南部への移住を余儀なくされ、その多くはルイジアナ州に渡り、のちに「ケイジャン」と呼ばれるようになった。彼らの名は今日でもメイン州の観光地である「アケディア国立公園」に残されている。

## ■「避暑用のフロリダ」と称される人気の海岸地域

メイン州は豊かな自然を有しており、面積の九割は州北部を中心とした森林地帯である。一方、大西洋に面した州南部は平野が広がり良港が多い。特に州南西部のポートランドは、ニューイングランド地域でボストンに次ぐ港湾都市として知られ、漁業や商業の盛んな州最大の都市である。夏場の沿岸部は避暑地として人気で、全米のVIPが所有する別荘が立ち並ぶ。

　また、余生を過ごすために同州へ移住する人も多く、ピュリッツァー賞に輝いた作家ブース・ターキントンも、海岸行楽地ケネバンクポートの魅力に惹かれて住居を構えたひとりだ。

　ちなみに、このケネバンクポートには自然保護に端を発した「全米ゴミ週間」というユニークな行事がある。同行事では毎年六月、アメリカで最も汚い地区「ミス・ゴミの山」が選出されるという。

　経済においては、大企業は少ないが、地域密着型の中小企業が多いのが特徴だ。アメリカ・シティ・ビジネス・ジャーナルの発表では、「小規模事業の活力がある市場」の全米第一位にポートランドが選ばれている。

| | |
|---|---|
| モットー | 我は導く |
| ニックネーム | 米国東端州、アメリカのスイス、ロブスターの国 |
| シンボル | 州鳥：アメリカコガラ、州花：ストローブマツ |
| 産業・産物 | 製材業、漁業、ブルーベリー、リンゴ、ロブスター |
| 出来事・行事 | ミズーリ協定に伴いマサチューセッツ州から独立（1820年）、最初の禁酒法実施州となる（1851年） |
| 施設・企業<br>大学・組織 | ボウドン大学、ポートランド交響楽団、アケディア国立公園、ルーズベルト・カンポベロ国際公園 |
| 出身者 | スティーブン・キング（ホラー作家）、ハンニバル・ハムリン（第15代副大統領）、ロバート・P・T・コフィン（詩人）、エドワード・S・モース（生物学者） |

何より自由を重んじる「独立一三州」の一三番目

# ロードアイランド州
Rhode Island

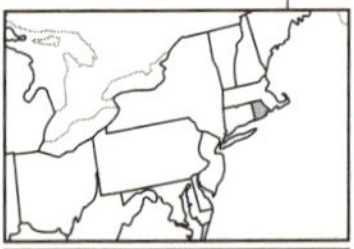

| | |
|---|---|
| 人口 | 1,048,319人 |
| 面積 | 4,002km² |
| 略称(郵便略称) | R.I.(RI) |
| 合衆国加盟 | 1790年5月29日 |
| 州都 | プロビデンス |

## ■「マイウェイ精神」にあふれた全米最小の州

「最小の州」というニックネームのとおり、ロードアイランドはアメリカ五〇州のなかで最も面積が小さい州だ。その狭さは全米が知るところで、特に東部では「ニューヨークからボストンまで車で移動すると、通過するはずのロードアイランドを見落としてしまう」というジョークまである。

しかし、アメリカ独立時における「アメリカ一三州の一州」である点や、ニュージャージー州に次ぐ「人口密度第二位の州（一平方キロメートルあたり約二六二人）」という点を考慮すれば、同州の存在感は面積とは対照的にたちまち大きなものとなるだろう。

州民は何よりも自由を尊重し、マイウェイ精神にあふれているのが特徴だ。これはさかのぼること約三百五十年前、一六六三年に制定されたロードアイランド憲章

19世紀末にリゾート地として栄えたニューポートには、今も豪邸が立ち並ぶ。
Photo:アフロ

の「繁栄する市民国家は信仰の完全なる自由によって維持されるべし」という内容に起因している。宗教の多様性と自由を掲げた同州では、他州に先駆けてバプティスト教団やクェーカー教会所、ユダヤ礼拝所などが設立されていたのだ。

しかし、その後は欧州諸国からの移民流入が相次ぎ、現在では州民の半数以上がキリスト教のローマ・カトリックで占められている。全米におけるカトリック教徒の割合が二五パーセント前後なので、これはきわめて高い数字だ。

また、雑誌『コングレショナル・クォータリー』によれば、同州の住民は「良心的で勤勉だが、外部の人間に対しては気候同様に冷たい」と記されている。

こうした州民の性格は、合衆国加盟時

にも顕著に見受けられる。当時、独自の地域社会をつくり上げたいと考えていた州民は、加盟による他州の介入を懸念していた。このため同植民地の議会は加盟の賛否を巡って対立し、結果的に加盟が決まったのは一三州のなかで最も遅かった。しかも採決結果は、三四票対三二票という僅差の決定だったという。

## ■ペリー提督、マグロ、地鶏《じどり》――日本との奇妙な縁

日本とロードアイランド州は、とり立てて目立った友好関係にあるわけではない。しかし、同州の歴史や産業をひも解くと、意外にも日本との興味深い接点が見えてくる。

まずは日本の開国だ。一八五三年、「黒船」に乗って浦賀に入港し、日本の鎖国を解いたペリー提督は、ロードアイランド州が誇る英雄のひとりである。

また、沿岸州としては比較的漁業が盛んでないものの、州南東部のナラガンセット湾は米国有数のマグロ漁業海域として名高い。同海域のマグロは日本にも多く輸出されているほか、ニューヨークの寿司店でも日本人観光客の舌を唸らせていると いう。さらに、「日本三大地鶏《じどり》」に数えられる秋田の比内地鶏は、雄の比内地鶏と雌の「ロードアイランドレッド」と呼ばれる鶏を掛け合わせた品種である。大型で繁殖力が強いロードアイランドレッドは、同州の養鶏業を支える有名ブランドで、

州鳥にも指定されている。

養鶏業以外の主要産業は、機械工業や宝石加工業で、特に銀や宝石の加工技術は高く評価されている。なお、ジュエリー学部を有するロードアイランド美術学校は、全米で最も高い入学倍率を誇る美大として知られる。

そのほか観光業も盛んで、なかでもニューポートの町並みは目玉のひとつ。同地は十九世紀末期にリゾート地として栄え、「上流社会の夏のメッカ」や「観光地の首都」と称された。

当時建てられた鉄道王や鉄鋼王ら大富豪の邸宅群は、現在では「ニューポートマンションズ」と呼ばれており、贅《ぜい》を尽くした邸宅内の装飾や家具を自由に観賞することができる。

| | |
|---|---|
| モットー | 希望 |
| ニックネーム | 最小の州、リトル・ローディ、植民地州 |
| シンボル | 州鳥：ロードアイランドレッド、州花：スミレ |
| 産業・産物 | 機械製造業、宝石加工業、ジャガイモ、リンゴ |
| 出来事・行事 | ニューポート音楽祭（7月）、ウォーリック・ロータリー国際航空祭（8月）、ジョニーケーキ祭（10月） |
| 施設・企業<br>大学・組織 | ブラウン大学、ニューポート・カントリークラブ、ニューポートマンションズ、国際テニス殿堂 |
| 出身者 | ハワード・フィリップス・ラヴクラフト（作家）、マシュー・C・ペリー（海軍提督）、ビル・コンティ（作曲家）、ギルバート・スチュアート（画家） |

# 知っておきたい基礎知識

## ■その実態は「州」という名の国家

アメリカ合衆国は、五〇の州とひとつの地区（ワシントンＤＣ）から構成される「連邦制」を採用している。

連邦制とは、自治権を持つ多数の国家が、共通の政治理念のもとにひとつの国家を構成する体制のことだ。つまりアメリカにおける州は、一国家に相当する自治体なのだ。

州政府の権限は、中央政府が定めた憲法の許す範囲内において必ず保障されている。それゆえに州政府の立場は、日本の都道府県とは比較にならないほど強いものとなっている。

「United States of America」を直訳すれば、アメリカ「連合諸州」である。しかし、これをアメリカ「合衆国」としたことは、今さらながら気の利いた日本語訳といえるだろう。

**▍州の一般的な地方行政区分** ※カッコ内の数字は政府数（2002年）

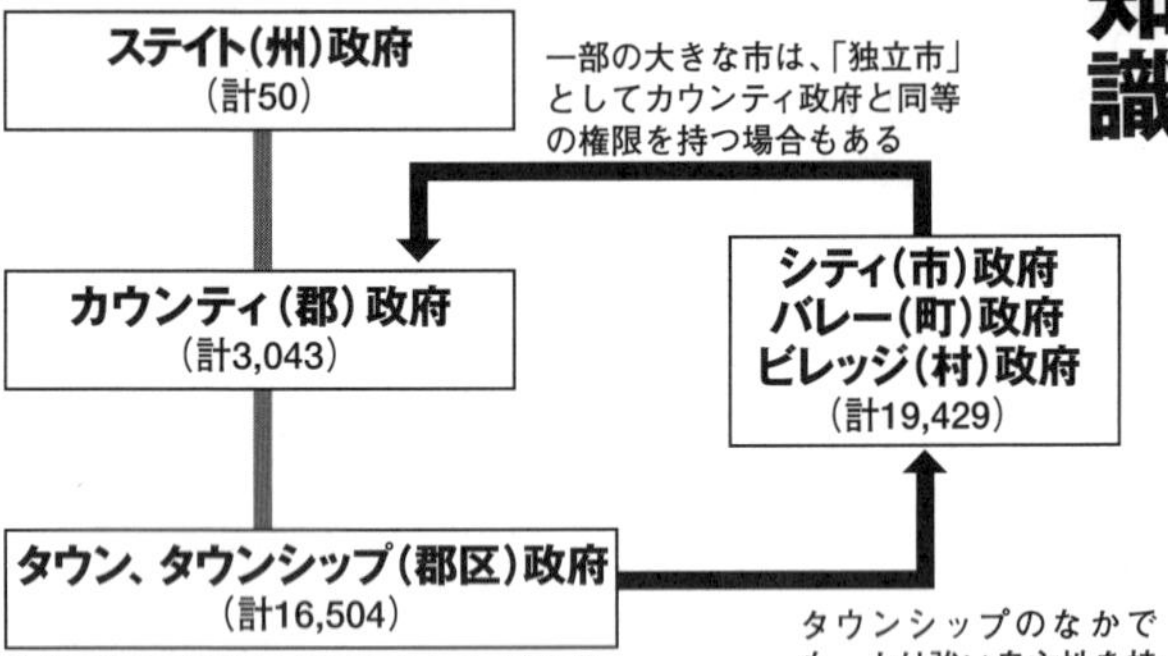
タウンシップのなかでも、より強い自主性を持った区域は「市町村」として法人化


※バージニア州ではカウンティとシティが分離していて、カウンティのなかにシティは存在していない。また、一部ではカウンティ内にタウンシップなどの下位政府が存在しないケースもある

さて、続いて州を構成する下位の行政区分について説明しよう。まずは「郡」があり、その下位には「郡区」が存在する。なお、一部の郡区は自治体憲章を取得することで、より権限の広い「市町村」として法人化することができる。

## ■アメリカ東西の最大時差は五時間

アメリカは本土だけを見ても東西に広く、東岸のニューヨークと西岸のロサンゼルスは、およそ五〇〇〇キロも離れている。

このため、地域ごとに計六種類のタイムゾーン（標準時）に分かれ、その最大時差は東部標準時とハワイ標準時の五時間である。

また、アメリカでは夏場にサマータイムが導入されている。毎年、三月の第二日曜日の午前二時から十一月の第一日曜日の午前二時までの期間は、時計が一時間早められることになる。ただし、一部ではサマータイムを採用していない州、および自治体も存在している。

### ▌アメリカのタイムゾーン

※カッコ内の数字は日本との時差

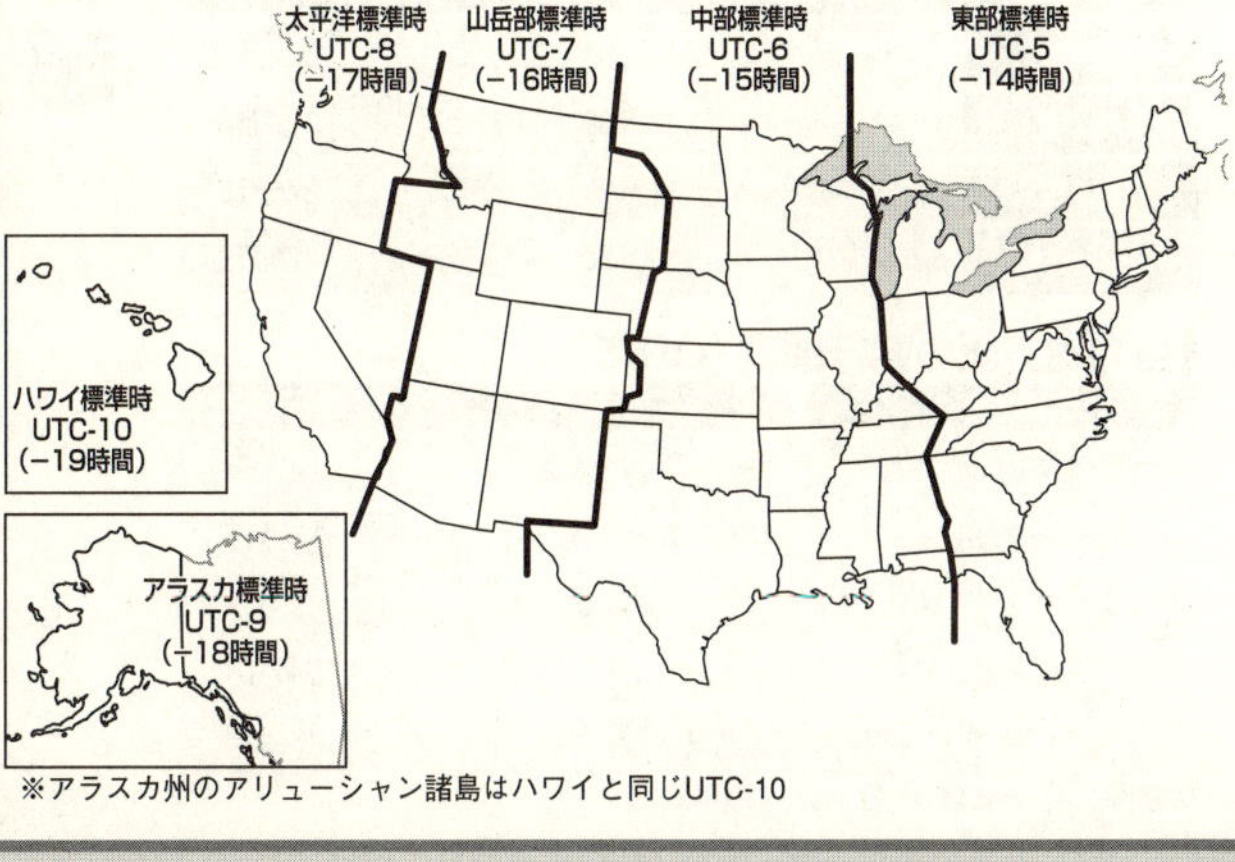


※アラスカ州のアリューシャン諸島はハワイと同じUTC-10

# アメリカの紙メディア観

## ■新聞は地方紙、雑誌は全国誌が主流

現在、アメリカでは約一五〇〇紙の新聞が発行されている。しかし、そのなかでも全米に読者を持つ「全国紙」は、一般紙『ＵＳＡトゥデイ』と経済紙『ウォールストリートジャーナル』のたった二紙だけだ。アメリカでは各地域の政治が中央に結びつくという考え方が強く、地方紙やブロック紙が主流となっているのだ。

その代わり、地方紙では知り得ない全米や世界の情報を、ニュース週刊誌で補うという傾向が見られる。下図を見ればわかるとおり、アメリカでは新聞よりも週刊誌の発行部数が多く、日本では逆に新聞の発行部数が圧倒的に多い。

国土の面積や流通事情、地方行政の立場や権限が異なると、紙メディアの扱いが大きく変化するという良い例だろう。

### ▎日米の紙メディア発行部数（08年）

| | アメリカ | | 日本 | |
|---|---|---|---|---|
| 一般紙1位 | USAトゥデイ | 230万部 | 読売新聞 | 1002万部 |
| 経済紙1位 | ウォールストリートジャーナル | 201万部 | 日本経済新聞 | 305万部 |
| 地方紙1位 | ニューヨーク・タイムズ | 104万部 | 中日新聞 | 275万部 |
| 一般週刊誌1位 | タイム | 540万部 | 週刊文春 | 76万部 |

### ▎主力地方紙の発行部数（09年）

| 地方紙 | 州 | 発行部数 |
|---|---|---|
| ロサンゼルス・タイムズ | カリフォルニア州 | 74万部 |
| ニューヨーク・ポスト | ニューヨーク州 | 65万部 |
| ワシントン・ポスト | ワシントンD.C. | 62万部 |
| シカゴ・トリビューン | イリノイ州 | 54万部 |
| ヒューストン・クロニクル | テキサス州 | 45万部 |

※新聞の発行部数は1日あたりの平均

# PART2
# 東北部　中央大西洋岸地域

アメリカといえばニューヨーク、ニューヨークといえば摩天楼に代表される近代的な大都市をイメージする人が多いだろう。しかし、地理的にそれらはニューヨーク「州」の一部にすぎない。では、ニューヨーク州は一体どんな顔を持っているのだろう？

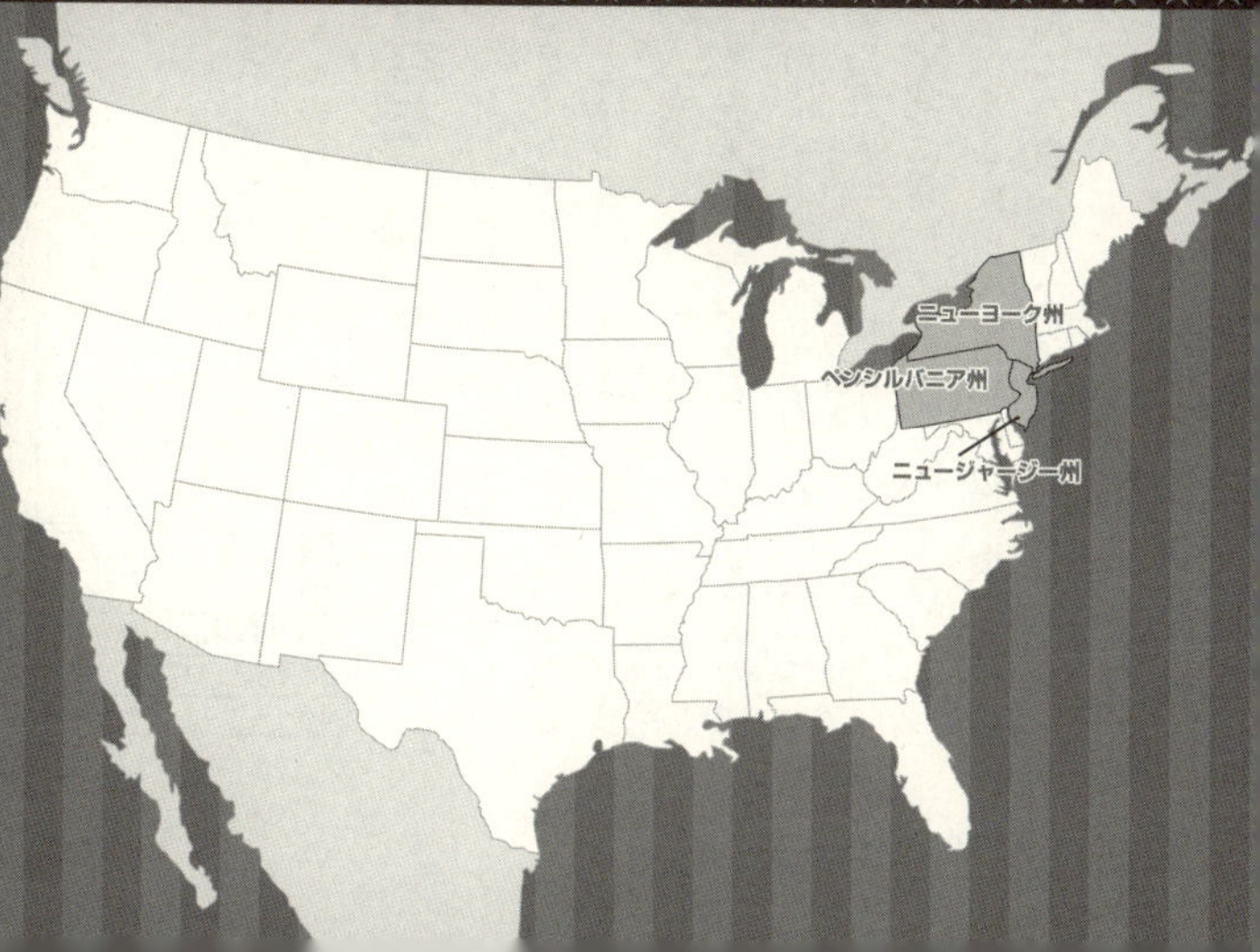

「最初の首都」となった世界とアメリカの中心地

# ニューヨーク州

New York

| | |
|---|---|
| 人口 | 18,976,457人 |
| 面積 | 141,299km² |
| 略称(郵便略称) | N.Y.(NY) |
| 合衆国加盟 | 1788年7月26日 |
| 州都 | オルバニー |

## ■全米でも別格なニューヨーク「市」の存在

ニューヨーク港へと注ぐハドソン川の河口、マンハッタン島にそびえる世界有数の摩天楼群。三百六十五日、人であふれかえるタイムズ・スクエア。南端には世界の金融の中心地、ウォール街。そして、リバティ島の自由の女神像……。

今挙げたのは、ニューヨークと聞いて多くの人が頭に浮かべるイメージではないだろうか。しかし、「ビッグ・アップル」や「眠らない街」などと呼ばれるこの地域は、あくまでニューヨーク州のニューヨーク市にすぎない。州内におけるニューヨーク市は、実は州面積の一〇〇分の一にも満たない「小さな巨大都市」なのだ。

たとえば東京都を思い浮かべて欲しい。都の東部に新宿区や千代田区をはじめとした大都市圏が形成されている一方で、最西端にある奥多摩町は都内最大の面積を誇りながらも、人口六〇〇〇人程度という小規模な自治体なのである（日本とアメ

WTC跡地に建設中の通称「フリーダム・タワー」の完成イメージ。予定全高は、1776フィート（約514メートル）。
Photo:ロイター/アフロ

リカでは行政区分や歴史などが全く異なるだけでなく、ニューヨーク「市」と東京「都」が姉妹都市の関係にあることから見ても、日本の「都道府県」とアメリカの「ステイト」を比較するのは最初からナンセンスかもしれないが……)。

このような人口格差は、東京都の約六五倍の面積を有するニューヨーク州ではより顕著に現れている。州の最大都市ニューヨーク市の人口が約八〇〇万人であるのに対し、これに続く第二都市のバッファロー市は約三〇万人にすぎないのだ。

広大な面積を有するアメリカでは、これまで人口が一定の規模を超えると、新たな入植地や都市を建設して人口の偏りを防いできた。それゆえ全米最大の都市であるニューヨーク市は、州内のみならず国全体においても別格の存在であるといえるだろう。

## ■多くの湖と州立公園を有する豊かな自然

ニューヨーク市の印象が強すぎて大都会と思われがちな同州だが、州土の大半は豊かな自然風景が広がる地形になっている。

州北西部は五大湖のエリー湖とオンタリオ湖に面し、ふたつの湖は「ナイアガラの滝」で有名なナイアガラ川でつながっている。前述した第二都市のバッファロー市は、このエリー湖近くに位置する工業都市だ。バッファロー市はエリー湖とハドソン川を結ぶエリー運河の起点であり、一八二五年の運河開通以来、水上交通の重要拠点として栄えてきた。近年では教育や医療の先端都市として知られ、全米紙『USAトゥデイ』によれば、「アメリカで最もフレンドリーな都市」である。

州中央部はアパラチア山系に属し、この一帯を中心に四〇〇〇の湖と一五〇の州立公園が存在する。高地から州を南東に進むと平野が広がり、ハドソン川中域の河岸には州都のオルバニーがある。オルバニー市は人口一〇万人に満たないが、フレンチ・インディアン戦争時にはイギリス植民地連合軍の総司令部が置かれていた。

もともと同州はオランダ領のニューネーデルラントであり、ハドソン川を北上したオランダ移民はオルバニーを中心に入植していた。同州がイギリス領になったのは一六六四年のことで、イギリス軍がニューネーデルラントの占拠に成功したのち、軍隊を派遣したヨーク公の名にちなんでニューヨーク植民地と改名された。

## ■「古都」を襲ったアメリカ同時多発テロの悲劇

ニューヨーク州はアメリカ独立戦争の主戦場のひとつであり、ロングアイランドの戦いやサラトガの戦いなど、全戦闘の三分の一が同州で繰り広げられた。

大陸軍を率いたジョージ・ワシントンは、同州の地形を視察した際、「この地は国の中心になる」と語ったという。この言葉のとおり、合衆国誕生後にニューヨーク市は最初の「暫定首都」となった（首都は州と独立した立場にあるべきという理由から、その後はフィラデルフィアを経てワシントンDCに遷都された）。

ニューヨーク市の庁舎だったフェデラル・ホールは、一七八九年の第一回合衆国議会の議事堂に使用され、初代大統領に選出されたジョージ・ワシントンの就任式が行われた。

同ホールはマンハッタン区ウォール街二六番地にあり、ウォール街といえばニューヨーク証券取引所を擁する世界金融の中心地である。一九二九年、世界経済に深刻なダメージを与えた大恐慌は、同証券所で起きた株価の大暴落から始まったものであり、その影響力の大きさがうかがえる。近年では多くの金融機関がウォール街から付近の州へと本拠地を移しているが、今でも米国の金融業界や株式市場を指す比喩表現として「ウォール街」の名前が用いられている。

なお、「リーマン・ショック」と呼ばれ、二〇〇八年に事実上の経営破綻を発表したリーマン・ブラザーズの本社は、ウォール街からほど近いタイムズ・スクエア・ビルに入っている。破綻の要因は同年にアメリカで起きたサブプライムローン問題であり、これに関連する世界全体の損失額は四〇〇〇億ドルを超えている。

ニューヨーク市には、世界最大級の金融グループであるゴールドマン・サックスや全米最大の放送局ＣＢＳ、そして国際連合本部など多くの企業や組織が存在している。この規模を経済力でわかりやすくたとえると、ニューヨーク市を「国家」と同列に扱った場合、GDPは世界ランキングで二〇位以内に入るほどだ。

しかし、この突出した存在感で皮肉にも「アメリカ同時多発テロ」という悲劇の標的になってしまった。二〇〇一年九月十一日、ハイジャックされた四機のうち二機がワールドトレードセンター（WTC）の両棟に激突して崩壊、約一七〇〇人の尊い命が一瞬にして奪われた。

現在、「グラウンド・ゼロ」と呼ばれる崩壊跡地には、新たに「1WTC」が建設されようとしている。二〇一三年の完成を目指す通称「フリーダム・タワー」の予定全高は、アメリカ独立年にちなみ「一七七六フィート」になる予定だ。

| | |
|---|---|
| モットー | 絶えず向上せよ |
| ニックネーム | 帝国州、ニッカーボッカーの州 |
| シンボル | 州鳥：ブルーバード、州花：バラ |
| 産業・産物 | 書籍・雑誌出版業、機械業、薬品、衣料 |
| 出来事・行事 | 暫定首都（1789〜1790年）、アメリカ同時多発テロ事件（2001年）、ニューヨークシティマラソン（11月） |
| 施設・企業<br>大学・組織 | 自由の女神像、国際連合本部、CBS本社、<br>アメリカン・エキスプレス本社、カーネギー・ホール |
| 出身者 | フランクリン・ルーズベルト（第32代大統領）、J・ロバート・オッペンハイマー（原爆開発者）、マライア・キャリー（歌手）、ロバート・デ・ニーロ（俳優） |

カジノ産業と黒人差別が生み出した功罪

# ニュージャージー州

New Jersey

| | |
|---|---|
| 人口 | 8,414,350人 |
| 面積 | 22,588km² |
| 略称（郵便略称） | N.J.（NJ） |
| 合衆国加盟 | 1787年12月18日 |
| 州都 | トレントン |

## ■三番目に合衆国に加盟した「独立戦争の激戦地」

一七八七年十二月十八日、ニュージャージー州はアメリカ合衆国憲法を批准《ひじゅん》した。同州の合衆国加盟はデラウェア、ペンシルバニアに続く三番目であり、権利章典の批准においては最初の州である（一七八九年十一月二十日）。

州北部で隣接するニューヨーク州と同様、アメリカ独立戦争の主戦場となり、州内には一〇〇を超える戦場が史跡として残されている。このため、同州は「独立戦争の激戦地」や「独立戦争の十字路」と呼ばれることがある。

州の形は南北に伸びた縦長で、州西部でペンシルバニア州、州南部でデラウェア州と隣接し、州東部全域は大西洋に面している。大西洋岸沿いには景勝なビーチが数多く存在し、フランスの保養地リビエラに似ていることから「アメリカのリビエラ」と称され、東部でも人気の高いリゾート地である。

アトランティックシティの海岸遊歩道。約8キロの遊歩道に沿って、カジノやホテル、劇場などが立ち並ぶ。
Photo:アフロ

## ■観光客の減少から、カジノ経営に力を入れる

観光業は同州の主要産業であり、最も人気の高い観光地は州南東部のアトランティックシティだ。およそ八キロにおよぶ海岸遊歩道を有し、これに沿って巨大なホテル群や劇場、飲食店が立ち並ぶ。そして、なんといってもこの観光都市の目玉は、州内で唯一合法化されているカジノである。

アトランティックシティは、十九世紀から屈指のリゾート地として栄えていた。しかし、観光客の大半はニューヨークやフィラデルフィアなど近隣の大都市に住む人々であり、交通手段が急速に発達した二十世紀に入ると、次第に観光客の減少に悩まされるようになった。

そこで一九七六年、観光都市復権のために取り入れられたのがカジノだった。現在、カジノ産業はアトランティックシティのみならず、同州全体においても重要な収入源で、観光収入の四分の一がカジノで占められている。なお、この割合は西部ネバダ州のギャンブル都市、ラスベガスの観光収入の構成比よりも高い。

ちなみにアメリカで生まれた人気ボードゲーム「モノポリー」は同都市がモデルであり、オリジナル版は「アトランティックシティ版」と呼ばれている。モノポリーは不動産取引によって資産を争うゲームで、最も不動産価格の高いマスはアトラ

ンティックシティの海岸遊歩道「ボードウォーク」の四〇〇ドルである。

また、アメリカ東海岸地域はクラム（ハマグリ）の名産地であり、なかでも収穫量が最も多いのはニュージャージー州となっている。同州のクラム収穫量は全米の約五分の二を占めており、これは「クラム・チャウダー」を郷土料理に持つニューイングランド地域のいずれの州よりも多い収穫量だ。

## ■相次ぐ政治家のスキャンダルが大問題に

二〇〇四年十一月、同州知事だったジェイムズ・E・マグリービーは、職権濫用の発覚により引責辞任を発表した。マグリービー知事は、愛人であるゲイ男性を不正な手段で要職ポストへと招き入れていたのだ。

ところが、当時のニュージャージー州には副知事のポストがなかった。このため州憲法にもとづいて、州上院議長であるリチャード・コーディが州知事代行を務めるという異例の事態となった。

この事件を受けて、二〇〇五年からは副知事の職が創設されるようになったが、州議会がこのような事態を想定していなかったことが不思議でならない。というのも、同州では二十世紀後半から政治家の汚職事件が相次いでいるからだ。

まず、一九七六年のカジノ合法化直後に、賭博に絡む州議員のスキャンダルが発覚。一九八〇年の石油産出国の利権を巡る「アブスキャム事件」では、同州出身の連邦上院議員が関与し、アメリカ政治史上初となる現役上院議員の逮捕となった。そして、レーガン政権下で労働大臣に就任した同州出身のレイモンド・ドノバンもまた、収賄に関わる汚職で一九八五年に辞任している。

また、政治絡みの不正は黒人問題にもおよんでいる。一九九〇年代の選挙では、投票日に共和党を支持する白人たちが民主党支持派の黒人に現金を手渡し、投票せずに帰宅するよう働きかけていた事実が明るみになっている。

## ■黒人層と白人層に広がる深刻な経済格差

同州における黒人の割合は約一四パーセントであり、これは全米平均の約一二パーセントを少し上回る程度だ。しかし、同州は都市部の黒人構成比が高く、最大都市のニューアークでは五〇パーセント以上、第二都市のジャージーシティでも三〇パーセント弱が黒人という傾向が見られる。投票の不正は、こうした都市部で活発に行われていたようだ。

都市部の黒人構成比の高さは、一九六七年に起きた黒人大暴動が原因だ。差別への不満を爆発させた黒人がニューアークを中心に暴動を起こし、多くの白人住民が郊外へと避難したのである。

この結果、貧しい黒人層が急増した都市部では、治安の悪化とともにスラム化が進んでいった。現在、同州の平均個人所得は全米第三位の二万七〇〇六ドルながら、ニューアークの平均個人所得は一万三〇〇九ドルという、州の最大都市とは思えない経済格差が生じている。

ちなみに同州にはアメリカ最大の保険会社プルデンシャルや大手食品メーカーのキャンベル・スープ・カンパニー、そして大手医療メーカーのジョンソン＆ジョンソンなど、多くの有名企業の本社が置かれている。

これらが観光業とともに同州の個人所得を押し上げているのだが、その就労者の多くが白人であることは明白だ。貧困層の救済は同州の大きな課題といえる。

| | |
|---|---|
| モットー | 自由と繁栄 |
| ニックネーム | 菜園の州、アメリカのリビエラ、トラストの母 |
| シンボル | 州鳥：オウゴンヒワ、州花：ムラサキスミレ |
| 産業・産物 | 機械工業、観光業、ハマグリ、飼料、とうもろこし |
| 出来事・行事 | 黒人暴動（1967年）、ドッグ・ショウ（6月）、ミス・アメリカ・ページェント（9月） |
| 施設・企業<br>大学・組織 | キャンベル・スープ・カンパニー本社、ナビスコ本社、プルデンシャル本社、プリンストン大学 |
| 出身者 | カウント・ベイシー（ジャズピアニスト）、グローバー・クリーブランド（第24代大統領）、ホイットニー・ヒューストン（歌手）、フランク・シナトラ（歌手） |

# ペンシルバニア州

Pennsylvania

独立の瞬間に立ち会った「アメリカ誕生」の地

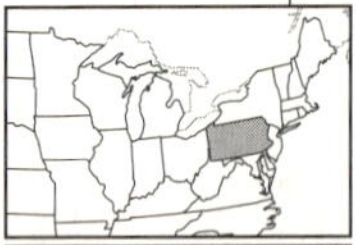

| | |
|---|---|
| 人口 | 12,281,054人 |
| 面積 | 119,283km² |
| 略称(郵便略称) | Penn.(PA) |
| 合衆国加盟 | 1787年12月12日 |
| 州都 | ハリスバーグ |

## ■世界遺産にもなった「インディペンデンス・ホール」

アメリカ史を語るうえで、いわゆる「建国年」はいつになるのか？

独立戦争に勝利し、パリ条約によって「アメリカ合衆国」が国際的に認められたのは一七八三年のことだ。また、国家の基盤たる「アメリカ合衆国憲法」が制定されたのは一七八七年だった。そして、国を治める初めての「アメリカ大統領」が就任したのは一七八九年である。

同国の歴史を振り返ると、独立期における節目はいくつも存在している。だが、アメリカが定める建国記念日はただひとつ。七月四日の「独立記念日」である。つまりアメリカにとっての建国年は、「アメリカ独立宣言」が採択された一七七六年のことであり、この記念すべき瞬間を迎えた場所が、ペンシルバニア州フィラデルフィアの「インディペンデンス・ホール」だった。

ペンシルバニア州に住む長いあごひげが特徴のドイツ系アメリカ人「アーミッシュ」は、馬車で移動し、電気を使用しないといった質素な生活を送っている。　Photo:アフロ

インディペンデンス・ホールは、もともとペンシルバニアの州議事堂として一七四九年に建設され、独立宣言以降は「独立記念館」と呼ばれるようになった。同ホールの最上部には、「自由の鐘（リバティ・ベル）」が設置されている。独立宣言から四日後の七月八日、この鐘はフィラデルフィア市民へ独立宣言を告げるために鳴らされ、祝福と歓喜を込めた音色が響き渡ったのだ。

歴史的瞬間の舞台となった独立記念館は、一九七九年に世界文化遺産にも登録された。現在、独立記念館の周辺は「インディペンデンス国立歴史公園」として整備され、自由の鐘は敷地内のリバティ・ベル・センターに納められている。

なお、現在の二ドル紙幣の肖像は独立宣言を起草したトマス・ジェファーソンであり、この裏には独立記念館が描かれている。

## ■「最大都市」の発展と「州都」の衰退

一六八一年、ロンドン出身のウィリアム・ペンは、ペンシルバニア植民地を建設した。州名を直訳すると「ペンの森」だが、このペンとは彼のことではなく、イングランド海軍提督だった彼の父、ウィリアム・ペン卿に由来している。入植は州南東部のフィラデルフィアを中心に北西へと進められた。熱心なクェーカー教徒（キリスト教友会）だったペンは平和主義を掲げ、異なる宗教にも寛容だったという。

この方針により平和を求める移民が多く押し寄せ、同州は発展を遂げた。最大都市フィラデルフィアの現在の人口は約一五〇万人で、都市としては全米第五位の規模を誇る。市名はギリシア語で「同胞愛の市」を意味し、クェーカー教徒が多かったことから「クェーカーの市」と呼ばれることもあった。アメリカ国内初の事物も多く、病院、医科大学、製紙工場、銀行、新聞、動物園などは、すべてフィラデルフィアで始まったものだ。また、初期アメリカの中心都市だったことから、一七九〇年から一八〇〇年までは首都の役割も果たしている。

フィラデルフィアから南部の州境を西へ進むと、リンカーンの演説で有名な町、ゲティスバーグがある。一八六三年、南北戦争最大の激戦となったこの地で、リンカーンは「人民の、人民による、人民のための政府」の名文句を唱えたのだ。ちなみに、この名言はリンカーンのオリジナルではなく、聖書からの引用だったことも補足しておきたい。

ゲティスバーグは人口七〇〇〇人程度の小さな町だが、四方に幹線道路が延びる交通の起点となっている。米国最古の高速道路はゲティスバーグから西のチェンバーズバーグへと続く国道三〇号線で、通称は「リンカーン・ハイウェイ」だ。

このゲティスバーグから車で北上すると、三時間ほどで州都のハリスバーグにたどり着く。ハリスバーグはかつて工業都市として栄えたが、第二次世界大戦後の産業転換に乗り遅れ、年々衰退が続く州都である。最盛期だった一九五〇年には九万人近くいた人口も、二〇〇〇年にはついに五万人を割っている。なお、ハリスバーグ近郊には、かの有名なスリーマイル島原子力発電所がある。この発電所は一九七九年、原発事故が起きたことで知られている。幸いにも人的被害はなかったが、この事故は世界各地で反核運動のデモが行われるきっかけとなった。

一方、同じ工業都市として栄え、産業転換に成功したのは州西部の第二都市ピッツバーグである。米最大手の鉄鋼会社USスチールの本社があるピッツバーグだが、現在では「ハイテク産業と教育施設の都市」としての顔が有名だ。このため、都市研究の分野では「都市再生の好例」として名前が挙がることもある。

## ■独自の文化を守り続ける敬虔《けいけん》なアーミッシュ

スリーマイル島原子力発電所から四〇キロほど南東には、「世界のガーデンスポット」と称される美しい田園地帯が広がっている。この地域で目につくのは、長いあごひげを蓄えた男性と、無地のワンピースにエプロン姿の女性たちだ。彼らはドイツ系アメリカ人のアーミッシュであり、「ペンシルバニア・ダッチ」と呼ばれる英語交じりのドイツ方言を話す人々である。この「ダッチ（dutch）」はオランダ人のことではなく、ドイツを意味する「ドイチュ（doutch）」がなまったものだ。

アーミッシュはキリスト教再洗礼派に属し、慢心を戒めるために質素な生活を送ることで知られている。移動には馬車を用い、華美な格好を避け、電気を使用しない（近年ではバッテリー電源の使用は認められている所もある）。

アーミッシュは同州のほかにオハイオ州に多く存在しているが、彼らが初めて入植したのはペンシルバニア州だった。

家族との食事を大切にし、食文化ではパイ料理が有名だ。しばしば「非常にアメリカらしい」という表現の例として「アップルパイと同じくらいアメリカ的だ」という言葉がある。それほどにアップルパイはアメリカの定番デザートなのだが、実はこのアップルパイはアーミッシュから全米に広がったものである。

| | |
|---|---|
| モットー | 美徳、独立、そして自由 |
| ニックネーム | 要石の州、クェーカーの州、ペンの州 |
| シンボル | 州鳥：エリマキライチョウ、州花：カルミア |
| 産業・産物 | 金属製品、食品、とうもろこし、干し草、マッシュルーム |
| 出来事・行事 | アメリカ独立宣言（1776年）、フィラデルフィアに遷都（1790〜1800年）、ゲティスバーグの戦い（1863年） |
| 施設・企業<br>大学・組織 | 独立記念館、USスチール本社、フィラデルフィア管弦楽団、ピッツバーグ・スティーラーズ（NFL） |
| 出身者 | ジェームズ・ブキャナン（第15代大統領）、ヘンリー・フリック（実業家）、アンドリュー・メロン（実業家、財務長官）、ヘンリー・ハインツ（ハインツ創業者） |

地図で見るアメリカ

# アメリカ世界遺産MAP

## 後世に残したい文化&歴史の宝

二〇〇九年五月現在、ユネスコに認定されたアメリカの世界遺産登録数は、「文化遺産」が八ヶ所（うち一ヶ所はアメリカ領プエルトリコ）、「自然遺産」が一二ヶ所で、計二〇ヶ所である。

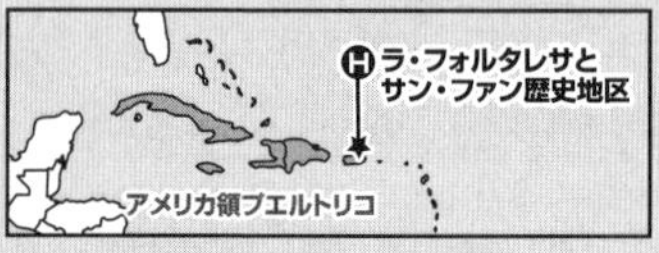


### ■アメリカの世界文化遺産

Ⓐ1984年登録。独立100周年を記念してフランスが贈呈。1886年完成。
Ⓑ1979年登録。1776年に「アメリカ独立宣言」が行われた議事堂。
Ⓒ1987年登録。トマス・ジェファーソンの邸宅と彼が創立した大学。
Ⓓ1982年登録。ミシシッピ文化期（紀元前8〜16世紀）の大遺跡。
Ⓔ1978年登録。古代プエブロ人によって断崖がくり抜かれた集落遺跡群。
Ⓕ1992年登録。古代プエブロ人の集落遺跡。アドビ煉瓦の団地が残る。
Ⓖ1987年登録。古代プエブロ文化が最も多く集中する巨大遺跡群。
Ⓗ1983年登録。スペイン植民地時代（16〜17世紀）の建築物が残る。

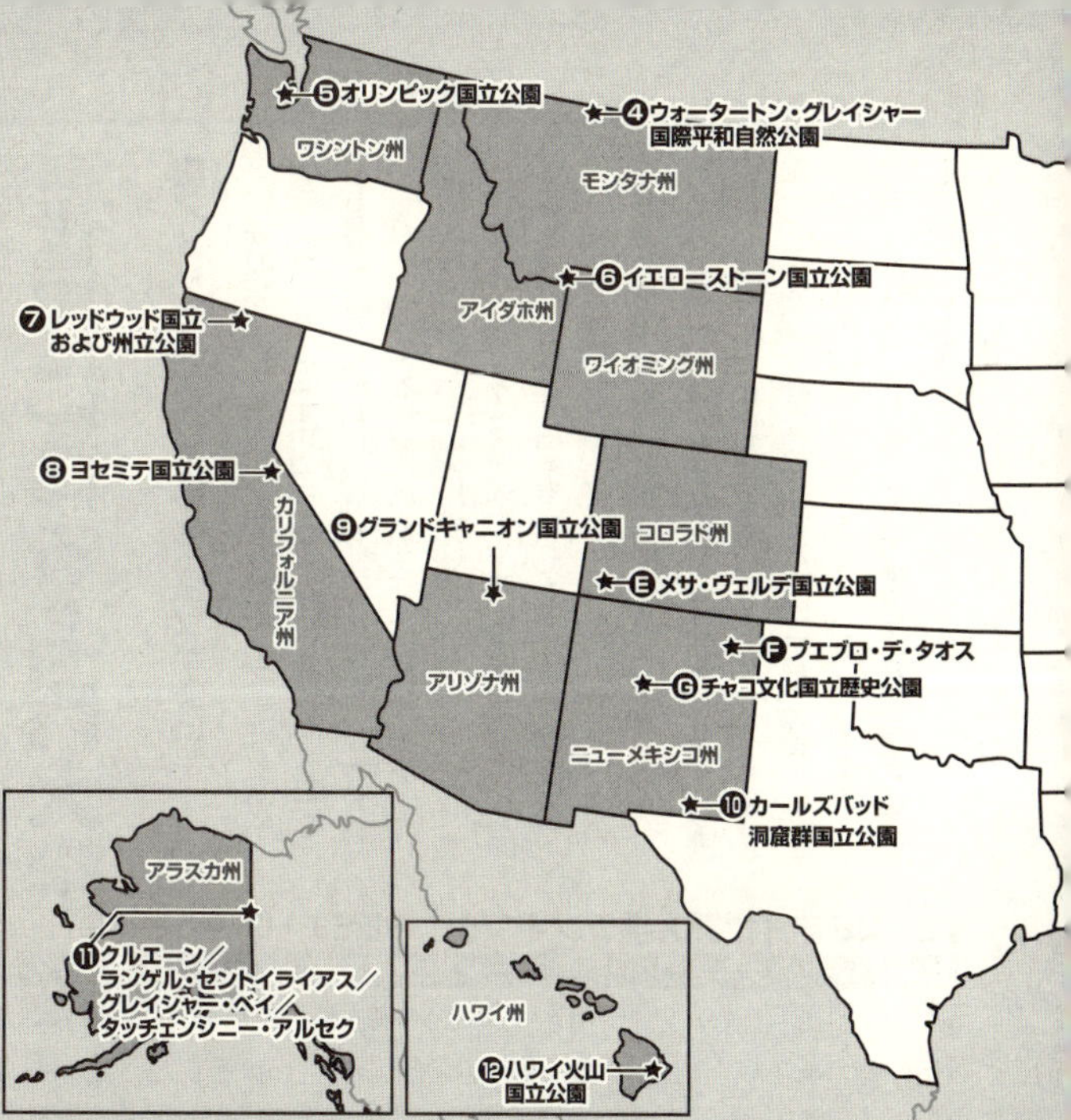


## ■アメリカの世界自然遺産

❶1981年登録。厚い石灰岩の層で形成された世界最長の洞窟群。

❷1983年登録。広大な自然と景観が魅力。年間観光者数は900万人超。

❸1979年登録。湿原地帯。かつて危機遺産入りしたが、07年に解除。

❹1995年登録。カナダとの国境をまたぐ世界唯一の国際公園。

❺1981年登録。太平洋海岸、オリンピック山脈、温帯雨林を有する。

❻1978年登録。世界でも貴重な巨大温帯生態系が維持されている。

❼1980年登録。推定樹齢1500年のビッグツリーをはじめとした森林群。

❽1984年登録。ヨセミテバレーのハーフドームがシンボル。

❾1979年登録。数億年前の地層を確認できる巨大な峡谷が特徴。

❿1995年登録。石灰岩の洞窟群で、つらら石や石柱が形成されている。

⓫1979年登録。計4ヶ所の国立・州立公園で氷河や雪原の風景が広がる。

⓬1987年登録。キラウェア山をはじめとした世界でも有数の活火山地帯。

※丸枠内がアルファベットは文化遺産、数字は自然遺産。なお、❹と⓫はカナダにまたがる。

# 世界に誇る名門大学

## ■アメリカの名門校には、私立が多い

イギリス・THE社が毎年発表している世界大学ランキング「THE TIMES Higher Education Supplement」の二〇〇八年版によれば、一位のハーバード大学を筆頭に、なんと計六校のアメリカの大学が世界の十傑に選ばれている。

このランキングは研究力や卒業生の被雇用力、国際性などを基準に選考されており、今回ランクインしたアメリカの大学は、いずれも教育環境の充実に力を注ぐ私立大学である。

しばしば「アメリカの大学は入学が簡単で卒業が難しい」などといわれるが、これは州立大学に限った話だ。なぜなら、州立大学では「望めば誰にでも教育の機会を与える」という理念のもと、門戸を広げる代わりに入学後の教育競争を重視しているからだ。

### ▌2008年「世界大学ランキング」BEST10

| 世界ランク | 大学名 | 本部所在地 | 創立年 |
|---|---|---|---|
| **1位** | **ハーバード大学** | **マサチューセッツ州ケンブリッジ市** | **1636年** |
| **2位** | **エール大学** | **コネチカット州ニューヘイブン市** | **1701年** |
| 3位 | ケンブリッジ大学 | イギリス | 1209年 |
| 4位 | オックスフォード大学 | イギリス | 11世紀 |
| **5位** | **カリフォルニア工科大学** | **カリフォルニア州ロサンゼルス郡** | **1891年** |
| 6位 | ICL | イギリス | 1907年 |
| 7位 | UCL | イギリス | 1826年 |
| **8位** | **シカゴ大学** | **イリノイ州シカゴ市** | **1890年** |
| **9位** | **マサチューセッツ工科大学** | **マサチューセッツ州ケンブリッジ市** | **1861年** |
| **10位** | **コロンビア大学** | **ニューヨーク州ニューヨーク市** | **1754年** |
| 19位 | 東京大学 | 日本 | 1877年 |

イギリス・THE社調べ（2008年）

# PART3
# 南部　南部大西洋岸地域

海岸沿いに、北はデラウェア州から南はフロリダ州までを含む南部大西洋岸地域。バージニア州以北では北部と南部の文化が入り混じった地域が多いのが特徴だ。なお首都ワシントンD.C.（縦書きの場合はDCと表記）は、州ではないが特別区として紹介している。

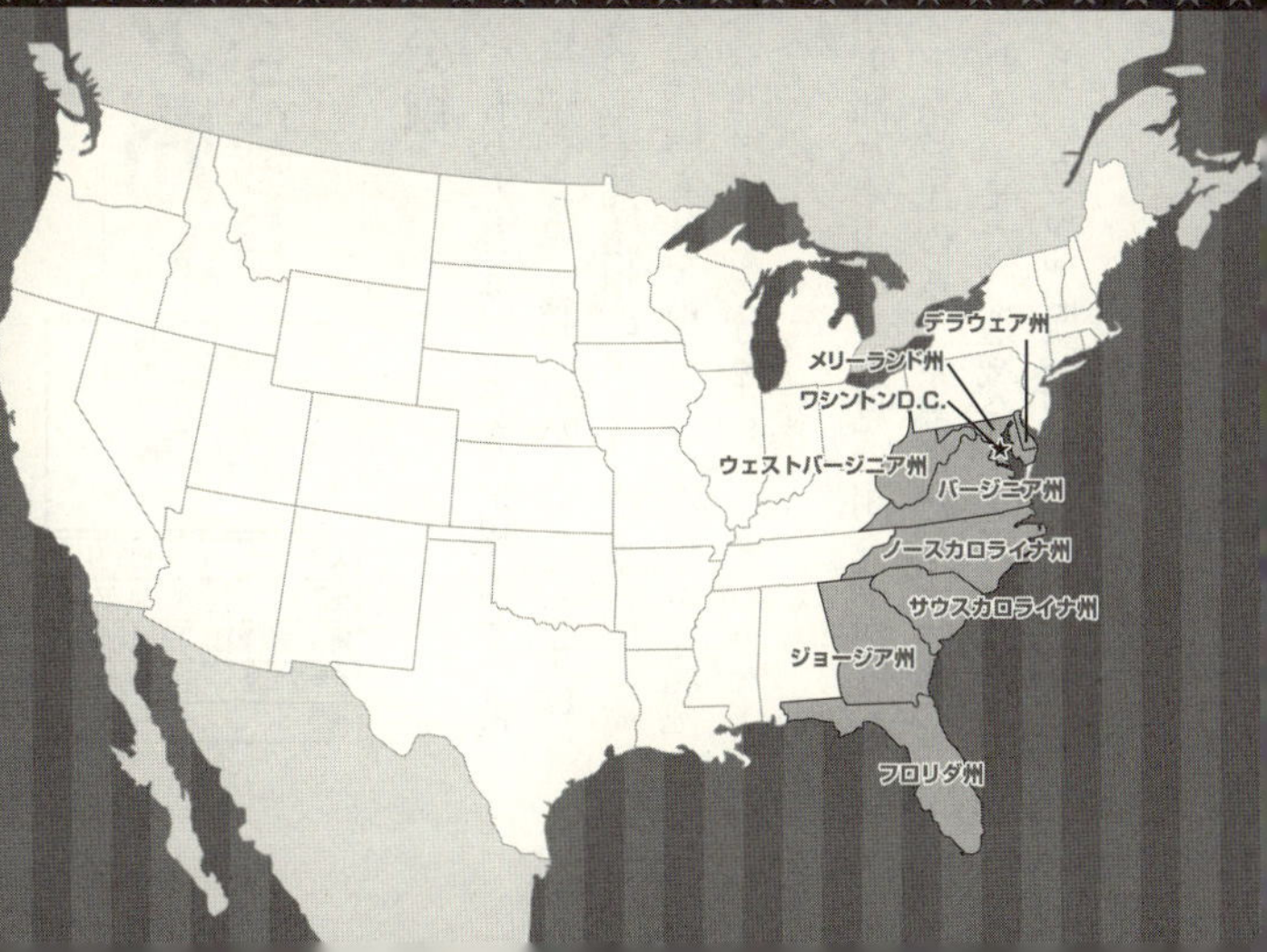

# ウェストバージニア州
West Virginia

貧しくても「平和な心」を忘れない山の州

| | |
|---|---|
| 人口 | 1,808,344人 |
| 面積 | 62,755km² |
| 略称（郵便略称） | W.V.（WV） |
| 合衆国加盟 | 1863年6月20日 |
| 州都 | チャールストン |

## ■奴隷制に反対してバージニア州から分離

ウェストバージニア州はその名が示すとおり、もともとはバージニア州の西部地域だった。同州は、南北戦争中の一八六三年に誕生した。戦時中バージニア州は、アメリカ合衆国より分離して奴隷制の拡大を進める南部諸州のアメリカ連合国に属していたが、奴隷制に反対する州西部地域は連合国入りを拒否。この結果、北部（アメリカ合衆国）側にとどまった同地域はバージニア州から分離し、ウェストバージニア州として合衆国に加盟したのである。

もともと分離前のバージニア州において、州東部と州西部の意見の相違は何度も見られた。そのおもな原因として、イングランド系移民の多い東部に対し、州西部はアイルランド系移民が多かったことが挙げられる。また、地域全土がアパラチア山系に含まれる州西部では、教育機関や交通網などのあらゆる設備が不足していた。

アパラチア山系に覆われるウェストバージニア州は、「山の州」という愛称を持つ。
Photo:アフロ

こうした理由から州東部は、ことあるごとに州西部を見下していた。そのため、州議会においても冷遇を強いられることが多かったのだ。

遅かれ早かれ、ウェストバージニア州の誕生は避けられなかったのかもしれない。しかし、州の独立が正しかったかと問われれば否定も肯定もしづらい。

というのも、バージニア州が平均個人所得で上位に位置する豊かな州である一方、ウェストバージニア州は「万年ビリ」を争う全米屈指の貧困州だからだ。

同州の経済は、大部分をアパラチア炭田の石炭や石油に依存している。とはいえ、それほど地下資源が豊富というわけでもなく、ほかの産業で補えるような財源も立地条件もなかった。

近年の同州では、山岳地形を利用したリゾートなどの観光業にようやく力を入れ始めている。しかしながら、依然として州の財政は苦しいのが現状だ。

もちろん、ウェストバージニア州には自慢できる特徴もある。それは約二・五パーセントという犯罪率の低さだ。これは全米でもトップクラスの数字で、三十年連続で最低犯罪率第一位に輝いたこともある「安全な州」として知られている。

しかし、この誇るべき記録すら、他州の人々からは「盗む物もなければ、山ばかりで逃げ切れる可能性も低い。つまりはウェストバージニアで罪を犯すメリットがない」などと、ジョークのネタにされている。

## ■「母の日」を定着させたアンナ・ジャービス

州独立の背景や犯罪率の低さからもわかるとおり、ウェストバージニアは平和主義の州である。他人を思いやる州民性は、「母の日」が同州から生まれたことからもうかがえる。そもそも母親に感謝を込めてプレゼントを贈る習慣は、十七世紀のイギリスに存在していた。しかしアメリカではルーツが異なり、それは南北戦争時、負傷兵の衛生状態を改善するために開かれた女性集会から始まったのだ。

この集会を呼び掛けたのは女性活動家のアン・ジャービスであり、彼女はこの集まりを「母の仕事の日」と命名していた。南北戦争後、活動機会の減少とともに集会はなくなったが、彼女の遺志を受け継いだのが娘アンナ・ジャービスだった。

アンの死後、母親を偲《しの》ぶ気持ちからその活動を思い出したアンナは、故郷であるウェストバージニア州を中心に「母の日」の開催を唱えるようになった。

そして一九〇八年五月十日、アンナは州北部のグラフトンとペンシルバニア州のフィラデルフィアの教会で、多くの母子とともに母の日を開催。このときに彼女はカーネーションを母親に贈ることを提案し、これがのちに母の日のシンボルとして定着するようになったのだ。

一九一四年、ウッドロウ・ウィルソン大統領は、母の日を全国行事とする決議に署名。翌年以降、五月の第二日曜に行われることが決定したのである。

| | |
|---|---|
| モットー | 山に住む者は常に自由である |
| ニックネーム | 山の州、フライパンの柄の州 |
| シンボル | 州鳥：ショウジョウコウカンチョウ、州花：シャクナゲ |
| 産業・産物 | 機械業、木材加工業、石油、石炭、タバコ |
| 出来事・行事 | バージニア州から分離（1863年）、ロングホーン・クラシック・ロデオ（2月）、山の州森林祭（10月） |
| 施設・企業<br>大学・組織 | ウェストバージニア大学、タマラック、<br>チャールストン・タウン・センター |
| 出身者 | パール・バック（作家）、アンナ・ジャービス（母の日提案者）、ウォルター・フィリップ・ルーザー（労働指導者）、ハリー・フォード・シンクレア（石油企業家） |

南北戦争では真っ先に「合衆国」から脱退

# サウスカロライナ州

South Carolina

| | |
|---|---|
| 人口 | 4,012,012人 |
| 面積 | 82,932km² |
| 略称(郵便略称) | S.C.(SC) |
| 合衆国加盟 | 1788年5月23日 |
| 州都 | コロンビア |

## ■南部文化の魅力あふれるチャールストンの町並み

アメリカ南部の大西洋岸に面するサウスカロライナ州。

逆三角の形をした同州は、三角形のほぼ中心に州都コロンビアが位置している。ここから北部に向かうとノースカロライナ州、南西部に向かうとジョージア州で、南東部に出ると海岸線が広がっている。

「南部の玄関」として同州の発展を担った港湾都市チャールストンは、建国期の雰囲気を残した町並みが人気の観光地だ。古くから貿易港として栄えたチャールストンは、商業規模ではマサチューセッツ州の州都ボストンを凌ぐとさえいわれ、十九世紀まではニューヨークやフィラデルフィアと肩を並べる大都市だった。

かつての同州は南部特有のプランテーションや繊維業が州経済を支えていたが、近年ではこれに代わる新たな産業として、チャールストンの観光業に大きな期待が

チャールストンは建国期に貿易港として栄えた町。現在は、当時の雰囲気を残す町並みが人気を呼んでおり、馬車で町を巡る観光客の姿をよく目にする。　Photo:アフロ

寄せられている。「聖なる市」のニックネームを持つチャールストンでは、教会の美しいシルエットを楽しむことができるのだ。その代表的なものは、アメリカで唯一、フランス・プロテスタントが建てたゴシック様式のフレンチ・ユグノー教会である。そのほか、灯台の役目を果たし、現在ではダウンタウンのシンボル的尖塔《せんとう》であるセント・フィリップス監督派教会がある。

このほかにも、ジョージア様式のドック通り劇場やビクトリア風の邸宅が並び、あたかも町全体が「建築様式の博覧会」といった様相を呈している。

しかし、南部貴族が残したこれらの優雅な建築物は、黒人奴隷の犠牲によって成り立っていることを忘れてはならない。チャールストンが貿易港として栄えたということは、この町で大規模な奴隷貿易が行われていた事実を意味している。アフリカで捕えられた黒人たちは、鎖につながれたまま船内に押し込められて大西洋を渡り、この地で競売にかけられた。

十七世紀後半から十九世紀半ばまで実際に奴隷市場として使用された建物は、現在、旧奴隷市場博物館として残されている。館内には悲惨な過去を伝える奴隷貿易の資料が展示されており、ここがたしかに南部であったことを物語っている。

なお、チャールストンで一八四二年に創立されたサウスカロライナ士官学校は、黒人奴隷の反乱に備えることを目的のひとつとして建てられたそうだ。現在の同校は、軍隊的な規律で一般科目教育を行うユニークなシステムで知られ、毎週金曜日には正装した学生によるパレードが開催されている。

## ■典型的な「南部思考」だったジャクソン大統領

一八六〇年十一月、奴隷解放を主張していたエイブラハム・リンカーンが大統領に当選すると、たちまち南部諸州には動揺が広がった。そんな状況下の同年十二月、リンカーンの就任式を待たずして、真っ先に合衆国から脱退したのがサウスカロライナ州だった。その後、南部では合衆国からの脱退が相次ぎ、一八六一年二月には分離・独立した七州で形成されたアメリカ連合国が誕生する。そして同年四月十二日、チャールストン湾に浮かぶ北軍（アメリカ合衆国）のサムター要塞を南軍（アメリカ連合国）が砲撃したことで、南北戦争が始まったのだ。

なお、アメリカ連合国が掲げた南軍旗は、二〇〇〇年までサウスカロライナ州議会議事堂のドーム上に飾られていた。州議会には過去の奴隷制を容認、あるいは黒人差別を助長する意識はなかったが、奴隷制の象徴ともいえる南軍旗の掲揚《けいよう》に一部から批判の声が出た。しかし、掲揚肯定派の多くは、南軍旗を最初の脱退州としての「歴史的遺産」と認識していたようだ。

現在、ドーム上から撤去された南軍旗は、南北戦争で命を落とした南軍兵士の慰霊碑とともに議事堂前に飾られている。しかし、前述のとおり南軍旗を奴隷時代の負の象徴として見る風潮も根強いため、いまだ同州の南軍旗の使用に異義を唱える人も少なくない。

また、同州出身の第七代大統領アンドリュー・ジャクソンは、典型的な南部思考の大統領として知られている。

彼は「ジャクソニアン・デモクラシー」と呼ばれる民主主義政策を打ち立てたが、ジャクソン大統領が考える「民」とは、あくまで白人に限定されていた。「黒人は私有財産である」と発言して奴隷廃止運動を真っ向から否定したほか、一八三〇年に施行されたインディアン強制移住法の提案者でもある。

敵対政党に対して強引に権力を振るったジャクソン大統領は、君主国になぞらえて「アンドリュー王一世」と揶揄《やゆ》された。ちなみに、彼が書類にサインする際、発音どおりに「Oll Korrect（正しくはAll Correct）」と書く癖があったそうで、これを省略した「ＯＫ」が、現在一般的に広く使われる「オーケー」として浸透したとされている。ほかにもＯＫの由来は諸説あるが、彼は正規の教育を受けていなかっただけに信憑性の高いエピソードではある。

観光業や歴史的な背景からチャールストンが有名だが、同州の最大都市は州都のコロンビアだ。コロンビアはサンベルト地帯に属する商工業の都市で、市内には大手企業の本社や外資系企業が数多く存在している。これらの企業を支える優秀な人材の畑として、市内にサウスカロライナ大学が置かれている。

同大は国際経営学の分野では全米トップとの呼び声が高く、同学部を卒業したエリートたちが、市内の外資系企業などに勤めるケースが多い。

また、州北東部に位置する商業都市スターパンバーグは、海外輸出税が免除された外国貿易特別地区だ。近年では衰退する繊維業に代わり、外資系企業の誘致で新たな経済力を吹き込む試みがある。

ほかにも同州は、稲作が盛んな地域として知られている。米の収穫量が全米で最も多いことから、「米の州」というニックネームで呼ばれることがある。

| | |
|---|---|
| モットー | 心と資源をもって備える |
| ニックネーム | パルメット州、米の州 |
| シンボル | 州鳥：チャバラミソサザイ、州花：フジウツギ |
| 産業・産物 | 観光業、繊維業、綿布、米、シマスズキ |
| 出来事・行事 | ノースカロライナと分裂（1712年）、<br>合衆国から脱退（1860年）、南部連盟記念日（5月10日） |
| 施設・企業<br>大学・組織 | マウンテン州立公園、旧奴隷市場博物館、<br>フレンチ・ユグノー教会、サウスカロライナ大学 |
| 出身者 | アンドリュー・ジャクソン（第7代大統領）、ヘンリー・ティムロッド（詩人）、ジュリア・ピーターキン（作家）、ベンジャミン・R・ティルマン（政治家） |

公民権運動の父と、世界一有名なドリンクを生んだ地

# ジョージア州

Georgia

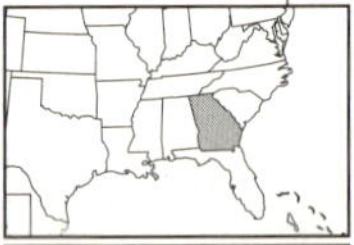

| | |
|---|---|
| 人口 | 8,186,453人 |
| 面積 | 153,909km² |
| 略称(郵便略称) | Ga.(GA) |
| 合衆国加盟 | 1788年1月2日 |
| 州都 | アトランタ |

## ■数多くの有名人を輩出する「黒人の州」

ジョージア州がどのような州かと問われたら、迷わず「黒人の州」と答えたい。州民の約三〇パーセントが黒人という人種構成比に占める高さは、南部においては決して珍しい数字ではない。しかし、その活躍が広く世間に知られる黒人出身者を数多く輩出している州なのだ。

盲目の黒人ソウル・シンガー、レイ・チャールズの大ヒット曲である『わが心のジョージア』は、一九七九年に州歌に採用された。また、州都アトランタは二〇〇二年から黒人女性のシャーリー・クラーク・フランクリンが市長を務めている。

同州の最大都市でもあるアトランタは、人口の六割をアフリカ系が占める黒人王国だ。市内に置かれたアトランタ大学は、もともと黒人の高等教育を目的として建てられたもので、ここから多くの黒人エリートが巣立っている。

ジョージア州の州都アトランタは、南部最大の商業都市。ニュース専門チャンネルのCNNやコカ・コーラなどの企業が本社を構える。
Photo:アフロ

## ■アトランタが生んだ英雄「キング牧師」

かつてのジョージア州には黒人に対する強い差別意識があった。南北戦争時の同州は、アメリカ連合国として合衆国と戦った中心州であり、奴隷解放宣言後も露骨な差別が残っていた。そんな状況が続くなか、同州から優れた才能を持つ黒人が多く現れた意味は大きい。なかでも筆頭に挙げられるのは、アトランタ出身の黒人活動家マーチン・ルーサー・キング・ジュニアである。

いわゆる「キング牧師」の通称で知られる彼は、黒人の市民権を獲得するため、一九五五年に活動を開始した。インド独立の父、マハトマ・ガンジーにならって「非暴力」を貫き、各地を遊説しながら公民権を訴えたのだ。

彼の名を世界に轟かせたのは、一九六三年のワシントン大行進だろう。二万人を超える大観衆の前で放った「I have a dream（私には夢がある）」の名文句は、ケネディ大統領の就任演説とともに「二十世紀におけるアメリカ最高の演説」として海外からも大きな注目を集めた。

そして一九六四年、公民権法の制定によって悲願を果たしたキング牧師は、同年にノーベル平和賞を受賞。しかしその三年後、非暴力を唱え続けた彼の人生は、皮肉にも暗殺という憎むべき暴力によって幕を下ろしている。

キング牧師の亡骸はアトランタのエベニーザー・バプテスト教会に埋葬された。墓石には、件《くだん》の名演説で締め括りの言葉となった「Free at last（ついに自由）」の文字が刻まれている。なお、彼の死から四十年が経過した現在、黒人初のアメリカ大統領となったバラク・オバマは、演説のなかで「我々の夢はひとつになる」と語った。これは、もちろんキング牧師の発言を引き合いに出した言葉である。

さて、その後の同州では、一九八一年にアンドリュー・ヤングがアトランタ市長に就任し、南部初の黒人市長となった。同市では、現在のフランクリン市長を含め、これまでに四人の黒人市長が誕生している。

## ■アメリカが世界に誇るコカ・コーラ

ジョージア州には「南部帝国州」という、なんとも逞《たくま》しいニックネームがある。これは南部における同州が、経済と文化の中心地であることを意味している。もともと綿花産業で栄えたジョージア州は、現在は多種多様な産業で栄えており、南部商業のリーダー的役割を担っているのだ。

同州に本社を置く企業といえば、なんといってもコカ・コーラ社だ。世界一三〇ヶ国以上に工場を持ち、主力商品は当然、社名にもなっているコカ・コーラである。現在、全世界で一日に消費される量は七億本以上といわれ、アメリカ食文化の象徴たるコカ・コーラは、今や「世界のソウル・ドリンク」となった。

コカ・コーラのルーツは一八八六年までさかのぼる。アトランタの薬剤師ジョン・S・ペンバートンが、頭痛と二日酔いに効く薬用酒として「フレンチ・ワイン・オブ・コカ」を発売したのがその始まりだ。ある日、ペンバートンはこの薬にシロップを混ぜて水と氷で割る飲み方を知人に提案した。ところが、この知人は間違えてソーダ水で割ってしまったところ、これが予想に反してとても美味しかった。この偶然の出来事が、コカ・コーラ誕生の瞬間であった。

なお、コカ・コーラの命名者はペンバートンの友人であり、同社の経理係を務めたフランク・M・ロビンソンだ。彼は商品名だけでなく、現在に至るまで使用されるロゴマークの考案者でもある。このロゴは、ロビンソンが簿記で使用するイタリック体から生み出されたもので、なんと制作に一年が費やされたという。

このほか、同州に本社を置く企業は、二十四時間ニュースで有名なCNNや、アメリカンファミリー生命保険会社（AFLAC）、そして世界最大の航空会社であるデルタ航空などがある。

また農作物では、同州のニックネームにもなっている桃とピーナッツが特産品だ。ピーナッツは全米トップの生産量を誇り、郊外の各地でピーナッツ農場が見られる。同州の出身者として唯一の大統領、ジミー・カーター（第三九代）も、政治家を志す前は十年間にわたってピーナッツ農場を経営していた。

## ■ゴールドラッシュの先駆けの州

また意外と知られていないが、ジョージア州は米国初のゴールドラッシュが起こった地域である。

西部カリフォルニアよりも二十年以上前の一八二八年、州北部の都市ダーロネガで金が発見されると、一攫千金を夢見る人々が数多く押し寄せた。これを記念して、同市にはダーロネガ金博物館が置かれている。

ちなみに、現在でもごく稀ではあるが金が見つかるのだという。もしも観光客が金を発見した場合は、発見者の所有物にできるそうだ。

| | |
|---|---|
| モットー | 英知、正義、そして中庸 |
| ニックネーム | 南部帝国州、桃の州、ピーナッツの州 |
| シンボル | 州鳥：チャイロツグミモドキ、州花：ナニワイバラ |
| 産業・産物 | 繊維業、運輸機器、大豆、桃、ピーナッツ |
| 出来事・行事 | マーチン・ルーサー・キング・ジュニア・デー（1月第3月曜）、マスターズ・ゴルフ・トーナメント（4月） |
| 施設・企業<br>大学・組織 | コカ・コーラ本社、CNN本社、デルタ航空本社、アトランタ・ブレーブス（MLB） |
| 出身者 | マーチン・ルーサー・キング・ジュニア（牧師、黒人市民権運動リーダー）、レイ・チャールズ（ソウル歌手）、マーガレット・ミッチェル（作家） |

「合衆国加盟一番目」の州が抱える大きなハンデ

# デラウェア州

Delaware

| | |
|---|---|
| 人口 | 783,600人 |
| 面積 | 6,447km² |
| 略称(郵便略称) | Del.(DE) |
| 合衆国加盟 | 1787年12月7日 |
| 州都 | ドーバー |

## ■全米トップでもあり、最下位でもある州

一七八七年十二月七日、独立一三州のなかで最初に憲法を批准《ひじゅん》し、アメリカ合衆国への加盟を果たしたのがデラウェア州だった。

しかし、「The First State（第一番目の州）」でありながら、今日におけるデラウェア州の存在感は非常に薄い。しばしば同州は、「トップでもあり、最下位でもある州」と呼ばれている。このトップとは、もちろん合衆国加盟順を指しているが、最下位が意味するところは、その他もろもろの州事情だ。

州面積は国内で二番目に小さく、州人口も下から数えて六番目に少ない。また、大統領選のカギを握る「大統領選挙人」の人数は、アラスカ州やモンタナ州などと並ぶ最低枠の三人だ。選挙人の数が、おおよそ州人口と比例関係にあるとはいえ、同州の歴史的背景を考えれば、その影響力の小ささは寂しいものがある。

デラウェア州の最大都市ウィルミントンには、アメリカ三大財閥のひとつで、化学会社のデュポンが本社を置いている。
Photo:Getty Images/アフロ

地理的にデラウェア州はデラウェア半島の北東部に位置し、州西部がメリーランド州と接している。州東部はデラウェア湾に臨み、州北部でニュージャージー州とペンシルバニア州に隣接する。州土の大半が海岸平野という低平な地形で、最高地点ですら海抜一三四メートルにすぎない。

州北部の最大都市ウィルミントンが属するニューキャッスル郡には、ニューキャッスル空港がある。しかし、この空港は利用客のあまりの少なさから二〇〇〇年を最後に旅客便の発着が打ち切られた。このため、デラウェア州は民間空港を持たない唯一の州となってしまった。現在、同空港は自家用機、チャーター機、軍用機などの発着に使用されている。

今日におけるデラウェアの衰退は、州民も自覚しているようだ。地元の人々は、自分たちの州を指して「Dela-Where?（デラウェアってどこ?）」と呼ぶなど、自虐的なジョークも存在している。

## ■企業誘致に積極的な「法人組織の州」

地形や人口の少なさというハンデを抱える同州だが、誇るべきは平均個人所得の高さだ。二万三三〇五ドルという数字は、二〇〇〇年の国勢調査では全米第一〇位に位置している。こうした経済面の特徴は、会社設立を優遇する州法の影響が大きい。同州は法人税が安く、間接税や工場の資産税も課せられない。また、電気料金も他州に比べて一五～二〇パーセントほど低いため、多角経営を目指す法人や工場を進出させる企業が多いのだ。一九九七年、宮城県は同州と姉妹関係を結んでいるが、その最たる目的は地元企業の同州進出である。

企業の多くは最大都市ウィルミントンに集中していて、特にクレジットカード会社や銀行の本社が多い。また、アリコジャパンという日本の支社名で知られるアメリカン生命保険会社も、同市に本拠地を置いている。産業別割合を見ると、全米では金融・保険業が八パーセントであるのに対し、同州では州内総生産の三二パーセントを占めているのだ。

## ■アメリカ三大財閥のひとつ「デュポン財閥」

主要産業は金融・保険業だが、同州の企業で最も有名なのは、世界に誇る化学会社デュポンである。一八〇二年、州北部を流れるブランディワイン川の近くに、デュポンは黒色火薬工場として設立された。創業者はフランス出身のエルテール・イレネー・デュポン。当時、アメリカには良質な火薬が少なく、フランスで王立火薬工場の責任者を務めていたエルテールは、これに目をつけたのだ。

以降、デュポンは軍用火薬で莫大な富を築き、一九三〇年代からは民間市場に目をつけ、化学製品の開発に力を注ぐようになった。

ナイロンやテフロンなどは、デュポンの化学者が開発したものであり、このほかにも合成ゴムやプラスチック、ポリエステルなどの分野を開拓している。現在、化学会社としては世界第三位の規模を誇り、一族経営を続けるデュポン財閥は、メロン財閥、ロックフェラー財閥と並ぶ「アメリカ三大財閥」のひとつである。

デュポン一族は政界への発言力も強く、その最たる例は一八〇三年のルイジアナ買収（アメリカが当時フランスの領地だったルイジアナ地方を買収した）に見られる。この買収劇は、エルテールの父でフランスの政治家だったピエール・サミュエル・デュポンが、当時の大統領トマス・ジェファーソンに助言したことで実現したものだった。

トマス・ジェファーソンは、デラウェア州を「州のなかの宝石」と呼んでいる。これは同州が、小さいながらも強い輝きを放っていたことに由来するようだ。しかし当時の同州は、すでに他州に対する発言力や影響力が弱まりつつあった。もしかしたらジェファーソンが指した宝石とは、同州ではなくデュポンのことであったのかもしれない。州内におけるデュポンの存在感はきわめて強く、しばしば「デラウェア州というよりもデュポン州」という言葉も耳にするくらいだ。また、州北部に置かれるデラウェア大学が「デュポンの研究所」と呼ばれることもある。

南北戦争時、デラウェア州は合衆国側につき、北部の自由州として南部のアメリカ連合国と戦っている。だが、当時のデラウェア州は正式に奴隷制を廃止していない。それでも合衆国にとどまった理由は、「ファースト・ステート」としてのプライドと、合衆国からの脱退をためらっていたからだ。

そのため、州内には南軍に所属して戦う部隊もいたが、奴隷制反対派も多く、自発的に黒人を解放するケースもあった。こうした背景から州都のドーバーは、黒人奴隷を亡命させる秘密結社「地下鉄道」の重要拠点のひとつとなっていた。南部からドーバーを経由し、多くの黒人奴隷が隣接する自由州へと逃げ延びたのだという。

| | |
|---|---|
| モットー | 自由と独立 |
| ニックネーム | 第一番目の州、ダイヤモンド州、法人組織の州 |
| シンボル | 州鳥：ブルー・ヘン、州花：モモ |
| 産業・産物 | 化学工業、金融・保険業、ジャガイモ、とうもろこし |
| 出来事・行事 | 最初の州として合衆国に加盟（1787年） |
| 施設・企業<br>大学・組織 | ロングウッド庭園、ハグリー博物館、デュポン本社、アリコ本社、デラウェア大学 |
| 出身者 | ロバート・モンゴメリー・バード（劇作家）、ヘンリー・サイドル・キャンビー（エール大学教授）、オリバー・エバンズ（垂直コンベアベルト発明者） |

# ノースカロライナ州 North Carolina

## 入植者はどこに消えた?「失われた植民地」の謎

| | |
|---|---|
| 人口 | 8,049,313人 |
| 面積 | 139,389km² |
| 略称(郵便略称) | N.C.(NC) |
| 合衆国加盟 | 1789年11月21日 |
| 州都 | ローリー |

### ■残された解読不明の文字「CRO」

ノースカロライナの歴史は一七一二年、南北に分裂したカロライナ植民地の北部として始まった。カロライナの由来は、英国王チャールズ一世のラテン語名である「Carloana」で、植民の勅許《ちょっきょ》が与えられたのは一六六三年のことだった。

しかし、カロライナ植民地が建設される約八十年前、すでにこの地には英国初の植民地が存在していた。

アメリカにおける「初めての植民地」というと、一般的にはジェームズタウン(現バージニア州内)が有名だ。しかし、ジェームズタウンは初の「永続的植民地」であり、それ以前にも入植に失敗した植民地があったのだ。

一五八五年、現在のノースカロライナ州ロアノーク島に、一〇八人のイギリス移民(植民団)が上陸した。しかし、生活の厳しさから開拓は難航し、一五人を残し

イギリス移民によるロアノーク島への入植が成功していれば、この地がジェームズタウンに代わる初の永続的植民地となっていたかもしれない。Photo:Getty Images/アフロ

て帰国している。二年後、再び同地に一一七人の植民団が訪れたとき、残された一五人の姿は確認できなかった。さらに三年後の一五九〇年、この地を視察したジョン・ホワイトによれば、二回目に渡った植民団もひとり残らず消えていたという。ホワイトの報告では、たったひとりの遺体すら確認できず、ロアノーク島の木には「CRO」、あるいは「Croatian」という解読不明の文字が刻まれているだけだった。開拓者に何が起きたのかは現在も謎に包まれたままで、この事件は「失われた植民地（The Lost Colony）」と呼ばれている。

ちなみに、二回目の入植直後にロアノーク島で女児が生まれており、これがアメリカで誕生した最初のイギリス移民の子どもとされている。

## ■「人気の銘柄」をそろえたタバコの名産地

ノースカロライナ州は、アメリカ東岸のほぼ中央に位置している。緯度は日本の東京都と同程度で、米国内でも四季がはっきりした地域である。

古くはタールの名産地として知られ、タールは船の防水塗料として使用されていた。しばしば町中にタールがこぼれ、州民の靴のかかとに付着していたことから「タールヒール州」というニックネームがつけられている。

州は東西に長く、西からアパラチア山系、中央部のピードモント台地、東部の海岸平野という異なる性質の三地域に分けられる。

まず西部の山岳地域は、リゾート地として有名だ。テネシーとの州境には世界自然遺産のグレート・スモーキー山脈国立公園があり、夏はアウトドアやハイキング場、冬はスキー場として賑わう観光地である。

中央部は繊維業や家具の生産が盛んであるほか、第二次世界大戦後からは研究開発産業が始まった。州都ローリーのノースカロライナ州立大学、ダーラムのデューク大学、チャペルヒルのノースカロライナ大学を結ぶ「研究の三角地帯」には、数々の企業や連邦政府の研究機関が置かれている。

東部の海岸平野はタバコの一大産地であり、州北西部の都市ウィンストン・セイラムには米国最大のタバコメーカー、RJ・レイノルズ・タバコ社の本拠地がある。同社はウィンストンやキャメルなど、アメリカでも人気の銘柄を抱えており、日本では日本たばこ産業（JT）から製造販売されている。

なお、ラッキーストライクの銘柄で知られたアメリカン・タバコ社は、かつて同州に本社を置いていた。しかし売上を伸ばしすぎた結果、一九一一年に最高裁から企業分割を命じられ、現在はニューヨークのアメリカン・ブランド社に吸収されている。同様に、州内で一八九八年に創業した清涼飲料メーカー、ペプシ・コーラ社も吸収された企業だ。同社はコカ・コーラ社の後発として健闘していたものの、砂糖の仕入れに失敗して一九三三年に倒産。その後、デラウェア州の実業家による買収を経て、現在のペプシコ社に至っている。

近年、州東南部の都市ウィルミントンでは、映画産業の誘致が積極的に行われている。アメリカで映画といえば西海岸のハリウッドだが、このウィルミントンは「東のハリウッド」を名乗っている。とはいえ、著名な映画作品は少なく、どちらかといえばテレビの人気ドラマシリーズの撮影が多いようだ。

## ■チェロキー族の悲劇と、ライト兄弟の奇跡

州西部の町チェロキーには、インディアン迫害の歴史を象徴する有名なエピソードが残されている。一八二八年、チェロキーで金鉱が発見され、ゴールドラッシュの期待が高まった。ただし当時のチェロキーは、インディアンのチェロキー族の居住地であった。一八三〇年にインディアン移住法が制定されたが、これはチェロキー族には適用されない約束だった。

しかし、やがてアメリカ人は金鉱のために約束の反故《ほご》を唱えるようになった。そして一八三八年、ついに連邦政府はチェロキーに部隊を派遣し、チェロキー族の強制移住を行った。この道中で命を落としたチェロキー族は八〇〇〇人ともいわれ、移住先となったオクラホマ州への道は「涙の道」と呼ばれている。

一方、チェロキーから遠く離れた州東岸の町キルデビルヒルは、ライト兄弟が世界で初めて有人動力飛行を成功した地で有名だ。一九〇三年十二月十七日、ロアノーク島の北に位置する州東岸の砂丘で、「ライトフライヤー号」が離陸した。飛行時間はわずか十数秒だったが、当時「科学的に不可能」といわれた有人動力飛行が成功した瞬間だった。

キルデビルヒルの隣村、キティホークには「飛行の発祥地」と書かれた記念碑が飾られている。なぜ隣村に記念碑があるのかというと、当時のキルデビルヒルには集落が存在しなかったからである。

ちなみに、記念碑に刻まれた初飛行日は「一九〇三年十二月十二日」とあるが、これは誤りとされている。

| | |
|---|---|
| モットー | 外見よりも実体を |
| ニックネーム | タールヒール州、古き北の州、大西洋の墓場 |
| シンボル | 州鳥：ショウジョウコウカンチョウ、州花：ハナミズキ |
| 産業・産物 | 繊維産業、電気・電子工業、タバコ |
| 出来事・行事 | チェロキー族の強制移住（1838年）、ライト兄弟がキルデビルヒルから最初の飛行機を離陸させる（1903年） |
| 施設・企業<br>大学・組織 | バンク・オブ・アメリカ本社、ＲＪ・レイノルズ・タバコ本社、デューク大学、ノースカロライナ大学 |
| 出身者 | ジェームズ・ブキャナン・デューク（実業家）、リチャード・ジョーダン・ガトリング（ガトリング銃発明者）、ビンス・マクマホン（WWEオーナー） |

# バージニア州

大統領の輩出最多を誇る「政治家の母国」

Virginia

| | |
|---|---|
| 人口 | 7,078,515人 |
| 面積 | 110,785km² |
| 略称(郵便略称) | Va.(VA) |
| 合衆国加盟 | 1788年6月25日 |
| 州都 | リッチモンド |

## ■アメリカの歴史は、ジェームズタウンから始まった

一六〇七年、チェサピーク湾からジェームズ川河口にたどり着いたイギリス人たちは、この地にイギリス初となる永続的植民地ジェームズタウンを建設した。

改めて説明するまでもないが、アメリカ合衆国はイギリスからの独立を果たしたことで誕生した国家だ。つまりイギリス初の植民地は、アメリカにおける「最初の町」というわけだ。ジェームズタウンを含む一帯の地域は、ロンドンのバージニア会社が建設したことからバージニア植民地と名付けられた。これがバージニア州の始まりであり、その歴史は四百年を超えている。

そんな同州を語るうえで、頻繁に登場するのが「米国初の」という冠《かんむり》だ。

一六七六年、イギリスに対して初めて反乱を起こしたのはバージニアの人々であった。また、一ドル紙幣に描かれているアメリカの英雄、初代大統領のジョージ・

ラングレーにある米中央情報局（CIA）の本部。その地名から「ラングレー」の通称で呼ばれることもある。
Photo:アフロ

アーリントン郡にある米国防総省（ペンタゴン）。世界最大のオフィスビルでもある。
Photo:アフロ

ワシントンも同州の出身者である。

しかし、米国初の出来事が必ずしも誇らしいものばかりとは限らない。

一六一四年、先住民族であるポウハタン族の女性、ポカホンタスが、ジェームズタウンの男性と挙式した。これはアメリカ先住民と白人による初の結婚であったが、バージニアにとっては和平を建前とした強引な「政略結婚」だったとの見方が強い。というのも、そもそもポカホンタスは入植者に捕えられた人質だったからだ。

また、一六一九年には初めての黒人がバージニアに連行されている。これは、今日までアメリカが抱える「黒人差別問題」が始まった瞬間である。

## ■全米で唯一、州内すべての市が「独立市」

バージニア州は「州の母国」というニックネームを持っている。同州から一部、あるいは全土が分離し、新しく形成された州が計八州も存在するからだ。最盛期のバージニア植民地は五大湖沿岸部にまでおよび、遠方では中西部のミネソタ州までもが同植民地の領土だったという。

分離の終了は一八六三年、ウェストバージニア州の誕生を迎えたときのことだ。両州の分裂は奴隷制の是非を巡った結果であり、バージニア州は奴隷制の賛成州だったのだ。なお、南北戦争のきっかけとなった合衆国からの脱退時には、アメリカ連合国の首都として、バージニア州の州都リッチモンドが選ばれている。

さて現在のバージニア州は、全米で唯一州内すべての市が「独立市」という特異な州である。アメリカの行政区画を簡単に説明しておくと、上位から順に国・州・郡・市町村となっている。しかし例外として、独立市は郡に属することなく郡と同等の権限を保有する。独立市を日本の類似した立場に置き換えれば、都道府県における政令指定都市にあたるだろう。

現在、アメリカには四三の独立市があり、そのうち三九がバージニア州にあるというから驚きだ。ただし、同州の独立市は一八七一年、州議会で決定した「州内の市をすべて独立市とする」という法律によるものである。

このような大胆な方針は、「専制者は常にかくのごとし」とのモットーを持つバージニア州らしい個性といえる。それゆえ、さぞかし同州の人々は自尊心が強く干渉を嫌うのか……と思いきや、意外にも愛想が良いことで有名だ。

バージニア人には、「痛い背中」という珍妙なニックネームがつけられている。これは州民同士が出会った際、背中が痛くなるほどに叩き合って挨拶することで、親愛の情を示したことにちなんでいる。とはいえ、ウエストバージニアの人々を田舎者扱いしていた点や、奴隷制の推奨州だった点を考慮すれば、彼らの人当たりの良さが決して万人に向けられていたわけではないことがうかがえる。

ちなみに、暴力的な制裁を意味する「リンチ」という言葉は同州で誕生したものだ。独立戦争時、州内では混乱に乗じて馬を盗む無法者が急増していた。これを取り締まったのがチャールズ・リンチ率いる自警団で、彼らは窃盗者を捕まえても正式な裁判にかけず、私的な制裁を加えていたのだ。以後、私刑はリーダーの名前からリンチと呼ばれるようになったのだ。

## ■ペンタゴンとＣＩＡの本部が設置される

バージニア州は政界に大きな影響を与えており、これまでに多くの偉大な政治家を輩出したことから「政治家の母国」とも称されている。

まず、大統領の輩出人数は全米トップの八人で、初代大統領のジョージ・ワシントン、独立宣言を起草したトマス・ジェファーソン（第三代）、モンロー主義で名高いジェームズ・モンロー（第五代）など、そうそうたる顔ぶれだ。

また古くは植民地時代、下院議員を務めたパトリック・ヘンリーがいる。彼は一七七五年、州都のリッチモンドで「我に自由を、さもなくば死を与えよ」の名演説を展開し、独立戦争の代弁者となった。

このほかにも、南北戦争末期に南軍総司令官を任ぜられ、引き際を悟って北部に降伏した名将ロバート・リー将軍、そして独立直後の不安定な時期に、フランスから要求された賄賂《わいろ》を断固として拒否した正義の人、最高裁判事ジョン・マーシャルなど、同州出身の要人は枚挙《まいきょ》に暇《いとま》がない。

こうした多大なる政界への貢献と、首都ワシントンＤＣに隣接する立地条件から、バージニア州には米国防総省（ペンタゴン）と米中央情報局（ＣＩＡ）の本部が設置されている。

また、ペンタゴンの位置するアーリントン郡には、無名の戦没者からケネディ大統領ら政界のＶＩＰまでもが眠る国内最大の国立墓地がある。この墓地はポトマック川を挟んでワシントンＤＣと対峙《たいじ》しており、アメリカの発展と平和を願うかのように、今日もホワイトハウスを見守り続けている。

| | |
|---|---|
| モットー | 専制者は常にかくのごとし |
| ニックネーム | 大統領たちの母国、州の母国、政治家の母国 |
| シンボル | 州鳥：ショウジョウコウカンチョウ、州花：ハナミズキ |
| 産業・産物 | 繊維業、食品加工業、タバコ、大豆、オイスター |
| 出来事・行事 | 初の英国人定住地ジェームズタウン建設（1607年）、<br>合衆国から脱退しリッチモンドが南部首都に（1861年） |
| 施設・企業<br>大学・組織 | 国防総省（ペンタゴン）、中央情報局（CIA）、<br>フィリップモリス本社、ジェネラル・ダイナミクス本社 |
| 出身者 | ポカホンタス（ポウハタン族）、ジョージ・ワシントン（初代大統領）、トマス・ジェファーソン（第3代大統領）、ジェームズ・モンロー（第5代大統領） |

米本土最南端に位置する世界屈指のリゾート地

# フロリダ州

Florida

| | |
|---|---|
| 人口 | 15,982,378人 |
| 面積 | 170,304km² |
| 略称(郵便略称) | Fla.(FL) |
| 合衆国加盟 | 1845年3月3日 |
| 州都 | タラハシー |

## ■灼熱の太陽が降り注ぐ「サンシャイン州」

アメリカ東海岸の南端部、東南に突き出た半島がフロリダ州だ。

北緯二四度から三一度に位置しており、州土の北部は亜熱帯地域、南部は熱帯地域に属する常夏のリゾート地である。

フロリダ半島の先端からはフロリダキーズ諸島が南西方向に延び、西端のキーウエスト島はアメリカ本土最南端の地だ。諸島は四二の橋からなる海上ハイウェイでつながっており、ハイウェイから大陸北部へ続く道路が国道一号線である。国道一号線は、フロリダ州を抜けるとワシントンDCやニューヨーク、ボストンなどの東部諸州の大都市を経由し、北端の都市メイン州フォートケートで終点を迎える。

現在、アメリカにはおよそ一〇〇本の国道があるが、一号線のキーウェストとマイアミをつなぐ通称「オーバーシーズ・ハイウェイ」は、最も景色の美しいハイウ

青い海と白い砂浜が続くマイアミビーチ。マイアミからキーウェスト島をつなぐオーバーシーズ・ハイウェイからの美しい景色は訪れる観光客を魅了している。Photo:アフロ

ェイとして知られている。眼下に広がるサンゴ礁と青い海がドライバーの目を楽しませ、頭上からは最寒月でも平均気温一八度という強い日差しが降り注ぐ。ニックネームの「Sunshine State（サンシャイン州）」は、同州のナンバープレートにも刻まれている。

## ■世界遺産、オレンジ、ケネディ宇宙センター

フロリダ州は起伏の少ない地形で、最も高い地点ですら海抜一〇五メートルである。州東部はマイアミビーチをはじめとした世界屈指の海浜リゾート地として知られ、州南西部には低湿地帯が広がっている。この湿地帯はエバーグレーズと呼ばれ、地域の大半は世界自然遺産であるエバーグレーズ国立公園で占められている。

エバーグレーズ国立公園は国際生物圏保護区と自然保護区域に指定されていて、珍しい猛禽類《もうきんるい》（大型の鳥の総称）や絶滅危惧種のフロリダピューマなども観察できる。一時期は無計画な開発と産業廃棄物による公害が原因で「危機遺産」リストに入ったが、環境保全に努めた結果、二〇〇七年にリストからは削除された。

また、州中部の都市オーランドは、ウォルト・ディズニー・ワールド・リゾートやユニバーサル・オーランド・リゾート、シーワールドなど数多《あまた》の娯楽施設が集中しており、一年を通じて家族連れで賑わうテーマパーク王国だ。

東部のビーチ、南部の世界遺産、中部のテーマパーク。こうした恵まれた環境と施設を有するフロリダ州は、世界的にも有名な観光地である。毎年七〇〇〇万人前後の旅行者を呼び寄せる観光業は、州経済の重要な産業のひとつだ。

しかし、同州は観光業だけに依存しているわけではない。

フロリダの二〇〇七年の州内総生産は七三四五億ドルで全米第四位だが、このうち観光業が占める割合は二割程度だ。仮に同州の総生産から観光業を差し引いたとしても、全米で六位前後に位置する経済力を有している。そして観光業以外の主要産業は、農業や宇宙開発産業、金融業、工業などが有名だ。

農業では柑橘類が豊富で「オレンジ州」という俗称に反映されている。同州のオレンジは、カリフォルニア・オレンジと区別してフロリダ・オレンジと呼ばれ、その大半は冷凍ジュースへと加工される。オレンジのほかにはレモン、ライムなどもあり、さらに温暖な気候を利用したサトウキビ栽培も行われている。

州中東部海岸近くのメリット島にはケネディ宇宙センターが置かれ、一九六〇年代から始まった宇宙計画により、同州の宇宙開発産業が急速に発展した。ケネディ宇宙センターは、NASA（アメリカ国立航空宇宙局）のフィールドセンターのひとつであり、おもにロケットの発射を行っている。

一九六一年五月五日にはマーキュリー・レッドストーン三号が打ち上げられ、国内初となる有人宇宙飛行に成功した。その後も一九六九年に人類初の月面到達を果たしたアポロ一一号や、一九八六年に起きた悲劇の爆発事故で知られるチャレンジャー号など、歴史に名を残す数々の機体がここから打ち上げられている。

## ■フロリダ南部に根付いた「カリブの文化」

フロリダ州の最大都市は南東部に位置するマイアミで、この都市には「北のハバナ」というニックネームがある。ハバナはキューバの首都であり、マイアミを含む州南部は、古くからキューバと密接な関係を持っている。

もともとフロリダを含むカリブ海域は、十六世紀からスペインの支配下にあった。当時のカリブ海には、海賊や難破船のサルベージに携わる海の男たちが一堂に会しており、これらの歴史はキーウェストの難破船処理博物館で知ることができる。なお、キーウェストの最南端の石碑には、「ハバナまで九〇マイル（約一四五キロ）」の文字が刻まれている。キーウェストからハバナまでの距離は、フロリダに隣接するアラバマ州やジョージア州よりも圧倒的に近いのである。

一八一九年、スペインはフロリダの地をアメリカに譲渡したが、三世紀にわたって築かれた文化は、距離の近さも手伝ってキューバとのつながりを保ち続けた。一九五九年にキューバ革命が起き、実に二〇万人以上ものキューバ人がフロリダへと亡命したため、現在のマイアミの人種構成比は、六割以上がヒスパニックとラテン系で占められている。

マイアミ市の南西八番街にはリトル・ハバナ地区がある。ここではマンボやルンバなどの陽気なラテン音楽があふれ、キューバのラム酒「ハバナ・クラブ」とキューバ料理が楽しめる。

しかし、キューバ文化の流入は、必ずしも良いことばかりではない。ヒスパニックやラテン系には貧困層が多く、マイアミ一帯は、全米で最も犯罪発生率の高い地域のひとつである。

また、マイアミは南米からアメリカへと渡る麻薬の密輸ルートの拠点でもあり、これは「南米の窓口」として栄える同州の大きな問題になっている。

| | |
|---|---|
| モットー | 我々は神を信じる |
| ニックネーム | サンシャイン州、花の州、ワニの州 |
| シンボル | 州鳥：マネシツグミ、州花：オレンジ |
| 産業・産物 | 観光業、柑橘類、サワービーン、アボカド |
| 出来事・行事 | 米国初の有人スペースシャトル打ち上げ成功（1961年）、ハリケーン・カトリーナ上陸（2005年） |
| 施設・企業<br>大学・組織 | ケネディ宇宙センター、ウォルト・ディズニー・ワールド・リゾート、バーガーキング本社、フロリダ大学 |
| 出身者 | ジェームズ・ジョンソン（黒人作家）、ジョン・ゴリー（製氷器発明者）、ジム・モリソン（ミュージシャン）、ウォーレン・クロマティ（MLB、日本プロ野球選手） |

切っても切り離せない？　首都との深い関係

# メリーランド州

Maryland

| | |
|---|---|
| 人口 | 5,296,486人 |
| 面積 | 32,133km² |
| 略称（郵便略称） | Md.（MD） |
| 合衆国加盟 | 1788年4月28日 |
| 州都 | アナポリス |

## ■メリーランドの土地から誕生したワシントンＤＣ

州中央部にチェサピーク湾が入り込み、複雑な海岸線を形成しているメリーランド州。州の東部はデラウェア州と大西洋に面し、北部はペンシルバニア州と隣接している。また、西部から南部にかけてはバージニアとウェストバージニアの二州が、あたかも同州の背骨を押し上げるように食い込んでおり、単純な形が多いアメリカ諸州においては珍しい州境である。

そんななか、特に印象的なのが州中西部だ。ここにはメリーランドの州土を西からくり抜いたかのごとく、首都ワシントンＤＣが存在している。だが、それもそのはず、そもそもワシントンＤＣの土地はメリーランド州の一部だったからだ。

一七九一年、同州は連邦政府の要請に応じて新首都建設用の土地を譲渡した。そしてワシントンＤＣが生まれた一八〇〇年以降、メリーランド州と首都は、切って

米英戦争時にイギリス軍の侵攻を防ぐ役割を担ったマックヘンリー要塞。猛攻に耐え抜いたこの要塞に感銘を受けた弁護士キーの綴った詩が、国歌のルーツになった。
Photo:アフロ

も切り離せないほどの深い関係を続けている。

## ■「エリート官僚のベッドタウン」ベセスダ

ワシントンDCの北西部と隣接するベセスダは、州内で最も「首都の香りが漂う」地域だ。面積は約三四平方キロメートルと小さく、これは東京都杉並区とほぼ同じ広さである。地域内には、国立衛生研究所、国家地球空間情報局、消費者製品安全委員会などの政府機関が設置されている。

また、世界最大の生物医学図書館である米国医科図書館や、大統領御用達で高い医療技術を誇るベセスダ海軍病院がある。

そして、なんといってもベセスダ最大の特徴は「エリート官僚のベッドタウン」であることだ。同地域は、全米でも屈指の高級住宅街として知られ、現役の下院議員や上院議員をはじめ、連邦政府の要職に就く数多くのＶＩＰが住んでいる。

ベセスダに住むメリットは、首都から近いことだけではない。同地域は、地下鉄やバスなどの公共交通路線から離れているため、貧困層や不審者が簡単に近づくことができないのだ。こうした治安の良さが追い風となり、「高級住宅街ベセスダ」のブランドイメージが築かれた。このほか、シルバースプリングやチェビーチェイスなどの地域も「首都のお膝元」である。

なお、州内には国防総省の諜報機関、国家安全保障局（NSA）の本部が置かれている。諜報機関と聞くと、まずCIAを連想する人が多いかもしれない。だが、組織の規模はCIAよりも大きく、かつてはニューヨーク市内の公衆電話の会話記録すべてが、地下回線を通じてNSAに届けられていたという報告もある。

そのほか、州都アナポリスにある米国海軍士官学校が有名だ。これまでに多くの名士官を輩出し、第三九代大統領のジミー・カーターも卒業生である。ちなみに、同校の通称は地名をそのまま用いたアナポリスで、国内では「アナポリスを出た」といえば、それだけで同校の卒業生だとわかるほどの知名度だ。

## ■最大都市ボルチモアは、国歌『星条旗』のルーツ

政府機関の多くが首都近郊に集中しているが、そのほかの地域に目を向けると、首都に依存しないメリーランド州独自の顔が見えてくる。

州都アナポリスから五〇キロほど北上すると、同州最大都市のボルチモアがある。古くは港町として栄え、現在は商工業や教育、文化の中心地だ。特に教育面では医学が有名で、世界でも高水準の医学部を擁する名門ジョンズホプキンス大学、そして同大学付属のジョンズホプキンス病院がある。

また、同州の人々はアメリカ独立に大きく貢献している。独立戦争時、メリーラ

ンド植民地軍は優れた戦闘部隊として英雄視されていた。植民地軍を率いたジョージ・ワシントンは、彼らに最大級の賛辞を送っており、「ベテラン兵士の州」というニックネームはこれに由来している。

現在もボルチモアに残るマックヘンリー要塞は、イギリス軍の侵攻を防ぐ重要拠点だった。そして、「第二次独立戦争」とも呼ばれる米英戦争（一八一二〜一八一五年）では、この要塞からアメリカのシンボルとなる名作が誕生した。

一八一四年、同州出身の弁護士フランシス・スコット・キーは、イギリス艦隊の捕虜となっていた。同艦隊はマックヘンリー要塞へと激しい砲弾を浴びせ続け、キーは陥落を覚悟していたという。しかし砲撃から一夜が明けた翌朝、彼の目に飛び込んできたのは、猛攻に耐え抜いた要塞と、誇らしげにたなびく星条旗だった。

これに感動したキーは、『マックヘンリー要塞の防衛』という詩を綴《つづ》っている。アメリカ人の愛国心を刺激したこの詩は、のちに『天国のアナクレオンへ』のメロディーに乗せて歌われるようになった。そして一九三一年、この替え歌は『星条旗』としてアメリカの国歌に採用されることになったのである。

ちなみに日本では、アメリカ合衆国の国旗も一般的に「星条旗」と呼ばれているが、英訳では国旗の星条旗は「Stars and Stripes」、国歌の『星条旗』は「The Star-Spangled Banner」なので注意が必要だ。

## ■アイスクリームの故郷として

イタリア系移民から伝わったジェラートは、アメリカでは十八世紀ごろからアイスクリームと呼ばれるようになった。その後、ジェラートをアメリカ流にアレンジし、今日のアイスクリームを普及させたのがメリーランドの工場だ。一八五一年、メリーランドの牛乳工場が、アイスクリーム工場として製造転換を図り、本格的な産業化を開始したのだ。

また、「オイスター（牡蠣）の州」という俗称からもわかるとおり、同州のオイスター捕獲量は全米ナンバーワンだ。チェサピーク湾を囲む港町では盛んにオイスター漁が行われるほか、州第二の漁港ケンブリッジでの養殖も有名である。

| | |
|---|---|
| モットー | 男らしい行為、女らしい言葉 |
| ニックネーム | ベテラン兵士の州、自由の州、オイスターの州 |
| シンボル | 州鳥：ボルチモアムクドリモドキ、州花：オオハンゴンソウ |
| 産業・産物 | 食品業、金属工業、電子製品、オイスター |
| 出来事・行事 | 連邦政府にコロンビア特別区の土地を譲渡（1791年）、G1プリークネス・ステークス（5月） |
| 施設・企業<br>大学・組織 | 国家安全保障局、ジョンズホプキンス大学、米国海軍士官学校、ワシントン・レッドスキンズ（NFL） |
| 出身者 | ベンジャミン・バネカー（黒人天文学者）、ベーブ・ルース（MLB選手）、ビリー・ホリデイ（ジャズ歌手）、フランシス・スコット・キー（国歌『星条旗』作詞者） |

「連邦議会の直轄下」にあるアメリカの首都

# ワシントンDC

Washington,D.C.

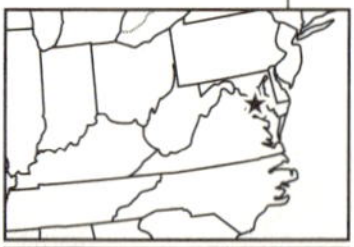

| | |
|---|---|
| 人口 | 572,059人 |
| 面積 | 177km² |
| 略称(郵便略称) | D.C.(DC) |
| 合衆国加盟 | 1800年6月10日 |
| 州都 | ― |

## ■首都は「州と一線を画《かく》す存在」であること

十九世紀のイギリスの作家チャールズ・ディケンズは、旅行記『アメリカン・ノーツ』のなかで、ワシントンDCの印象を次のように述べている。

「その町（ワシントンDC）はときに素晴らしい町といわれるが、『素晴らしい意図の町』といった方が適切かもしれない」

ディケンズの訪米は、南北戦争直前の不安定な時期だった。そのため、同書で語られるアメリカの印象はネガティブな内容が多く、アメリカ国内でも不評を買ったという。だが、ワシントンDCに対する彼の分析は言い得て妙である。

なぜなら首都ワシントンDCは、国家に選ばれた既存の都市ではなく、国家によって建設された「計画都市」だからだ。連邦機関が密集する連邦議会の「直轄区域」は、あらゆる意図の上に築かれたものであったのだ。

「ホワイトハウス」と呼ばれる大統領官邸。建設当時は白色ではなかったが、米英戦争中に焼き払われ、ススで汚れた壁を白く塗ったため、現在の姿になった。　Photo:アフロ

新首都の建設は、アメリカの独立直後から検討されていた。これは「合衆国の首都は、持続と安全のために各州とは別個の存在であるべき」という主張によるもので、のちの合衆国憲法にも反映された内容だ。

しかし、連邦議会の新首都計画は、北部と南部の代表が設置場所を巡って対立し、平行線をたどった。この結果、最終判断は初代大統領のジョージ・ワシントンに委ねられ、南部側が建設費用の多くを負担することを条件に、新首都の設置場所は南部近くのポトマック川沿岸部に決定した。

この間、「暫定首都」はニューヨーク（一七八九～九〇年）からフィラデルフィア（一七九〇～一八〇〇年）へと移り、ようやく新首都の建設が始まった。そして一八〇〇年六月三日、第二代大統領ジョン・アダムズがワシントンＤＣに入り、同月十日にフィラデルフィアから遷都して正式な首都になった。なお、ワシントンＤＣの正式名称は、「ワシントン・コロンビア独立行政区（Washington, District of Columbia)」である。「ワシントン」はワシントン大統領の名にちなみ、「コロンビア」は新大陸を発見したクリストファー・コロンブスに由来している。

## ■ホワイトハウスをはじめとする連邦機関が密集

ワシントンＤＣの土地は、ポトマック川を挟んだメリーランド州とバージニア州の土地を買い取ったもので、当初は正方形だった。しかし、一八四六年にバージニア州側の土地が返還されたため、現在の形に落ち着いている。

区内には当然のごとく連邦機関が集中し、なかでも強い存在感を放つのは三権分立の象徴たる最高機関「司法」の最高裁判所、「立法」の国会議事堂、そして「行政」の大統領官邸である。

大統領官邸といえば、別名「ホワイトハウス」としてなじみが深く、アメリカ政府の代名詞でもある。しかし、ホワイトハウスという呼び名はあとからつけられたもので、そもそも建設当初の大統領官邸は白色ですらなかった。

実は米英戦争中の一八一四年、大統領官邸は一度イギリス軍によって焼き払われている。その復旧の際、ススで汚れた外壁を白く塗りつぶしたことから、いつしか「白い館」という俗称で呼ばれるようになったのだ。

公式に「ホワイトハウス」と呼ばれるようになったのは一九〇一年のことだ。当時の大統領セオドア・ルーズベルトが、公式用箋《ようせん》にホワイトハウスの名前を記したことがきっかけとされている。

ほかにも区内には、FBIこと連邦捜査局の本部や約一億三〇〇〇万点という世界一の蔵書および資料数を誇る議会図書館、リンカーン大統領の暗殺現場となったフォード劇場など、一日では回ることができないほどの歴史的建造物が存在する。

もしワシントンDCを訪れるならば、季節は春がいい。四月上旬から中旬になると、区内南部の公園タイダルベイスンでは、満開の桜を楽しむことができる。この風物詩の誕生は、一九〇九年にタフト大統領夫人が日本から取り寄せた八〇本のソメイヨシノの苗木を植えたことに始まる。現在、公園周辺にはソメイヨシノなど約三〇〇〇本の桜が植えられている。

## ■激しい経済格差――「西が北部で東が南部」?

ワシントンDCの人種構成を語る際、しばしば「西が北部で東が南部」という奇妙な言葉を耳にする。これは、区の西部には富裕層の白人が多く、東部には貧困層の黒人が多く住んでいることを意味している。

同区の人種で最も多いのが黒人で、住民の約五五パーセントを占める。一方の白人は約四〇パーセントだが、彼らは他州と比較してもとりわけ高給取りのエリートたちだ。ワシントンDCの平均個人所得は、全米五〇州と比較しても三本の指に入るほどの豊かな地域である。ところが、この個人所得には居住地区間で激しい隔たりがある。失業率で比べると、富裕層が多い第三地区では二パーセント弱であるのに対し、貧困層が住む第八地区では、なんと一七パーセントを超えているのだ。

またワシントンDCは貧困率も高く、一七・一パーセントという数字は全米ワースト六位の数字だ。平均個人所得と貧困率がともに高いという異常事態は、同区の激しい経済格差を物語っている。

■住民の「参政権」が制限される

連邦議会の直轄下にあって州とは異なる同区では、その特殊な立場から住民の参政権に制限が加えられていた。

大統領選の投票権が認められたのは、第二次世界大戦後の一九六一年のことだった。一九七三年には同区の地方自治が制定され、地方自治としてのワシントンDCのトップは、現在でも知事ではなく市長である。なお一九八二年に「ニューコロンビア州」としての州昇格を住民が訴えているが、連邦議会は首都の条件を維持するためにこれを退けている。

| | |
|---|---|
| モットー | 万民への正義 |
| ニックネーム | 首都の町、連邦政府の町、大統領の都市 |
| シンボル | 鳥：モリツグミ、花：アメリカン・ビューティー |
| 産業・産物 | サービス業、教育事業、金融業 |
| 出来事・行事 | 首都として発足（1800年）、大統領就任宣誓式（1月、4年ごと）、桜祭（4月）、平和のページェント（12月） |
| 施設・企業<br>大学・組織 | ホワイトハウス、キャピタル・ヒル（国会議事堂）、議会図書館、造幣局、ジョージタウン大学 |
| 出身者 | ジョン・エドガー・フーバー（元FBI長官）、ジョン・フィリップ・スーザ（音楽家）、ジョン・F・ケネディJr.（法律家）、マービン・ゲイ（ソウル歌手） |

## 「州」に属さない合衆国政府の管理地域
# アメリカの海外領土

入植や戦争などを背景として、アメリカが領有する海外の地域。居住者が本国に対して敵意を持つことはきわめて稀だが、領有権を巡る他国との外交問題が浮上することも。

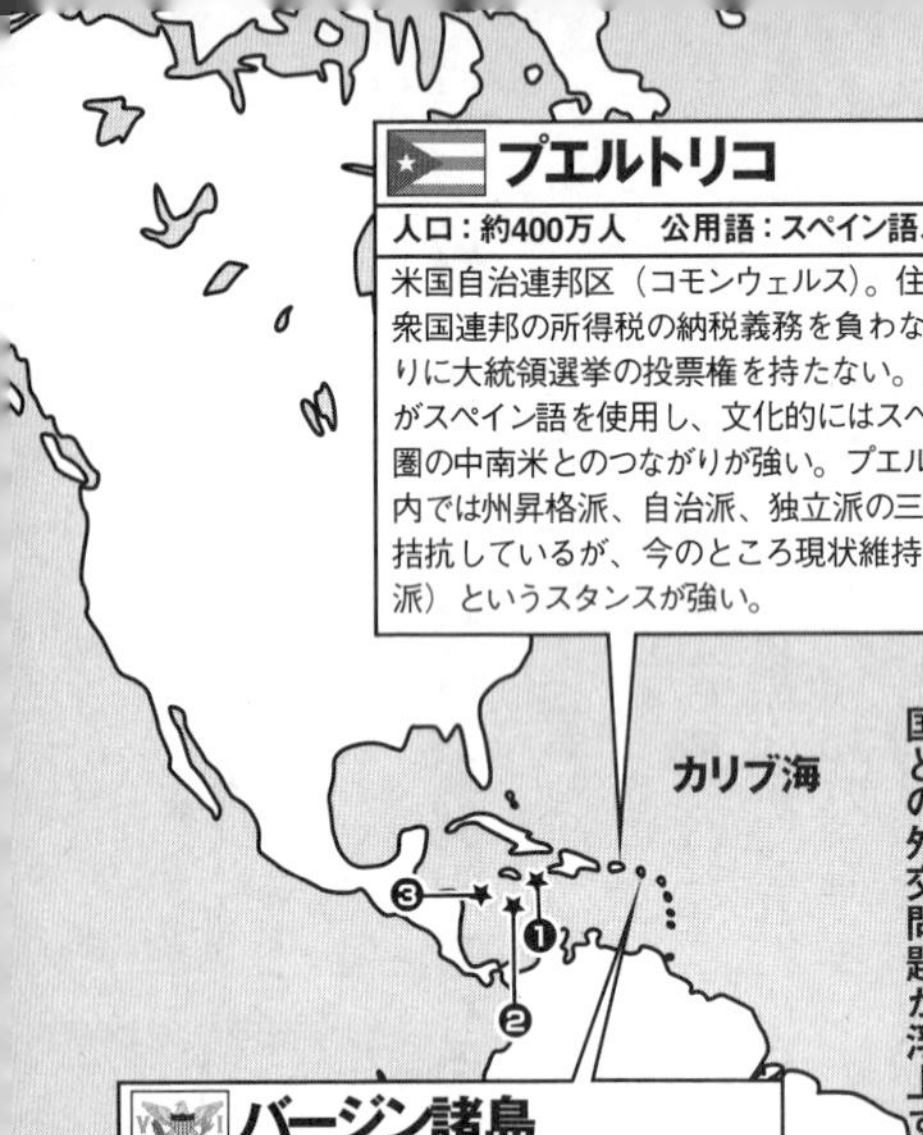


### プエルトリコ

**人口：約400万人　公用語：スペイン語、英語**

米国自治連邦区（コモンウェルス）。住民は合衆国連邦の所得税の納税義務を負わない代わりに大統領選挙の投票権を持たない。大多数がスペイン語を使用し、文化的にはスペイン語圏の中南米とのつながりが強い。プエルトリコ内では州昇格派、自治派、独立派の三勢力が拮抗しているが、今のところ現状維持（自治派）というスタンスが強い。

### バージン諸島

**人口：約13万人　公用語：英語**

プエルトリコのすぐ東に位置する諸島で計53の島と岩礁からなるが、その多くは無人島である。おもな居住地はセントクロイ島、セントジョン島、セントトーマス島の3島。最も大きな島はセントクロイ島でラム酒の生産地として知られるが、近年では失業率の高さ（13％前後）が、深刻な問題となっている。

❶ナバッサ島：ジャマイカ、キューバ、ハイチの間に位置し、ハイチが領有権を主張。
❷バホ・ヌエボ礁：バホ・ヌエボ諸島の返還に伴い、コロンビアが領有権を主張。
❸セラニャ礁：バホ・ヌエボ礁同様にコロンビアが領有権を主張している。
❹ミッドウェー環礁：太平洋戦争での海戦で知られる。野生生物保護区域。
❺ウェーク島：2000年まで米軍化学兵器の保管庫だった。現在は無人島。
❻ジョンストン島：環礁で、隣国のマーシャル諸島共和国が領有権を主張している。
❼パルミラ環礁：港湾設備のない無人島。かつては肥料資源が採掘された。
❽ジャービス島：サンゴ礁の島。渡り鳥の観測などで研究者が訪れるが、基本は無人島。
❾ハウランド島：無人島。アメリカ内務省が野生生物保護区域に指定している。
❿ベーカー島：第二次世界大戦時に島民が海外へ避難して以降、無人島となった。

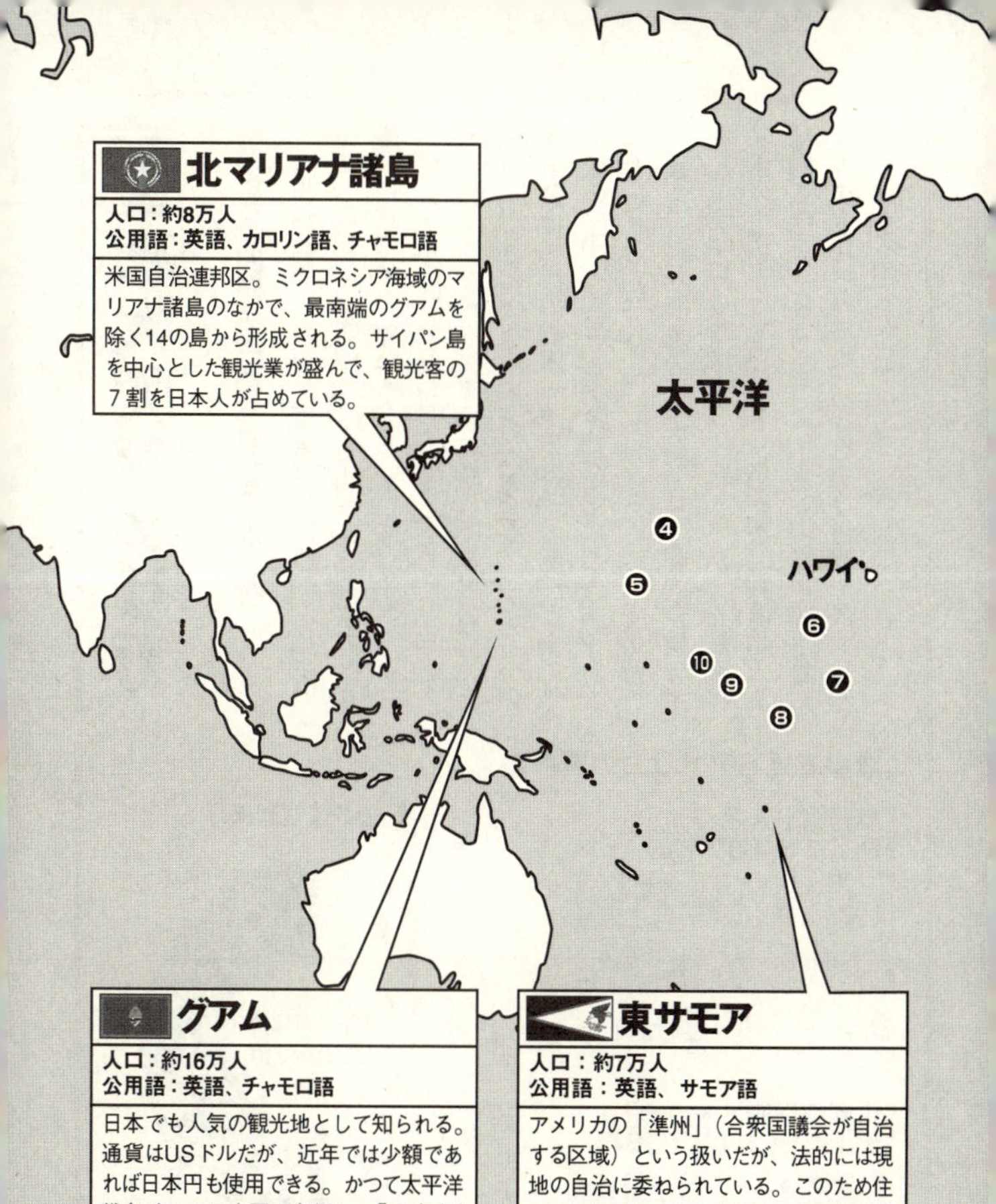


## 北マリアナ諸島

**人口：約8万人**
**公用語：英語、カロリン語、チャモロ語**

米国自治連邦区。ミクロネシア海域のマリアナ諸島のなかで、最南端のグアムを除く14の島から形成される。サイパン島を中心とした観光業が盛んで、観光客の7割を日本人が占めている。

## グアム

**人口：約16万人**
**公用語：英語、チャモロ語**

日本でも人気の観光地として知られる。通貨はUSドルだが、近年では少額であれば日本円も使用できる。かつて太平洋戦争時には日本軍が占領し、「大宮島」と呼ばれていた。オセアニアや東アジアに近く、米軍の戦略上の重要拠点であることから、面積の3分の1が軍用地で占められている。

## 東サモア

**人口：約7万人**
**公用語：英語、サモア語**

アメリカの「準州」（合衆国議会が自治する区域）という扱いだが、法的には現地の自治に委ねられている。このため住民の国籍はアメリカだが、正式な市民権はない。西方には、かつてニュージーランドの委任統治領だったサモア独立国（西サモア）がある。

# 軍事大国アメリカ

## ■世界の四割を占める巨額の軍事費

冷戦終結後、世界の軍事費は縮小傾向にあったが、二〇〇一年の「アメリカ同時多発テロ」以降、再び増加の一途をたどっている。

特にテロの大きな被害を受けたアメリカでは、本土の防衛を最優先事項に挙げて軍備の拡大を続けている状態だ。二〇〇六年現在、アメリカの軍事費は世界の約四一パーセントを占めており、二位の中国と比較しても四倍以上という突出した額となっている。

また、兵器関連の売上高では、国内企業のボーイングやロッキード・マーチンといった航空機メーカーが上位を占める。このため、兵器輸入額は約五億ドルにとどまっているが、輸出額では約六九億ドルにのぼり、アメリカは世界で最も兵器を輸出する国となっている。

## 数字で見るアメリカの軍事力

### 兵器輸出入額BEST3（07年）

| | | |
|---|---|---|
| 1位 | アメリカ | 74.5億ドル |
| 2位 | ロシア | 45.9億ドル |
| 3位 | ドイツ | 34.0億ドル |

### 世界の兵器メーカー売上高BEST3（06年）

| | | |
|---|---|---|
| 1位 | ボーイング（アメリカ） | 306億ドル |
| 2位 | ロッキード・マーチン（アメリカ） | 281億ドル |
| 3位 | BAEシステムズ（イギリス） | 240億ドル |

### 軍事費（06年）

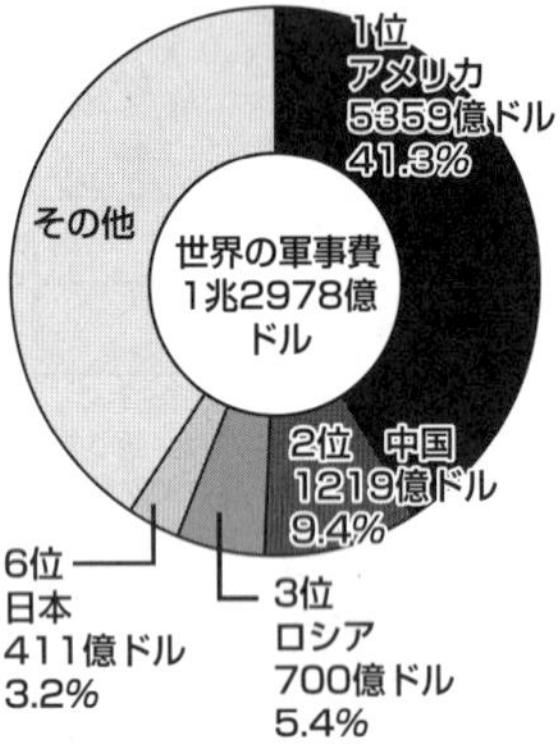

# PART4
# 南部　東南中央部地域

日本人にとってなじみ深いケンタッキー州をはじめ、それぞれが「南部」としての歴史を刻みながら個性豊かな発展を遂げてきた。アメリカ屈指の公営ゴルフコースあり、競馬あり、綿花の王国あり、と大自然に恵まれた地域でもある。

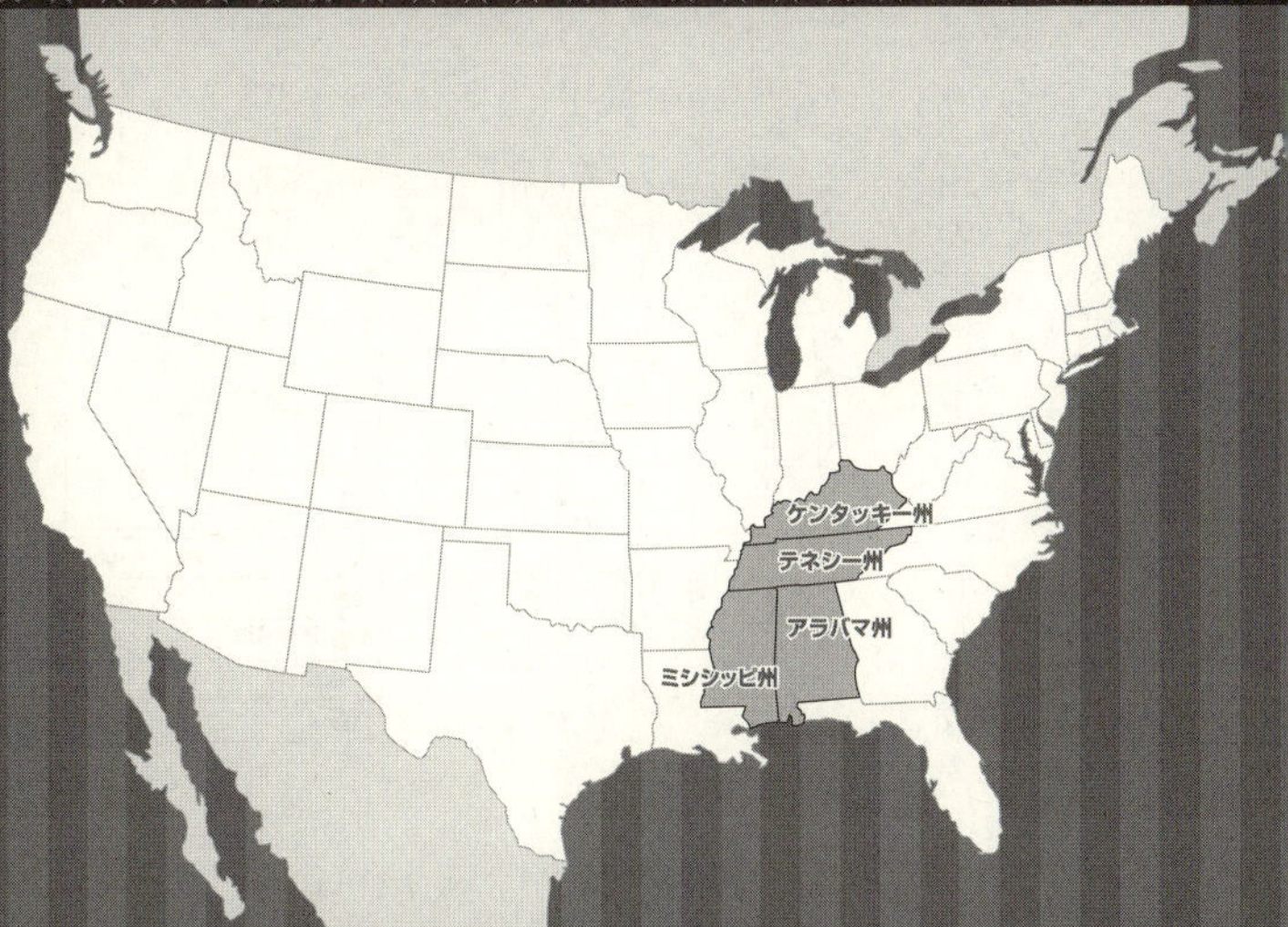

# アラバマ州

公民権運動の舞台となった「南部の心臓」

Alabama

| | |
|---|---|
| 人口 | 4,447,100人 |
| 面積 | 135,765km² |
| 略称(郵便略称) | Ala.(AL) |
| 合衆国加盟 | 1819年12月14日 |
| 州都 | モンゴメリー |

## ■今も残る「米国最初のホワイトハウス」

南部と呼ばれる地域のほぼ中央に位置するアラバマ州は、「ハート・オブ・ディキシー（南部の心臓）」という愛称を持つ台形の州である。この愛称は州内の車のナンバープレートにも付記されており、南部魂のバックボーンともいえる州だ。

歴史を振り返ってみてもそれは明らかであり、南北戦争中に現アラバマ州議事堂が当時の南部同盟の議事堂として使用され、政治的に中心的な役割を果たしていた。現在も州都モンゴメリーの南部同盟大統領官邸跡が、「米国最初のホワイトハウス」として当時の名残を今に伝えている。

州の旗も南北戦争での戦闘旗がもとになっており、州のモットー「我ら心して我らの権利を守る」は、南部の心意気を感じさせるものだ。

州内はほぼ平地で、アラバマ川が貫通しメキシコ湾に注いでいる。冬でも温暖で

アラバマ州では、冬でも温暖な気候と土壌を生かした綿花の栽培が盛んだ。
Photo:アフロ

過ごしやすく綿花の栽培に適した土壌が広がっているため、「綿花の州」とも呼ばれた。今は落花生、とうもろこし、穀物、および牧畜や養鶏業が盛んだ。総面積の約三分の二を森林が占め、松や杉材の輸出が行われている。

州名は、先住民の種族名に由来するという説や「やぶを開く人、草木を集める人」または「小川沿いの集落」という意味を持つインディアンの言葉からきているなど諸説あるが、いずれも定説とはなっていない。

## ■長く人種差別問題がくすぶる

アラバマ州は一九五〇～六〇年代の公民権運動（黒人が公民権の適用を求めて行った大衆運動）の舞台であり、アメリカの近現代史に大きな影響を与えた州である。

一九五五年、州都モンゴメリーにおいて黒人女性ローザ・パークスが白人に席を譲ることを拒否し逮捕されたことをきっかけに始まった「バス・ボイコット運動」や、一九六三年に州知事に就任したジョージ・ウォーレスの就任演説における「今も、明日も、永久に人種隔離を」という宣誓。さらに一九六五年三月五日に小さな町セルマで起きた、公民権を求める無抵抗のデモ隊と白人警官の衝突「血の日曜日事件」など、白人による有色人種への差別問題が続いた。

このためアラバマ州の差別的なイメージはなかなか払拭されなかったが、現在ではかつて「米国で最悪の人種差別都市」と呼ばれたバーミングハムでも、黒人が市長の座に就くなど変化が起きている。

## ■「アメリカの宇宙開発プログラムが生まれた町」

一八一九年、アラバマ州が合衆国二二番目の州として認められた際、調印式が行われたのがハンツビルである。また「アメリカの宇宙開発プログラムが生まれた町」でもあり、人類初の月面着陸を果たしたサターン五型ロケット「アポロ一一号」は、ここマーシャル宇宙飛行センターにおいて研究開発された。隣接する博物館の敷地面積は世界最大で、ロケット打ち上げ時にかかる三Gの重力やロケット発射の瞬間を体験できる体感型アトラクションが有名だ。

アラバマ州の観光名所としては、美しい湖、山々、渓谷などで知られるノースアラバマや、由緒ある港町モビール、五一キロメートルにもわたるホワイトサンドビーチのあるガルフ・コースト地域などが知られている。

最も有名なのは、アメリカ屈指の公営ゴルフコース「ロバート・トレント・ジョーンズ・ゴルフトレイル」だろう。州内に一〇ヶ所、四三二ホールのチャンピオンシップコースを持ち、全米プロゴルフ協会や全米女子プロゴルフ協会の競技も開催されている。

毎年五〇万人がプレイする、ゴルファーあこがれの地だ。

| | |
|---|---|
| モットー | 我ら心して我らの権利を守る |
| ニックネーム | ハート・オブ・ディキシー、綿花の州 |
| シンボル | 州鳥：キアオジ、州花：ツバキ |
| 産業・産物 | 製糸業、化学製品、衣料、ピーナッツ、綿花 |
| 出来事・行事 | モンゴメリー・バス・ボイコット事件（1955年）、マルディグラ祭（2月）、ヘレン・ケラー祭（6月） |
| 施設・企業<br>大学・組織 | マーシャル宇宙センター、ローザ・パークス博物館、オーバーン大学、南部連合ホワイトハウス |
| 出身者 | ヘレン・ケラー（福祉事業家）、ハンク・アーロン（MLB選手）、ローザ・パークス（公民権運動活動家）、カール・ルイス（陸上選手） |

全米最大のサラブレッド生産地

# ケンタッキー州

Kentucky

| | |
|---|---|
| 人口 | 4,041,769人 |
| 面積 | 104,659km$^2$ |
| 略称(郵便略称) | Ken.(KY) |
| 合衆国加盟 | 1792年6月1日 |
| 州都 | フランクフォート |

## ■リンカーンの生まれた丸太小屋が聖地として残る

ケンタッキー州は、日本人にも大変なじみのある州である。

まず州歌は、日本でもよく知られる『ケンタッキーの我が家』。「アメリカ音楽の父」とも呼ばれるスティーブン・フォスター作曲の曲であり、州都フランクフォートに次ぐ古い町バーズタウンには、曲がつくられた家が現存している。同曲をＣＭソングとして使用したのが、ご存じ「ケンタッキーフライドチキン」だ。世界で初めてフランチャイズビジネスを始めた会社でもある。いずれにせよ、ケンタッキー州と聞いて身近な印象を受けるのは、この曲の存在が大きい。

また、歴代大統領のなかで今なお最も人気が高いといわれる第一六代大統領エイブラハム・リンカーンの出身地として、同州を記憶している人も多いだろう。彼が生まれた丸太小屋は、ハーディン郡ホッジェンビルという小さな村の農場にある。

ケンタッキー州最大の都市ルイビスにあるチャーチルダウンズ競馬場では、「世界最高峰のダービー」と称される「ケンタッキー・ダービー」が年に一度開催される。

Photo:Getty Images/アフロ

この小屋はリンカーンが大統領選に立候補したとき、「丸太小屋からホワイトハウスへ」というキャンペーンに使用されて一躍有名となった。今では大理石の神殿に囲われ、アメリカ人にとっての聖地となっている。

同州は、アメリカ建国時にはバージニア州の一部に含まれていたが、一八七二年に分離。一五番目の州となって合衆国に加盟した。もともとは奴隷州であったが、自由州の北部と奴隷州の南部を分けるメイソン・ディクソン線のすぐ南側に位置していたという地理的な問題もあり、南北戦争時には北部側に立つことになる。

ところが北部連邦の大統領リンカーン、南部同盟の大統領ジェファーソン・デービスがともにケンタッキー州出身であったため、その影響から州内では知人や家族間にもめごとや対立、果ては殺し合いを生んだという暗い過去を持つ。

州名の由来は、チェロキー族の言葉で「暗黒と流血の地」。なお、この言葉は「あしたの地」という意味も併せ持つといわれる。

## ■あらゆるホースマンが注目する世界最高峰のダービー

ケンタッキー州の文化といえば、何はともあれ競馬である。「全米で誕生した三万頭を超えるサラブレッドのうち四分の一はケンタッキー産」といわれるほど州の重要な産業であり、多額の税収入をもたらしている。

その文化を最も感じられる日が、毎年五月の第一土曜日に、州最大の都市ルイビルのチャーチルダウンズ競馬場で開催される「ケンタッキー・ダービー（アメリカクラシック三冠の第一冠）」である。「世界最高峰のダービー」との呼び声高いレースであり、三歳馬世界一を決定する二〇〇〇メートルのレースは「スポーツの世界で最も偉大な二分間」とまで謳《うた》われる。「ケンタッキー・ダービーを見るまでは何かを見たというな」という格言さえあるほどだ。

またダービー開催までの二週間、町はダービー・フェスティバルが開催され、賑わいを見せる。舞踏会やロードレース、パレード、気球乗りレースなども行われ、競馬ファン以外も楽しめる一大娯楽イベントとなっている。

ちなみに、ルイビルのダウンタウンには有名な野球バットの製造工場がある。実はメジャーリーガーのほとんどの選手が、この製造工場のバットを使っているのだ（バットに「ルイビル・スラッガー」という焼印が刻印されている）。

隣接する「ルイビル・スラッガー博物館」は長さ三六メートルもある世界最大のバットが目印となっており、なかでも人気なのがバット製造工場の見学である。見学後は、参加者全員に特製ミニバットがプレゼントされる。だがこのバットは旅客機内に持ち込みができないため、ルイビル空港のセキュリティ・チェック前には、没収されたミニバットが多数置いてあるのを見かけることができる。

ルイビルに次ぐ同州第二の都市レキシントンは、先ほどと似ているが「全米で行われるレースの勝ち馬の三分の一がレキシントン産」といわれるほどの、全米屈指のサラブレッド生産地だ。レキシントンおよびその周辺五〇キロメートル四方は「ブルーグラス・カントリー」と呼ばれ、石灰岩のすき間から湧き出る豊富な水と見渡す限りのブルーグラス（牧草の一種）が広がる地域である。馬を育《はぐく》むには最適な環境であり、周辺には大小合わせて約四五〇もの牧場が存在している。

## ■かの有名な「バーボン・ウイスキー」の故郷

また競走馬と並んで有名なのが、独特の芳香を持つバーボン・ウイスキーである。ケンタッキー州内の郡のひとつ、バーボン郡がそのまま名前の由来となった。前述のバーズタウン近郊には醸造所が多いため「世界のバーボン・ウイスキーの首都」と呼ばれており、毎年九月にはウイスキーを祝うお祭りも開催されている。

バーボンは五一パーセント以上のとうもろこしにライ麦、大麦などを混ぜたものを指し、二年以上貯蔵・熟成させる樽の内側に、ホワイトオーク材をわざと焦がした面を使うのが特徴である。すると次第にバーボンに焦げた樽の色と匂いが移り、独特の芳香を持つようになるのだ。日本でも有名な「ワイルド・ターキー」「アーリー・タイムズ」などが、ケンタッキー産である。

## ケンタッキー州

国立公園のなかでも特にユニークといわれるマンモス・ケイブ国立公園も、同州にある。この公園の地下には世界最長といわれる洞穴があり、総延長は五八〇キロメートル以上。石柱や石筍《せきじゅん》、地下一七二メートルを流れる川が有名で、洞窟内をボートで探検するツアーは全米から観光客を集めている。

また、ニューヨーク連銀とともにアメリカの金塊蓄積所として知られているのが、同州のフォートノックスにある米中央銀行（FRB）である。映画『007ゴールドフィンガー』のラストシーンに出てくる場所でおなじみだ。実は日本が所有している金塊も日本銀行の金庫ではなく、ほとんどはフォートノックスの地下金庫室にあるといわれている。

| | |
|---|---|
| モットー | 団結すれば立ち、分裂すれば倒れる |
| ニックネーム | ブルーグラス州、タバコ州、サラブレッドの故郷 |
| シンボル | 州鳥：ショウジョウコウカンチョウ、州花：アキノキリンソウ |
| 産業・産物 | 農業、石炭産業、タバコ、大豆、小麦、馬 |
| 出来事・行事 | ケンタッキー・ダービー（5月）、タバコ祭（9月）、ダニエル・ブーン祭（10月） |
| 施設・企業<br>大学・組織 | ケンタッキーフライドチキン本社、メーカーズ・マーク本社、チャーチルダウンズ競馬場、ケンタッキー大学 |
| 出身者 | エイブラハム・リンカーン（第16代大統領）、ジェファーソン・デービス（南部同盟大統領）、モハメド・アリ（ボクサー）、ジョニー・デップ（俳優） |

プレスリーやBBキングを輩出した「音楽の都」

# テネシー州

Tennessee

| | |
|---|---|
| 人口 | 5,689,283人 |
| 面積 | 109,151km² |
| 略称(郵便略称) | Tenn.(TN) |
| 合衆国加盟 | 1796年6月1日 |
| 州都 | ナッシュビル |

## ■日系企業も進出する「ビジネスに最適な州」

日本人にとっては、「テネシーワルツ」から連想される州かもしれない。同州の東側はノースカロライナ、西側はミズーリ、アーカンソー、南側はミシシッピ、ジョージア、アラバマ、北側はバージニア、ケンタッキーと計八つもの州と隣接する珍しい州だ。

食料品や住宅費、光熱費、交通費、医療費などの日常生活費が安く、気候も日本の本州中部とほぼ同じ緯度圏にあるため、一年を通じて四季があり、穏やかな気候に恵まれたとても住みやすい州である。また、州内に五四ヶ所ある州立公園にはキャンプやハイキングを楽しめる環境が整っており、サイクリングコースや湖も至るところに点在している。アウトドア好きにとってはたまらない州でもある。

主要産業はサービス業や製造業であり、日産自動車やブリヂストンといった日系

テネシー州最大の都市メンフィスは音楽の都として知られ、同州を代表するミュージシャン、エルビス・プレスリーの邸宅「グレースランド」がある。　Photo:アフロ

企業も数多く進出しているのが特徴だ。昨年には「ビジネスに最適な州」の全米第二位（米サイト選定専門誌『Site Selection』二〇〇八年十一月号）と「競争力のある州全米第一位」（同誌二〇〇八年五月号）に選ばれている。

## ■「公害の町」から「全米で最も住みやすい町」へ

テネシー川流域の都市チャタヌーガは「全米で最も住みやすい町は？」という問いに必ず名前が挙がるほど、住みよい町である。大気汚染対策として無料のシャトル電気バスを走らせるなど、世界中から公害や都市環境の専門家が視察に訪れる町としても知られている。現在の風情からは想像もできないが、一九六〇年代は重工業による大気汚染がひどく、「全米で最も空気が汚れた町」といわれた過去を持つ。

だが官民一体で環境の改善に取り組んだ結果、一九九六年には「都市開発と環境改善を両立させた町」として国連から表彰され、「公害の町から変貌を遂げた町」と呼ばれて一躍脚光を浴びるようになったのだ。

ちなみにチャタヌーガとは、先住民族の言葉で「岩が迫ってくるところ」という意味。これは、チャタヌーガ郊外にあるルックアウト・マウンテンのことを指しており、天気が良ければ展望台から七つの州が見渡せる。ルックアウト・マウンテンの北側には鍾乳洞があり、鍾乳洞の奥にある約四四メートルの落差を誇る滝は、地下にある滝としてはアメリカ最大である。

またテネシー川河畔には、「淡水の生き物」ばかりを扱う水族館としては世界最大級のテネシー水族館がある。

## ■ブルースとカントリー・ミュージックの聖地

音楽が盛んな州として知られるテネシー州。それは、州都ナッシュビルとメンフィスという二大都市の存在がとりわけ大きいといえるだろう。

州都ナッシュビルは全米の音楽発信地として有名で、数十軒のライブハウスが立ち並ぶビールストリートは観光の名所である。カントリー・ミュージックの中心地であるこの町でつくられる音楽は「ナッシュビル・サウンド」と呼ばれ、かつては合衆国におけるレコードの五〇パーセント以上、カントリー・ミュージックの九〇パーセント以上が録音されていた。

郊外にはテーマパーク「オープリーランド」があり、グランドオープリーハウスや劇場では多くのコンサートが開催され、観客を集める。また、テネシー州最大のコンベンションホテル「オープリーランド・ホテル」も有名で、植物園や滝のある広大な庭園を持ち、米国で最も印象的なホテルのひとつといわれている。

そして同州最大の都市メンフィスは、セントルイス（ミズーリ州）と並ぶブルースの発祥地であり聖地である。「キング・オブ・ロックンロール」と呼ばれるエルビス・プレスリー、ブルース界の巨人BBキング、ソウル・シンガーのアル・グリーンといった数々のビッグ・ネームが、この町から世に出ている（出身地は必ずしもテネシー州ではないが）。

現在、エルビス・プレスリーの邸宅「グレースランド」は一般公開され、個人の住宅としてはホワイトハウスに次いで訪れる人が多いといわれる場所になっている。二〇〇六年七月、当時の小泉純一郎首相がジョージ・ブッシュ大統領とともにグレースランドを訪問したのは、記憶に新しい。

## ■世界中で愛飲される「ジャック・ダニエル」の蒸溜所

同州の南部にあり、人口一〇〇〇人にも満たない小さな村リンチバーグには、世界中で愛飲されているテネシー・ウイスキーの代表的な銘柄「ジャック・ダニエル」の蒸溜所がある。このジャック・ダニエル社の本社があるリンチバーグでは、毎年十月、同社がスポンサーとなってバーベキューの世界チャンピオンを決定する大会「ジャックダニエル・ワールド・チャンピオンシップ・インターナショナル・バーベキュー」が開催されている。

また、同州の名所のひとつがノースカロライナ州との州境にあるグレート・スモーキー山脈国立公園である。

アメリカで最も入園者数が多い公園であり、年間入場者数九三七万人は第二位のグランドキャニオンの二倍以上、周辺の町は観光客によって多額の収入を得ている。世界最古といわれる山並みに生息する動植物の数は一万種以上で、秋の紅葉やハイキングコースは毎年大賑わいを見せ、アメリカ人にとって最も親しみのある国立公園といわれている。

テネシーの州名は、先住インディアンであるチェロキー族の言葉で、チェロキー族の村の名でもある「大きく曲がった川」という意味を持つ単語からきている。実際にテネシー川が州東部と州西部を大きく湾曲しながら流れていることから、「大曲の州」という別名も持つ。

| | |
|---|---|
| モットー | 農業と商業、アメリカ最高の地 |
| ニックネーム | 志願兵の州、大曲の州、政治家の生みの親 |
| シンボル | 州鳥：マネシツグミ、州花：アイリス |
| 産業・産物 | 化学製品、機械、綿花、タバコ、小麦、大豆 |
| 出来事・行事 | キング牧師暗殺（1968年）、ハナミズキ芸術祭（4月）、国際カントリー・ミュージック・ファン祭（6月） |
| 施設・企業<br>大学・組織 | 涙の道国立歴史道、ジャック・ダニエル本社、フェデックス本社、国立公民権博物館、ライマン公会堂 |
| 出身者 | デイビッド・クロケット（軍人）、クエンティン・タランティーノ（映画監督）、トマス・ハリス（作家）、ティナ・ターナー（歌手） |

# ミシシッピ州

人種差別と貧困に彩られた「全米で最も貧しい州」

Mississippi

| | |
|---|---|
| 人口 | 2,844,658人 |
| 面積 | 125,434km² |
| 略称(郵便略称) | Miss.(MS) |
| 合衆国加盟 | 1817年12月10日 |
| 州都 | ジャクソン |

## ■メディアで人種差別が公然と行われた歴史

ミシシッピ州は、ミシシッピ川下流の東側に位置するほぼ四角形の州であり、州名はインディアンの「大きな川」を意味する言葉に由来している。州全体がほぼミシシッピ川のデルタ地帯で、メキシコ湾に至るまで起伏のない平地が続いている。

州経済にとって農業は非常に重要であり、綿花、米、大豆の生産などが有名なため「綿花の王国」という別称まであるほどだ。かつては奴隷や小作人として働いた黒人が農業を支え、「黒人を支配する白人」という状態が長く続いた。

その差別の象徴が、ジェームズ・メレディス事件である。一九六二年、ミシシッピ大学が受け入れた初めての黒人ジェームズ・メレディスの初登校時、護衛の連邦軍一二七名が群衆と衝突。フランス人新聞記者一名、町の住民一名が死亡、二二七名が重軽傷という大惨事になった。

ミシシッピ州のカジノは建設当初、定められた水域にある船でのみ営業が許可された。
Photo:アフロ

また長い間、新聞、ラジオ、テレビなどのメディアは人種差別を公然と支持し、州出身のノーベル賞作家ウィリアム・フォークナーですら「おのれが黒人だということを思いしらせてやる」と発言した記録が残されている（『ザ・ブック・オブ・アメリカ』／一九八三年）。

ミシシッピ州の歴史はこうした人種差別とともに貧困に彩られ、マイナスイメージが強い州である。南北戦争の主戦場となってひどい戦禍を受けて以来、全米で最も貧しい州となり、その状態は近年まで続いている。かつては「所得、教育、犯罪、モラル。どれをとっても全米最悪」とまでいわれた。実際、同州の平均個人所得は全米で最低の一万五八五三ドル（二〇〇〇年国勢調査）である。

州民の四割近くを貧困層を含む黒人が占め、デルタ地帯には住民のほとんどが黒人という町村も多く、同地帯での赤貧な生活は州のマイナスイメージを強調するものとなってきた。なかでも、なまずの養殖池やとうもろこし、小麦畑が続くチュニカ地帯は、長く「全米一貧しいエリア」と呼ばれた。人口の割に教会が多いのも、現実の苦悩から解放されたいと願う人々が多いからであるといわれる。

そんななか、一九九四年に町おこしの一環としてカジノが建設された。オープン当初はカジノに対する風当たりが強かったため、周辺環境に配慮し、「カジノは地域ごとに定められた水域に浮かぶ船でのみ営業できる」との制限がついた。しかし、カジノが活況を呈し次第に偏見も薄れてくると、「水に触れた場所」であれば営業可能となったのである。現在、州内には三〇以上のカジノ・リゾートがあり、なかでもチュニカはラスベガス、アトランティックシティに次いで、全米第三位のカジノ・リゾートにまで成長している。

## ■六十七年の歳月をかけて完成した自動車道路

十九世紀に綿花の積み出し港として栄華をきわめた同州のナッチェスでは、今でも当時の大農園主が建てた豪華な大邸宅が五〇軒ほど立ち並んでいる。その優雅な町並みは、南北戦争以前のミシシッピ州の栄光を思い起こさせるものだ。

またナッチェスは、自動車専用道路「ナッチェス・トレース・パークウェイ」の南の起点となっている町でもある。この道路の全長はテネシー州のナッシュビルまで約七一〇キロメートルあり、六十七年という長い年月をかけて二〇〇五年五月にようやく全線開通した。

行程中、沿道には一切民家がなく広告や看板もない。またトラックやツアーバスなどは進入禁止になっているのでドライブスポットとして人気が高く、緑豊かな草原をはじめ、広々とした景観をのんびりと楽しむことができる。

州都ジャクソンもナッチェスと同様、南部時代の名残をとどめた都市である。アメリカでは二番目に古い知事公邸があり、往時をしのばせる。

| | |
|---|---|
| モットー | 勇気と武器によって |
| ニックネーム | マグノリア州、ミッシィー、綿花の王国 |
| シンボル | 州鳥：マネシツグミ、州花：マグノリア |
| 産業・産物 | 衣料、運輸機器、製材業、大豆、綿花、米 |
| 出来事・行事 | ビックスバーグの戦い（南北戦争・1863年）、ディキシー全米家畜ロデオショー（1月） |
| 施設・企業 大学・組織 | インガルス造船所、ビックスバーグ国立軍事公園、エルビス・プレスリー生家、コカ・コーラ博物館 |
| 出身者 | ウィリアム・フォークナー（作家）、B.B.キング（ブルース歌手）、エルビス・プレスリー（ロック歌手）、チャーリー・プライド（ウェスタン歌手） |

地図で見るアメリカ

# 大衆音楽の源流はアメリカにあり!? 音楽ルーツMAP

二十世紀に入り、世界の文化を牽引するようになったアメリカ。音楽の分野においても多くのジャンルを生み出しており、ルーツミュージックを巡る旅はアメリカの地に集約される。

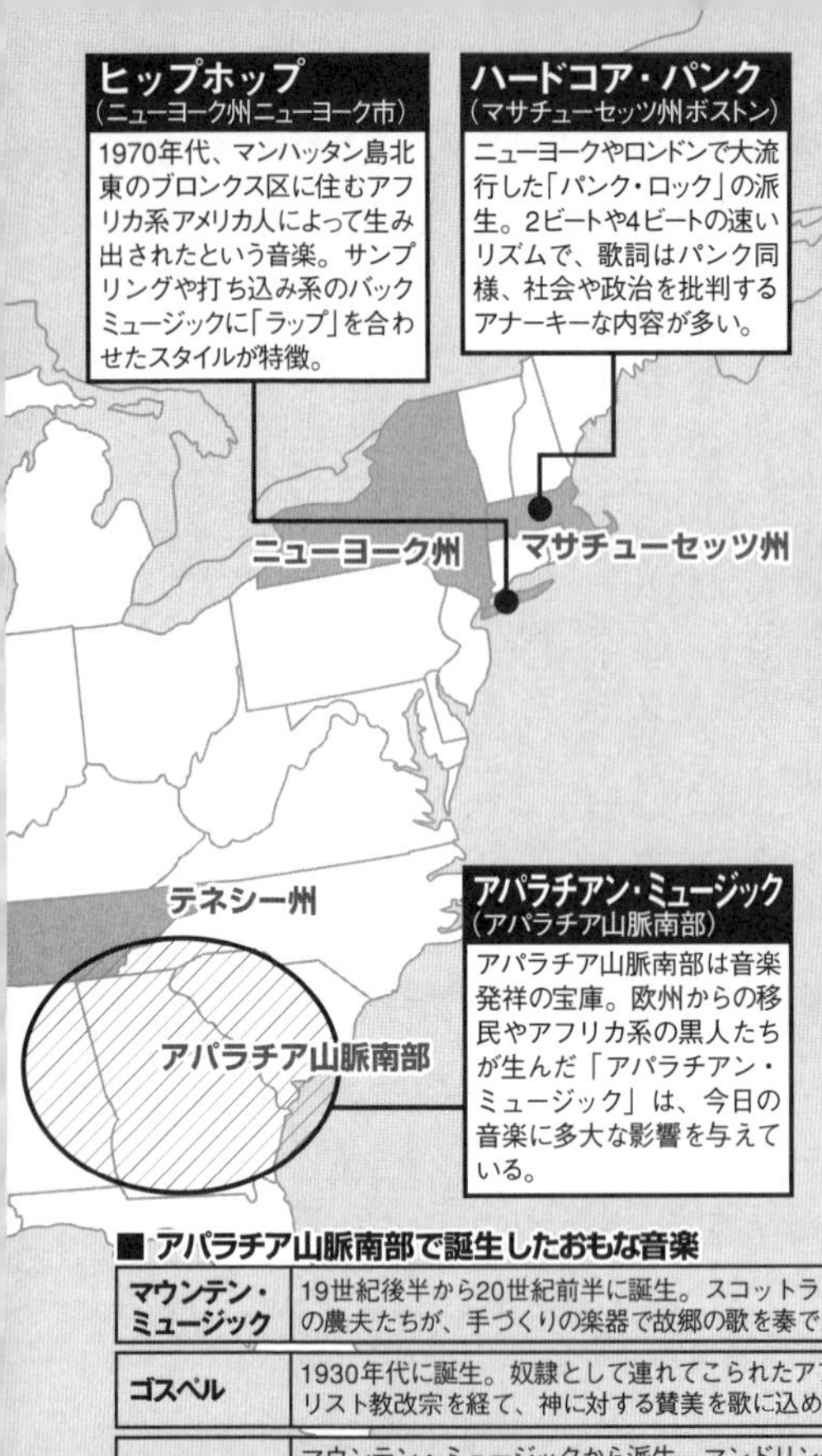


**ヒップホップ**
（ニューヨーク州ニューヨーク市）

1970年代、マンハッタン島北東のブロンクス区に住むアフリカ系アメリカ人によって生み出されたという音楽。サンプリングや打ち込み系のバックミュージックに「ラップ」を合わせたスタイルが特徴。

**ハードコア・パンク**
（マサチューセッツ州ボストン）

ニューヨークやロンドンで大流行した「パンク・ロック」の派生。2ビートや4ビートの速いリズムで、歌詞はパンク同様、社会や政治を批判するアナーキーな内容が多い。

**アパラチアン・ミュージック**
（アパラチア山脈南部）

アパラチア山脈南部は音楽発祥の宝庫。欧州からの移民やアフリカ系の黒人たちが生んだ「アパラチアン・ミュージック」は、今日の音楽に多大な影響を与えている。

■ アパラチア山脈南部で誕生したおもな音楽

| | |
|---|---|
| マウンテン・ミュージック | 19世紀後半から20世紀前半に誕生。スコットランドやアイルランド系移民の農夫たちが、手づくりの楽器で故郷の歌を奏でたことが発祥。 |
| ゴスペル | 1930年代に誕生。奴隷として連れてこられたアフリカ系アメリカ人が、キリスト教改宗を経て、神に対する賛美を歌に込めて確立した。 |
| カントリー | マウンテン・ミュージックから派生。マンドリンやバンジョーなどの楽器をもとに、ヨーロッパ民謡と教会的音楽（賛美歌）を融合。 |
| ブルーグラス | カントリーが持つ宗教性を、より強く残した音楽ジャンル。1940年代にケンタッキー州で生まれ、周辺地域へと広がっていった。 |
| R&B | 1940年代にジャズやブルース、ゴスペルなどの黒人音楽が融合して誕生。のちに派生したソウル・ミュージックもR&Bの一ジャンル。 |

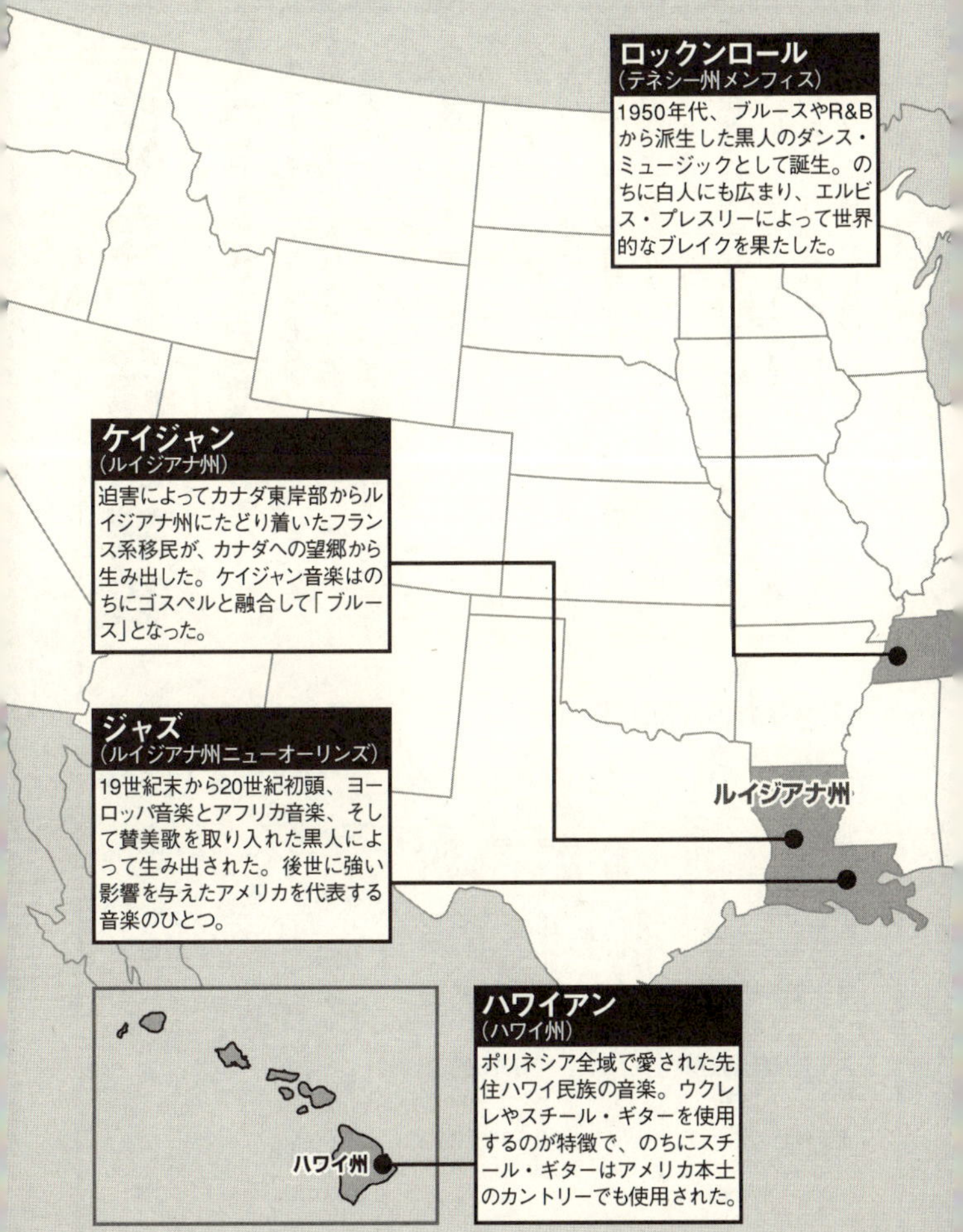
ロックンロール
（テネシー州メンフィス）
1950年代、ブルースやR&Bから派生した黒人のダンス・ミュージックとして誕生。のちに白人にも広まり、エルビス・プレスリーによって世界的なブレイクを果たした。
ケイジャン
（ルイジアナ州）
迫害によってカナダ東岸部からルイジアナ州にたどり着いたフランス系移民が、カナダへの望郷から生み出した。ケイジャン音楽はのちにゴスペルと融合して「ブルース」となった。
ジャズ
（ルイジアナ州ニューオーリンズ）
19世紀末から20世紀初頭、ヨーロッパ音楽とアフリカ音楽、そして賛美歌を取り入れた黒人によって生み出された。後世に強い影響を与えたアメリカを代表する音楽のひとつ。
ルイジアナ州
ハワイ州
ハワイアン
（ハワイ州）
ポリネシア全域で愛された先住ハワイ民族の音楽。ウクレレやスチール・ギターを使用するのが特徴で、のちにスチール・ギターはアメリカ本土のカントリーでも使用された。

# 複雑な「人種と宗教」

## 人種の差別意識が生む「格差社会」

「人種のるつぼ」と称されるアメリカにおいて、今なお残る差別意識は大きな問題だ。

歴史的には、インディアンや黒人に対する迫害が広く知られている。しかし、白人が四分の三を占める同国では、アジア系やヒスパニックなどを含め、「白人以外はすべて差別対象」という意識が悲しくも存在している。

差別によって雇用や生活環境に制限がかかれば、必然的に生活水準は下がる。つまり差別が続く限り、貧困層の多くが人種的・宗教的マイノリティーになってしまうのだ。

自由経済の国家において、経済格差が起こるのは基本的に仕方がないといえる。しかし、その経済格差が、人種や宗教の違いによって生じるのだとしたら、それは避けられるべきなのだ。

### アメリカの人種比率

| | | |
|---|---|---|
| 白人 | 75.1% | 211,460,626人 |
| 黒人 | 12.3% | 34,658,190人 |
| アジア人 | 3.6% | 10,242,998人 |
| 北米先住民 | 0.9% | 2,475,956人 |
| 太平洋諸島先住民 | 0.1% | 398,835人 |
| その他 | 8% | 22,185,301人 |

※2000年：国勢調査

### アメリカの宗教比率

| | |
|---|---|
| キリスト教 | 79.8% |
| ユダヤ教 | 1.4% |
| イスラム教 | 0.6% |
| 仏教 | 0.5% |
| ヒンズー教 | 0.4% |
| その他 | 2.3% |
| 無神論者 | 15.0% |

※2001年：ギャロップ調査

# PART5
# 南部　西南中央部地域

同地域の代表的な州といえば、テキサス州とルイジアナ州だろう。独立心が強い傾向にあるテキサスの人々と、ケイジャンと呼ばれるフランス系移民の影響を受け、独特の風土を築いてきたルイジアナの人々。隣り合う州ながら文化の違いが面白い。

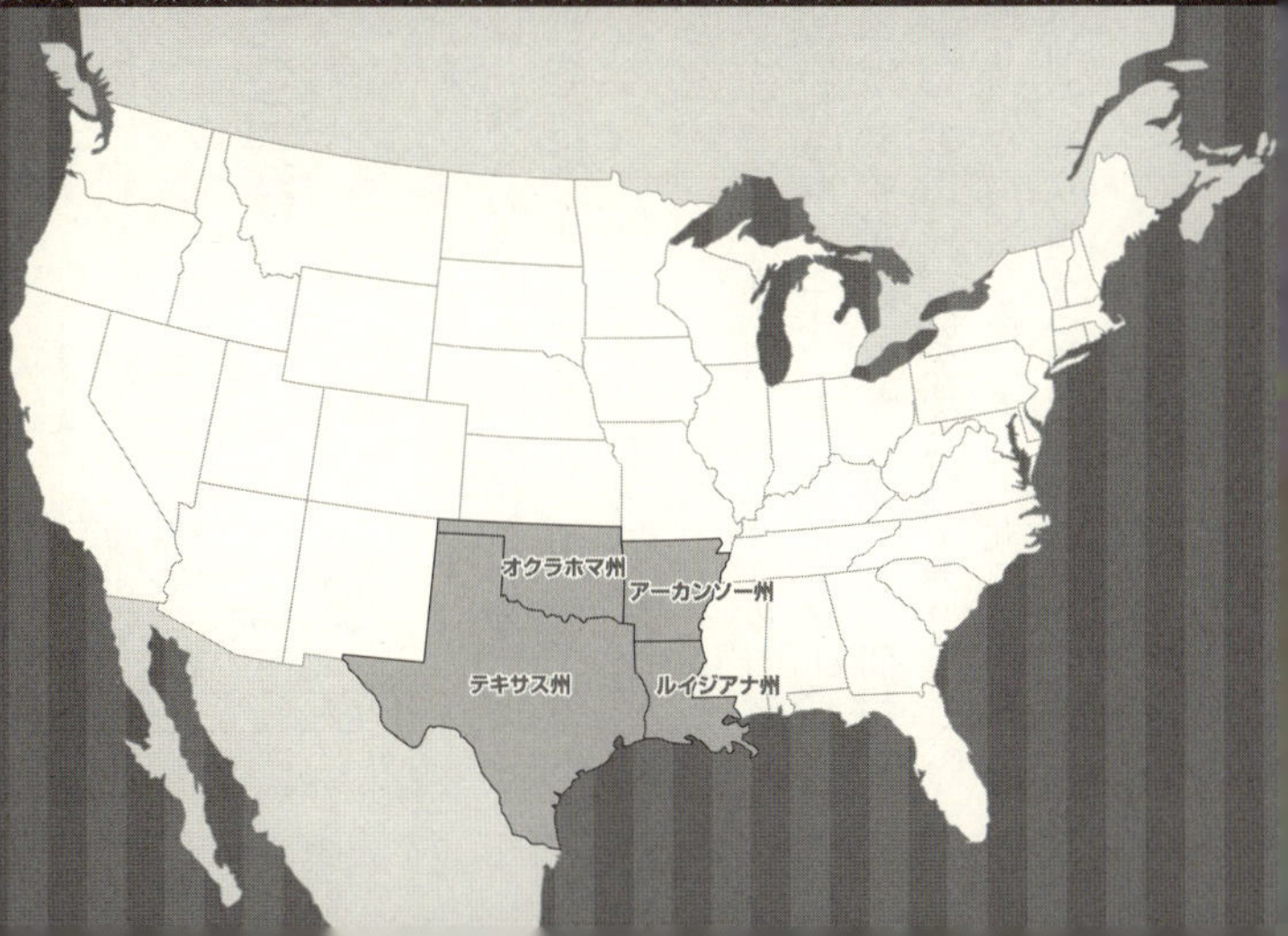

豊かな鉱物資源と温泉街を誇る「自然の州」

# アーカンソー州

Arkansas

| | |
|---|---|
| 人口 | 2,673,400人 |
| 面積 | 137,732km² |
| 略称(郵便略称) | Ark.(AR) |
| 合衆国加盟 | 1836年6月15日 |
| 州都 | リトルロック |

## ■全米で唯一のダイヤモンド鉱山！

ミシシッピ川の西に広がるアーカンソー州は「機会のある土地」「自然の州」といった愛称を持ち、その名のとおり、豊かな自然環境を誇る州である。大豆や米、綿花などの生産高が国内トップクラスであることや、国立公園が五つ、州立公園が四八あることからも、それは裏付けられるだろう。

特に鉱物資源は豊富だ。一八八七年、州都リトルロック南西部にあるボークサイトでアルミニウムの原料であるボーキサイトが発見され、全米一のボーキサイト産出州となる。一九〇六年には州南西部のパイク郡でダイヤモンドが発見され、同州は全米で唯一ダイヤモンド鉱山がある州になった。鉱山は一般公開されており、一攫千金を夢見る人々が全米からダイヤモンド掘りにやってくる。また一九二一年にはルイジアナ州との州境に近いエルドラドで石油が掘り当てられた。

パイク郡にあるダイアモンド鉱山には、一攫千金を夢見る人々が全米から集まる。
Photo:アフロ

さらに同州は水晶の生産地としても有名で、透明度が高く良好な結晶が特徴の水晶は「世界一美しい」と称される。

近年はこうした豊富な天然資源の開発に加え、自動車工業を中心とした大規模な工場の立地が続いている。しかし州民ひとりあたりの個人所得は昔から全米で最低ランクにあり、白人を中心とした貧困層が多い状況に変わりはない。

## ■「州の発音」を議会で決定？

州名は、アメリカ・インディアンであるクアポー族の言葉「下流の人々」に由来するといわれている。一八〇三年のルイジアナ買収によりアメリカ領となるまで、スペインとフランスによる統治を交互に繰り返したため、地名の綴《つづ》りが何度か変わった。州の発音法も混在していたため、一八八一年の州議会で「アーカンソー」と発音することが決められている。ちなみに州内を流れる同じ綴りの川は、議会でもう一方の発音候補であった「アーカンザス」の名で呼ばれている。

また同州もほかの南部地域と同様、人種問題がくすぶり続けた州である。一九五七年には、白人ばかりだったリトルロック・セントラルハイスクールが黒人生徒九人の受け入れを決めたが、オーヴァル・フォーバス州知事が州兵を動員して黒人生徒たちの登校を妨害するという、リトルロック・ナイン事件が起こっている。それでも州民は、この後もフォーバスを十四年間、州知事に選び続けていた。

## ■全米から観光客が訪れる「アメリカの温泉街」

同州は日本でも抜群の知名度を誇る三人の人物、ダグラス・マッカーサー、ジェームズ・フルブライト、ビル・クリントンを輩出している。

太平洋戦争後、連合国軍最高司令官総司令部（GHQ）の総司令官として日本占領にあたったマッカーサー元帥の生誕地は、州都リトルロックだ。市内には元帥の活躍を記念したマッカーサー公園がある。ジェームズ・フルブライトは奨学金制度「フルブライト交流計画」で有名な上院議員。アーカンソー大学を卒業し、一九四五年にアーカンソー州から上院議員に当選している。そして第四二代大統領ビル・

クリントンは、三十二歳からアーカンソー州の知事を五期通算十二年務めた、同州出身者初の大統領だ。

そのビル・クリントンが幼少時代を過ごしたのが、アーカンソー州中心部にある温泉街ホットスプリングスである。

米国で最も古く狭い国立公園であるホットスプリングス国立公園が隣接しており、公園内には四七の鉱泉と独特の入浴法で知られる八軒のバスハウスが点在する。温泉の水は飲むことができ、美味で薬効があるといわれる。

歴史上の名だたる人物も湯治に訪れ、今でも有名人の別荘地として人気がある。全米の観光客が温泉を求めてやってくるため、別名「アメリカの温泉街」とも呼ばれている。

| | |
|---|---|
| モットー | 人民が支配する |
| ニックネーム | 機会のある土地、ダイヤモンド州、自然の州 |
| シンボル | 州鳥：マネシツグミ、州花：リンゴ |
| 産業・産物 | 養鶏、木材製品、アルミニウム工業、米、大豆、綿花 |
| 出来事・行事 | リトルロック・ナイン事件（1957年）、黒人歴史週間（2月）、オザーク・フォーク・フェスティバル（10月） |
| 施設・企業<br>大学・組織 | アーカンソー大学、ホットスプリングス国立公園、クリントン大統領センター、セントラル高校歴史地区 |
| 出身者 | ダグラス・マッカーサー（軍人）、ビル・クリントン（第42代大統領）、ジョニー・キャッシュ（カントリー&ウェスタン歌手）、ジョン・スナイダー（実業家） |

広大な土地が無料提供された「早い者勝ちの州」

# オクラホマ州

Oklahoma

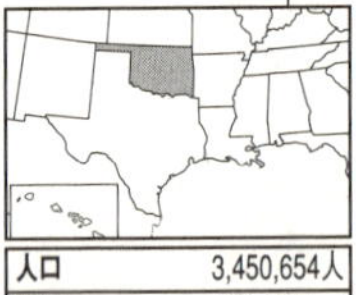

| | |
|---|---|
| 人口 | 3,450,654人 |
| 面積 | 181,035km² |
| 略称(郵便略称) | Okla.(OK) |
| 合衆国加盟 | 1907年11月16日 |
| 州都 | オクラホマシティ |

## ■インディアン強制移住法と「涙の道」

オクラホマ州はフォークダンスの定番、アメリカ民謡「オクラホマミキサー」の生まれた場所として日本人にはなじみのある州だが、もともとは、米国南東部から追放されたインディアンたちが新たな居住地としていた土地である。

これは一八三〇年に、インディアン強制移住法なる高圧的な法律が制定されたことが発端となっている。大西洋に面した米国東部に白人が居住地域を拡大していったため先住民が邪魔になり、まずは白人に妥協的な南東部の五つのインディアン部族をオクラホマ東部地域へ強制的に移住させたのだ。

ノースカロライナ付近からオクラホマまでの移動は過酷をきわめ、移住予定者全体の四分の一にあたる約四〇〇〇人のインディアンが、病気などで死亡したといわれる。当時のルートは現在も残り、「涙の道」と呼ばれているのだ。

ストックヤードシティで開かれる牛のせり市は、世界最大の規模を誇る。ここではオクラホマ・カウボーイの姿も見ることができる。
Photo:アフロ

こうした背景から、同州はインディアンの比率が高い州である。二〇〇〇年の国勢調査によるとその数六五部族、約二七万人であり、州人口の約八パーセントを形成している計算になる。白人たちも多数流入した現在ではインディアンの特別な居住区はなく、白人たちと調和して社会の各方面で働いている。

## ■狙った土地に五万人が殺到！

州のニックネームである「早い者勝ちの州」は、一八八九年四月二十二日に行われた「ランド・ラン」に由来している。ランド・ランとは同日正午、州中央部の約八二万平方キロメートルの土地が先着順で無料提供されることに伴い、土地の所有権を狙って約五万人の人々が殺到した出来事のことである（なかには抜け駆けをした白人も多く、こぞって良い土地を奪い合ったといわれる）。

州都であるオクラホマシティは、それまでほとんど無人地帯であったが、ランド・ランの翌日には人口一万人以上の町へと変貌を遂げたという。このランド・ランは計五度にわたって行われた。ちなみに、オクラホマ州に白人が殺到した現象を総称して「ランド・ラッシュ」と呼んでいる。

## ■世界最大規模の「牛のせり市」

また、一九三〇年代には同州を含むアメリカ中西部で「ダスト・ボウル」（一種の砂嵐）による被害が多発。肥沃土の大部分が失われてしまったため、農業をあきらめて西海岸方面へ移住する世帯が続出した。

そうした時代背景をもとに、小説『怒りの葡萄』で「オーキー」と呼ばれる同州出身の小作農民の人生を描いたのが作家ジョン・スタインベックだ。一九三九年に出版された同作品は大きな話題を呼び、ピュリッツァー賞を受賞している。

さらにオクラホマ州は、肥満度判定方法のひとつＢＭＩにおいて、三〇（高度肥満）を超える肥満者が住民の二八パーセントを占める（米疾病防疫センター、二〇〇八年調べ）ことでも知られる。驚くべきことに、これは全米第九位の数字である。

こうした結果を受け、同州のウェザーフォード市は市民のダイエットを推進し、マラソンやウォーキングといったイベントを積極的に実施しているという。

オクラホマ州は州の大部分が中央平原地帯であり、面積あたりの竜巻発生率は全米第一位である。また、州都オクラホマシティでは、冬季はマイナス二五度以下、夏季には四〇度以上に達することも珍しくない。

オクラホマシティには州の主要産業である家畜の集積地、ストックヤードシティがある。牛のせり市は世界最大規模といわれ、家畜の作業をするオクラホマ・カウボーイを目にすることができる。

ちなみに州名は、チョクトー族の言葉で「赤い人々」を意味する。

| | |
|---|---|
| モットー | 労働はすべてに打ち克つ |
| ニックネーム | 早い者勝ちの州、牛の国の中心地、赤い人の国 |
| シンボル | 州鳥：エンビタイランチョウ、州花：ヤドリギ |
| 産業・産物 | 油井用機器、家畜、とうもろこし、ピーナッツ、小麦 |
| 出来事・行事 | 家畜ショー（3月）、エイティナイナー記念祭（4月）、全米ファイナル・ロデオ（12月） |
| 施設・企業<br>大学・組織 | カウボーイ＆西部歴史博物館、ストックヤードシティ、ミリアッド植物園 |
| 出身者 | ガース・ブルックス（カントリー歌手）、ウッディ・ガスリー（フォーク歌手）、ロバート・S・カー（石油王、政治家）、ブラッド・ピット（俳優） |

# テキサス州

何よりも「大きいこと」を尊ぶ誇り高き州

Texas

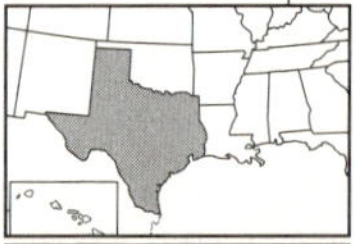

| | |
|---|---|
| 人口 | 20,851,820人 |
| 面積 | 695,621km² |
| 略称(郵便略称) | Tex.(TX) |
| 合衆国加盟 | 1845年12月29日 |
| 州都 | オースティン |

## ■独立した「テキサス共和国」の歴史を持つ

テキサス州はメキシコと国境を接し、南東部がメキシコ湾に面した州である。人口はカリフォルニア州、面積はアラスカ州に次いで全米第二位の州であり、その面積は日本の約一・八倍もある。

州の西部は山地と砂漠地帯、東部は起伏の少ない海岸平野部が広がる。西部はステップ気候、東部は温暖湿潤気候、メキシコ湾岸地域は亜熱帯に属し高温多湿だが、冬季には寒波の襲来を受けることもある。複数の気候が混在するため動植物も多様であり、乾燥した西部の湿地や河川、泉に生息する動植物のなかには、ネコ科のオセロットや「幻のキノコ」と呼ばれるキリノミタケなど絶滅危惧種も多い。

州名は、先住民族ハシーナイ族の言葉「テイシャ（友人）」に由来しており、州のモットーもこの言葉をもとにしている。

アメリカ航空宇宙局（NASA）のジョンソン宇宙センターがあるヒューストンは、アメリカ宇宙開発の中心地。宇宙飛行士の訓練も行われている。 Photo:Getty Images/アフロ

もともとテキサス州は、一八二一年のメキシコ独立とともにメキシコ領に編入された歴史を持つ。一八三六年三月には自治を求めてメキシコからの独立を宣言するも、約一八〇名のテキサス義勇軍が立てこもったアラモ砦は、約四〇〇〇人のメキシコ軍の襲撃を受けて全滅。しかし四月の戦いでテキサス軍がメキシコ軍を打ち破り、テキサスは独立を勝ち得て「テキサス共和国」となった。その後合衆国に併合されたが、テキサス共和国時代から使用されている白い星をひとつあしらった州旗から、テキサス州は「ローン・スター・ステイト」とも呼ばれる。

このように共和国としての歴史を持ち州土も広大なためか、テキサス州の人々は独立心が強いといわれている。何にしてもテキサス・サイズ（大きいこと）を自慢したがり、州民であることに誇りを持っているのだ。事実、州旗や「NATIVE TEXAN」といったステッカーを町の至るところで見かける。

また、テキサス州は牛の放牧業が重要な産業であり、牛肉の消費量が多い。日本でも有名なタコスやブリート、ナチョスは「テックス・メックス料理」と呼ばれるテキサスの郷土料理なのである。

## ■「アメリカ宇宙開発」の中心地ヒューストン

テキサス州最大の都市が、州南東部に位置するヒューストンだ。テキサス共和国の初代大統領の名（サミュエル・ヒューストン）を冠した同市には、多数の国際線と国内線が毎日発着するジョージ・ブッシュ・インターコンチネンタル空港や、メキシコ湾最大の貿易港として知られるヒューストン港がある。面積においても、市郡一体の自治体を除くとオクラホマ州オクラホマシティに次ぐ全米第二位の大都市だ。

一九〇一年にスピンドルトップの大油田が発見されると、世界の石油産業の首都と呼ばれ、対外貿易港としても急速に発展。そのため、「テキサスの田舎町から一躍国際都市として脚光を浴びた都市」「二十世紀後半の都市」などと呼ばれた。今もアラスカ州やカリフォルニア州を抑え、全米一の石油産出州である。

また、アメリカ航空宇宙局（NASA）のジョンソン宇宙センターがあるため、「スペース・シティ」とも呼ばれている。一九六九年七月二十日、月面に降り立ったアポロ一一号と、「こちらヒューストン……」で始まる管制官とのやりとりは、ヒューストンのイメージを強く印象づけるものとなった。現在でも、打ち上げ後のシャトル管制や宇宙飛行士の訓練場として、アメリカの宇宙開発の中心地である。

オペラ、バレエ、交響楽団、ミュージカルなどの芸能も盛んなほか、ベースボール、バスケットボール、ゴルフ、水泳などスポーツ熱も高い土地柄で、全米初の屋内球場アストロドームも、ここヒューストンにある。

## ■死刑執行が全米最多を数える

「J・F・ケネディの暗殺現場」として有名なテキサス東部の都市がダラスである。この事件によりダラスは「世界の殺人都市」とも呼ばれ、しばらくマイナスイメージがつきまとった。ケネディ大統領の命を奪った三発の銃弾が発射されたといわれる建物は、ケネディと彼の暗殺に関する資料などを展示したシックスフロア博物館として一般にも公開されている。

「州北部の中心都市」と呼ばれるようにダラスは、古くから交通の拠点として発展。保険、金融、経済の中枢として機能しており、現在、都市圏としては南部最大の規模を誇っている。また、毎年一月に行われる全米大学フットボール「コットンボウル」が開催されるコットンボウル・スタジアムがある。ちなみに同大会は、二〇一〇年からダラス・カウボーイズ新スタジアムで開催される予定だ。

もともとテキサス州は、アメリカン・フットボールの人気が非常に高い。NFLのダラス・カウボーイズやテキサス大学オースティン校ロングホーンズといった、強豪アメリカン・フットボールチームがある。なかでもダラス・カウボーイズは、一九六〇年代以降のNFLで最も成功したチームのひとつとして数えられる。また同州は美術館、博物館、オペラ座などの文化施設が多いことでも知られている。

テキサス州は古くから死刑執行数の多さで有名な州でもある。一九七七年から二〇〇三年までに、連邦刑務局で八八五名が処刑されているが、最も処刑数が多いのがテキサス州であり、その数は三一三名にのぼっている。

近年は死刑を撤廃する州や執行数を減らす州が増えてきたため、全米執行数に占めるテキサス州の執行数の割合は、二〇〇五年の三二パーセントから二〇〇七年には六二パーセントにまで上昇した（二〇〇五年から二〇〇七年までの三年間の執行数平均は二三件）。この背景には、州民の「死刑執行に対する住民の積極的な支持」があるといわれ、犯罪者に厳罰を科すことを厭《いと》わない「カウボーイ気質」があるのではないだろうか。

| | |
|---|---|
| モットー | 友情 |
| ニックネーム | ひとつ星の州、ロングホーンの州、多数票の州 |
| シンボル | 州鳥：マネシツグミ、州花：ブルーボネット |
| 産業・産物 | 石油精製、運輸機器、放牧 |
| 出来事・行事 | ダラスでケネディ暗殺（1963年）、<br>テキサス・ウォーター・サファリ・ボートレース（6月） |
| 施設・企業<br>大学・組織 | NASAジョンソン宇宙センター、アメリカン航空本社、エクソンモービル本社、デル本社 |
| 出身者 | ハワード・ヒューズ（石油王）、ドワイト・アイゼンハワー（第34代大統領）、リンドン・ジョンソン（第36代大統領）、ボブ・ウィルス（ウェスタン歌手） |

フランス、スペイン植民地時代の面影を残す

# ルイジアナ州

Louisiana

| | |
|---|---|
| 人口 | 4,468,976人 |
| 面積 | 134,264km² |
| 略称(郵便略称) | La.(LA) |
| 合衆国加盟 | 1812年4月30日 |
| 州都 | バトンルージュ |

## ■海外旅行者垂《すい》涎《ぜん》のタックス・ヘブン

ルイジアナ州は、メキシコ湾に面したミシシッピ川河口のデルタ地帯を中心とする州で、州平均の標高はわずか三〇メートルである。この南東部にあるデルタ地帯には小川が網の目のように流れて湖が点在しており、沼地にはペリカンが数多く生息している。このためペリカンは、州鳥や州の愛称ともなっている。また州章には「ペリカンは食物がないときには、みずからの乳房を引き裂いてその血をひな鳥に与える」という古い伝説をもとにした図が使用されている。

一八〇三年に、アメリカがフランスから格安の価格で現在のルイジアナ地域を買収（ルイジアナ買収）するまでは、フランス人がミシシッピ川流域の広大な地域を支配していた。当時のフランス王であり、太陽王と呼ばれたルイ十四世にちなんでフランス人が「ルイジアナ」と名付けたのが、そのまま州名となっている。

世界最古の路面電車が走るニューオーリンズの旧市街「フレンチ・クオーター」。
Photo:アフロ

世界の主要カーニバルのひとつ、マルティグラ祭。毎年2〜3月に行われる。
Photo:新華社/アフロ

こうした歴史的な経緯から、ルイジアナ州は現在でも英語とフランス語が公用語である。また州の行政区画として、郡（カウンティ）の代わりに教区（パリッシュ）が用いられるのも、フランス領時代の影響といわれている。

またルイジアナ州はアメリカ国内で唯一、海外からの旅行者に税金の払い戻しを行っている州でもある。現在、一〇〇〇店舗以上がタックス・フリー・ショッピングに加盟しており、店先の「TAX FREE」マークが目印だ。購入時、パスポートと航空券を見せるだけで免税される。

## ■クレオール文化を色濃く残す町、ニューオーリンズ

ルイジアナ州最大の都市が、ニューオーリンズ市である。暖流であるメキシコ湾流の影響を受け、高温多湿。冬季でも寒い日が続くことはほとんどない。メキシコ湾に通じる重要な港湾都市で工業都市としても発展してきたが、湾に接しているわけではなく、湾までは一七〇キロほど離れている。海のように広いポンチャートレーン湖と大河ミシシッピ川に挟まれ、ほとんどが海抜マイナス二メートルの地域だ。驚くほど高い堤防で囲われている様は、「スープ皿」とも形容される。

初期に入植したフランス人とスペイン人は独自文化を育《はぐく》んできており、その子孫は「クレオール」、その文化は「クレオール文化」と呼ばれ、州の愛称である「ク

レオール州」もここからきている。全米でも有数の観光都市であり、なんといっても有名なのはフランス、スペインの植民地時代の町並みを残す「フレンチ・クオーター」である。エキゾチックな旧市街であり、現存する北米最古のセントルイス大聖堂、クラブが軒《のき》を連ねるバーボン・ストリート、アンティーク街として著名なロイヤル・ストリート、ジョクソン広場など観光スポットがめじろ押しだ。

ジャズの起源は諸説あるが、もともと十九世紀の終わりにニューオーリンズで生まれた音楽といわれる。ジャズの歴史資料はルイジアナ州博物館にあり、伝統的なジャズのライヴ演奏はプリザベーション・ホールで聞ける。

また、フレンチ・クオーターを舞台とした小説が、劇作家テネシー・ウィリアムズの作品『欲望という名の電車』である。今でも、現役の市電としては世界最古といわれる古風な路面電車が、コロニアル調の家々が立ち並ぶ美しい町のなかを走っている。ちなみに作中に登場する「墓場」行きの電車は現在もあり、本当に墓場が終点となっている。

さらにニューオーリンズはクレオール料理、ケイジャン料理で有名な美食の町としても知られる。ふたつの料理に共通するメニューとしては、肉や野菜の具が入りチリペッパーなど香辛料が効いた炊き込みご飯「ジャンバラヤ」や、刻み野菜と魚介類、鶏肉、ソーセージを煮込み、フィレパウダーまたはオクラでとろみをつけた

「ガンボ」などがある。大ざっぱにいうと、都会的なクレオール料理に対し、地元で手に入る食材を生かした素朴でシンプルな庶民の味がケイジャン料理である。

毎年二～三月に行われるマルディグラ祭は、ブラジルのリオデジャネイロで行われるカーニバルなどと並び、世界の主要カーニバルのひとつに数えられる。早朝から深夜まで続くパレードが見ものだ。

二〇〇五年八月末には、大型のハリケーン「カトリーナ」による大きな被害に見舞われたニューオーリンズ市も、現在では災害前の賑わいを取り戻している。

## ■実はメキシコ産ではなかった「タバスコ」

アメリカに住む様々な民族のなかでも、異色なのがルイジアナ南部に住む「アケーディアン」である。アケーディアンがなまると「ケイジャン」であり、前述の料理に代表される独自の文化を持った民族だ。この民族は十七世紀初めにフランスから渡ってきた人々の子孫であり、今でもフランス語を話している。

州南部の都市ラファイエットには、そのアケーディアンが特に多く住んでおり、「フレンチ・ルイジアナの州都」が町のキャッチフレーズとなっている。ちなみに日本でも香辛料として有名な「タバスコ」は、同市で生産されている。ピザやパスタによく合う辛みと酸味の混じった味や、その瓶の色使いからメキシコ産とよく勘違いされるが、ルイジアナ州に本社を置くマキルヘニー社が商標権を持つ香辛料である。

創業者であるマキルヘニー一家が、岩塩の産地として有名だった海岸沿いのエイヴァリー島（島ではなく単なる地名）へと移り住み、そこで唐辛子の種をまいたことが、この調味料誕生のきっかけとされている。

同州の海産物は名産として知られているが、なかでもザリガニの収穫量と消費量は群を抜いて多い。世界のザリガニの実に九五パーセントが、ルイジアナ州で消費されているのだ。このザリガニ料理もケイジャンの食文化のひとつであり、ブローブリッジという町は「ザリガニの都」と呼ばれている。

| | |
|---|---|
| モットー | 団結、正義、そして信義 |
| ニックネーム | クレオール州、ペリカン州、スポーツマン天国 |
| シンボル | 州鳥：ペリカン、州花：マグノリア |
| 産業・産物 | 化学製品、輸送機器、電子機器、大豆、さとうきび |
| 出来事・行事 | マルディグラ祭（2〜3月）、ニューオーリンズ・ジャズ・ヘリテージ・フェスティバル（4月） |
| 施設・企業<br>大学・組織 | セントルイス大聖堂、ニューオーリンズ・セインツ（NFL）、ニューオーリンズ・ホーネッツ（NBA） |
| 出身者 | ルイ・アームストロング（ジャズ奏者、作曲家）、トルーマン・カポーティ（作家）、マヘリア・ジャクソン（ゴスペル歌手）、ブリトニー・スピアーズ（歌手） |

# アメリカ州別ランキング

※ランキングにはワシントンDCを含む
「二〇〇〇年アメリカ国勢調査」より

## 人口

合衆国総人口
**281,424,144人**

| | | |
|---|---|---|
| 1位 | カリフォルニア州 | 33,871,648人 |
| 2位 | テキサス州 | 20,851,820人 |
| 3位 | ニューヨーク州 | 18,976,457人 |
| 4位 | フロリダ州 | 15,982,378人 |
| 5位 | イリノイ州 | 12,419,293人 |
| 47位 | ノースダコタ州 | 642,200人 |
| 48位 | アラスカ州 | 626,932人 |
| 49位 | バーモント州 | 608,827人 |
| 50位 | ワシントンD.C. | 572,059人 |
| 51位 | ワイオミング州 | 493,782人 |

日本の人口
トップの都道府県
**東京都**
**12,576,601人**

※「平成17年日本国勢調査」より

## 面積

合衆国総面積
**9,826,632km²**

| | | |
|---|---|---|
| 1位 | アラスカ州 | 1,717,854km² |
| 2位 | テキサス州 | 695,621km² |
| 3位 | カリフォルニア州 | 423,970km² |
| 4位 | モンタナ州 | 380,838km² |
| 5位 | ニューメキシコ州 | 314,915km² |
| 40位 | サウスカロライナ州 | 82,932km² |
| 47位 | ニュージャージー州 | 22,588km² |
| 48位 | コネチカット州 | 14,357km² |
| 49位 | デラウェア州 | 6,447km² |
| 50位 | ロードアイランド州 | 4,002km² |
| 51位 | ワシントンD.C. | 177km² |

日本の面積
トップの都道府県
**北海道**
**83,456km²**

※「平成20年全国都道府県市区町村別面積調」より

## 平均個人年間所得

| | | |
|---|---|---|
| 1位 | コネチカット州 | 28,766ドル |
| 2位 | ワシントンD.C. | 28,659ドル |
| 3位 | ニュージャージー州 | 27,006ドル |
| 4位 | マサチューセッツ州 | 25,952ドル |
| 5位 | メリーランド州 | 25,614ドル |
| 47位 | モンタナ州 | 17,151ドル |
| 48位 | ルイジアナ州 | 16,912ドル |
| 49位 | アーカンソー州 | 16,904ドル |
| 50位 | ウェストバージニア州 | 16,477ドル |
| 51位 | ミシシッピ州 | 15,853ドル |

## 人口密度（1km²あたり）

| | | |
|---|---|---|
| 1位 | ワシントンD.C. | 3,597.0人 |
| 2位 | ニュージャージー州 | 372.5人 |
| 3位 | ロードアイランド州 | 261.9人 |
| 4位 | コネチカット州 | 237.2人 |
| 5位 | マサチューセッツ州 | 232.3人 |
| 47位 | サウスダコタ州 | 3.8人 |
| 48位 | ノースダコタ州 | 3.5人 |
| 49位 | モンタナ州 | 2.4人 |
| 50位 | ワイオミング州 | 1.9人 |
| 51位 | アラスカ州 | 0.4人 |

## 大統領輩出数

| | | |
|---|---|---|
| 1位 | バージニア州 | 8人 |
| 2位 | オハイオ州 | 7人 |
| 3位 | マサチューセッツ州 | 4人 |
| 3位 | ニューヨーク州 | 4人 |
| 5位 | ノースカロライナ州 | 2人 |
| 5位 | バーモント州 | 2人 |
| 5位 | テキサス州 | 2人 |

以下1人……サウスカロライナ、ニューハンプシャー、ペンシルバニア、ニュージャージー、アイオワ、ミズーリ、カリフォルニア、ケンタッキー、ネブラスカ、ジョージア、イリノイ、アーカンソー、コネチカット、ハワイ

## 未婚率（25歳以上）

| | | |
|---|---|---|
| 1位 | ワシントンD.C. | 39.1% |
| 2位 | マサチューセッツ州 | 33.2% |
| 3位 | コロラド州 | 32.7% |
| 4位 | メリーランド州 | 31.4% |
| 4位 | コネチカット州 | 31.4% |
| 47位 | ネバダ州 | 18.2% |
| 48位 | ケンタッキー州 | 17.1% |
| 49位 | ミシシッピ州 | 16.9% |
| 50位 | アーカンソー州 | 16.7% |
| 51位 | ウェストバージニア州 | 14.8% |

# ニックネームが好きなアメリカ人

## ■ファーストネームの短縮は常識!?

英語圏の人々はニックネームを使用する機会が非常に多く、特にアメリカではファーストネームの短縮が広く浸透している。また、同じファーストネームでも複数の短縮形が存在する場合や、社会的にも短縮名が通用するなど、日本の「あだ名」とは扱いが大きく異なる。

たとえば、第四二代大統領の「ビル」・クリントン、人気コメディアンの「ウィル」・フェレル、シンガーソングライターの「ビリー」・ジョエル。実はこの三人のファーストネームであるビル、ウィル、ビリーはすべて「ウィリアム」の短縮形なのだ。なお、英語圏ではファーストネームとミドルネームをつける習慣があり、このミドルネームはイニシャルで表記されたり、名乗らずに省かれたりするケースが多い。

### ▍英語圏の短縮ニックネーム

| ファーストネーム | 短縮例 | 人物例（職業／正式名） |
|---|---|---|
| アレクサンダー（Alexander） | アレックス（Alex） | アレックス・ロドリゲス（メジャーリーガー／アレクサンダー・ロドリゲス） |
| ジョン（John） | ジャック（Jack）、ジョニー（Johnny,Jonny） | ジョニー・デップ（俳優／ジョン・デップ） |
| キャサリン（Katharine） | ケイト（Kate）、ケイティ（Katie）、キャシー（Kathy） | ケイティ・コーリック（ジャーナリスト／キャサリン・コーリック） |
| マーガレット（Margaret） | マギー（Maggy）、メグ（Meg）、ペギー（Peggy） | マギー・Q（女優／マーガレット・クイグリー） |
| ウィリアム（William） | ビル（Bill）、ビリー（Billy）、ウィル（Will） | ビル・クリントン（第42代大統領／ウィリアム・クリントン） |

# PART6
# 中西部　東北中央部地域

五大湖周辺の中西部・東北中央部地域は水源に恵まれ、電子機器、自動車、製紙・製材など製造業が非常に盛んな地域である。工業化の影響などから五大湖の水質悪化が問題になったが、アメリカ・カナダ合同でプロジェクトを立ち上げ、環境改善に努めている。

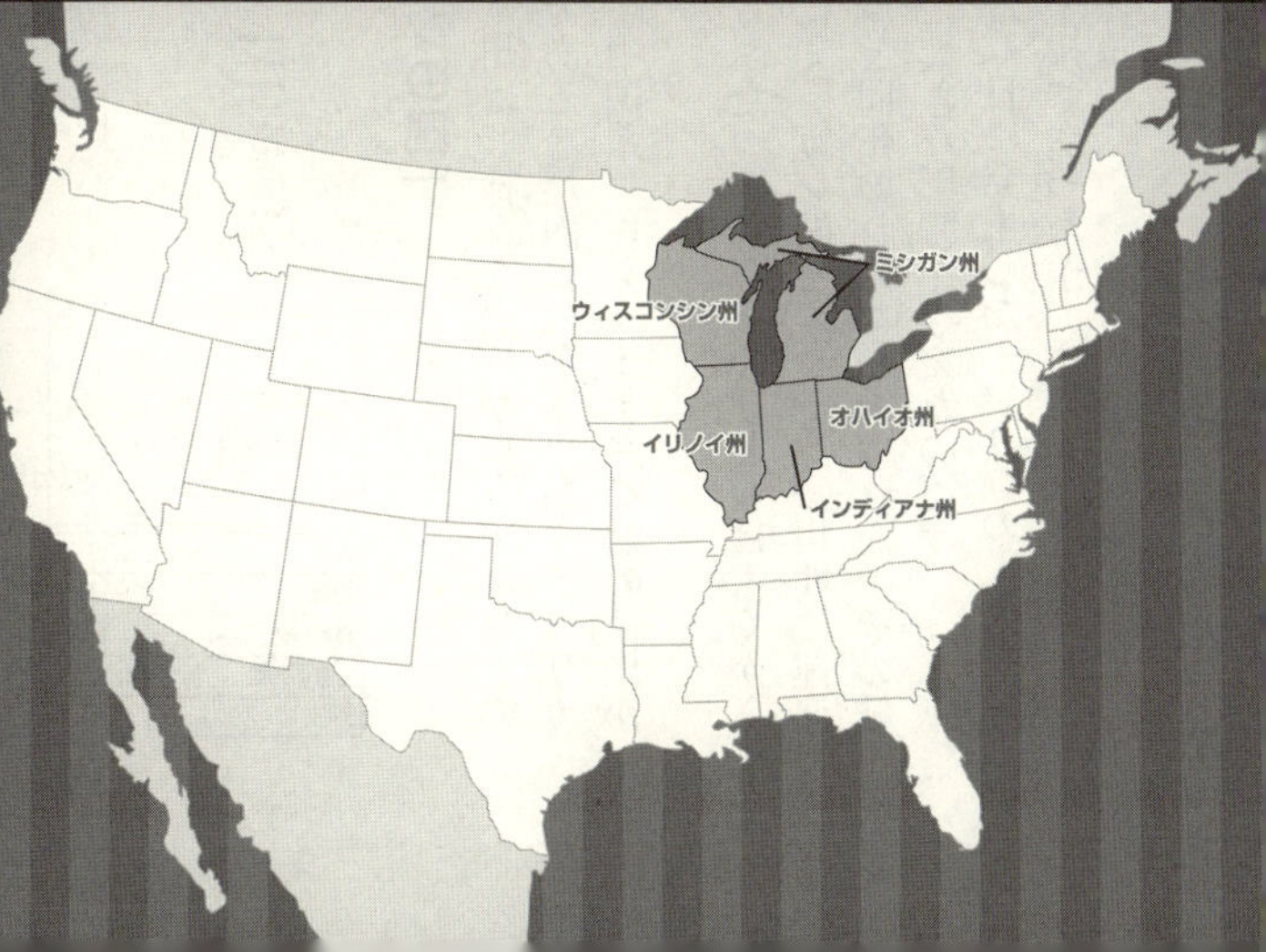

# イリノイ州

## Illinois

シカゴを中心とするアメリカ中西部の重要拠点

| | |
|---|---|
| 人口 | 12,419,293人 |
| 面積 | 149,998km² |
| 略称(郵便略称) | Ill.(IL) |
| 合衆国加盟 | 1818年12月3日 |
| 州都 | スプリングフィールド |

### ■多種多様な民族が暮らす「リンカーンの国」

ミシガン湖の南西部に縦長に広がるイリノイ州は、様々な民族が集うアメリカのなかでも、ひときわ多様な民族構成を持つ州である。州内にはドイツ系やアフリカ系、イギリス系、イタリア系、ポーランド系、中国系、ウクライナ系などの民族が暮らし、多彩な文化をつくり上げてきた。

イリノイ州が多民族州となった背景は大きくふたつあり、そのひとつは古くから発達してきた交通網だ。同州では一八四八年にミシガン湖とミシシッピ川間に運河が開通し、一八五五年には鉄道によって東海岸と同州のシカゴが結ばれた。その結果、多くの人々がこの地を訪れ、民族の構成に大きな影響を与えたのだ。

そしてもうひとつの背景は、一八七一年十月八日に発生した「シカゴの大火」だ。もともとは農業州として発達してきたイリノイ州であったが、この火事をきっかけ

工業都市シカゴには、多数の大企業が本社を構えている。1棟だけ突き出たビルは110階建てのシアーズ・タワー。
Photo:アフロ

イリノイ州ではミシガン湖ーミシシッピ川間の運河をはじめ、古くから交通網が発達していた。
Photo:アフロ

にシカゴは再開発されて工業化が促進。このことが移民の流入に拍車をかけた。ちなみにルーツは様々でもアメリカへの愛着は強いのか、イリノイ州の公用語は米語(American Language)と定められている。

また多数の民族が混在しているからか、イリノイ州では一八四八年に早々と奴隷制度が廃止されている。

そして、奴隷解放を訴え尽力した第一六代大統領エイブラハム・リンカーンは、人生の大半をこのイリノイ州で過ごし、州都のスプリングフィールドには彼の墓や家が残されている。このことから同州は「リンカーンの国」と呼ばれ、ナンバープレートにもこの言葉が刻まれている。

さらに大統領といえば、東西冷戦を終結へ導いた第四〇代大統領ロナルド・レーガンがイリノイ州出身だ。リンカーンの出身地はケンタッキー州であるので、実際にイリノイ州で生まれた大統領は二〇〇九年現在、レーガンただひとりとなっている。なお現大統領のバラク・オバマ(ハワイ出身)は、イリノイ州の上院議員在任中に大統領選へ出馬し、当選を果たした。

## ■世界のマーケットに影響を与える経済都市

イリノイ州には山らしい山は存在せず、最も標高の高いチャールズ・マウンドでも標高三七六メートルしかない。これはシカゴの一一〇階建て超高層ビル「シアーズ・タワー（ウィリス・タワー）」の四四三メートルよりも低く、同州がいかに起伏の少ない土地かがわかる。その昔は州土の大半が草原に覆われていたため、イリノイ州には「大草原の州」という俗称もある。

州南部ではこのような平坦な土地を生かし、農畜産業が盛んに行われている。なかでもとうもろこしは、同州がアメリカ中部に広がる「コーンベルト」に含まれることもあって、「とうもろこし州」と称されるほど生産量が多い。

一方、州北部のシカゴ周辺は工業地帯として知られ、工場や超高層ビルが立ち並ぶ近代都市である。中心となるシカゴには、ボーイング、マクドナルド、キャタピラー、モトローラ、シアーズなど世界に名だたる大企業が本社を構えている。

さらにシカゴには、シカゴ商品取引所やシカゴマーカンタイル取引所があり、世界経済の拠点としての役割も担っている。ここで取引する人々は俗に「シカゴ筋」と呼ばれ、その取引額がきわめて大きいことから、彼らの売買動向が変化すると世界のマーケットが変化するとさえいわれている。また、シカゴ購買部協会から毎月発表される「景気指数」も、株や為替に大きな影響をおよぼすことで有名だ。

産業的な面だけでなく政治的側面でも州南部と州北部は異なり、州南部ではリンカーン政権以降、共和党の勢力が強いが、州北部では民主党が力を持っている。そのため、選挙では州南部と州北部が激しい争いを繰り広げ、そのたびにイリノイ州での選挙結果が政権の行方を占う重要な指標として注目を集めている。

## ■美術と音楽とスポーツの都シカゴ

ニューヨーク、ロサンゼルスに次いで人口の多いシカゴには、イリノイ州の総人口のほぼ四分の一にあたる二九〇万人もの人々が暮らしている。「摩天楼発祥の地」とも称される高層ビル群と、ミシガン湖沿いに広がる美しい湖岸線はしばしば映画のロケ地としても使用されており、イリノイ州を知らなくてもシカゴは知っているという人は多いだろう。また禁酒法の時代に、アル・カポネが酒の密売に暗躍した町としても悪名高い。

シカゴは美術や音楽の町としても有名で、ダウンタウン周辺の壁には「プラザアート」と呼ばれる壁画や彫刻が描かれている。これらのなかには、ピカソやシャガールといった著名な作家による作品もあり、これを目当てにシカゴを訪れる人も少なくない。ちなみに世界的名画が多数展示されるシカゴ美術館は、メトロポリタン美術館やボストン美術館と並んで、アメリカ三大美術館のひとつに数えられる。

音楽では特にブルースが深く根付いており、「ブルースならシカゴ」といわれるほど確固たる地位を築いている。もともとアメリカ南部で生まれたブルースだが、第二次世界大戦後にシカゴへ移民してきたマディ・ウォーターズやハウリン・ウルフらによって「シカゴ・ブルース」の基礎が確立された。

ジャズを語るうえでもシカゴは欠かすことができず、「スイング・ジャズの王様」ベニー・グッドマンも、この地から世界へ羽ばたいていった。

美術、音楽とくれば、スポーツも忘れてはならない。シカゴには「シカゴ・ホワイトソックス（MLB）」「シカゴ・カブス（MLB）」「シカゴ・ベアーズ（NFL）」「シカゴ・ブラックホークス（NHL）」「シカゴ・ブルズ（NBA）」と、アメリカ四大スポーツを代表する五つのチームが拠点を構え、熱狂的なファンによって支えられている。

| | |
|---|---|
| モットー | 州の主権、国家の統一 |
| ニックネーム | 大草原の州、リンカーンの国 |
| シンボル | 州鳥：ショウジョウコウカンチョウ、州花：スミレ |
| 産業・産物 | 機械、電子機器、食品、とうもろこし、大豆、小麦 |
| 出来事・行事 | イリノイ・ミシガン運河開通（1848年）、シカゴ大火（1871年）、シカゴ音楽祭（8月） |
| 施設・企業<br>大学・組織 | カホキア史跡、ボーイング本社、マクドナルド本社、ユナイテッド航空本社、シカゴ交響楽団、シカゴ大学 |
| 出身者 | ブラックホーク（ソーク族首長）、アーネスト・ヘミングウェイ（作家）、ヒラリー・クリントン（政治家）、デーブ・スペクター（TVプロデューサー・タレント） |

# インディアナ州

## 水陸空の交通網が整備された「アメリカの十字路」

Indiana

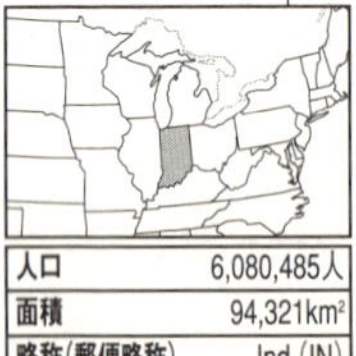

| 人口 | 6,080,485人 |
| --- | --- |
| 面積 | 94,321km² |
| 略称(郵便略称) | Ind.(IN) |
| 合衆国加盟 | 1816年12月11日 |
| 州都 | インディアナポリス |

### ■四方八方にハイウェイが張り巡らされる

ミシガン湖の東南に位置するインディアナ州は、「アメリカの十字路」と呼ばれるほど水陸空の交通網が発達した州である。特に陸路は複数のハイウェイが州内で交差しており、太平洋と大西洋の東西海岸、カナダからメキシコ湾までの南北を結んでいる。これらの道路は、西部開拓時代にはすでに整備されていたものが多い。

その象徴ともいえる旧国道（現在の国道四〇号線）は現在もインディアナ州を横切っており、「アメリカの十字路」を意味する言葉は州のモットーとしてナンバープレートにも刻まれている。

交通網の発達に伴って周辺各地にはいくつもの大きな町が誕生し、インディアナ州を中心とした一〇〇〇キロ四方に、アメリカの総人口の約六五パーセントが居住する。さらに、「十字路」の中心に鎮座する州都インディアナポリスからは、トラ

「アメリカの十字路」と呼ばれるインディアナ州内では、複数のハイウェイが交差している。
Photo:アフロ

世界三大レースのひとつ、「インディ500」はインディアナポリス・モーター・スピードウェイで開催される。
Photo:Getty Images/アフロ

ックで二十四時間以内に、全米の約六〇パーセントの消費市場に対して商品を届けることが可能といわれている。まさに同州は、アメリカの交通・流通の一大拠点であるのだ。

ちなみに冬の積雪などによって橋が通行止めとならないよう、「カバード・ブリッジ」と呼ばれる屋根付きの橋が同州各地に設けられており、アメリカの十字路を自負するインディアナ州の特色をよく表している。

## ■四〇万人超のファンが酔いしれるスピードの祭典

前述したように州都インディアナポリスは交通の要所である。当然のことながら同市の交通事情は良く、市の周囲を囲むように大きな環状道路が走り、そのなかを碁盤の目のように細い道が張り巡らされている。そのためインディアナポリスの道路地図は、まるで蜘蛛の巣のように見える。

そして道路といえば、インディアナポリスで行われるインディアナ州最大のイベントを忘れてはいけない。百年近い歴史を持つ自動車レース「インディ500」だ。これはモナコグランプリ、ル・マン二十四時間レースと並ぶ世界三大レースに数えられ、さらにスーパーボウル（アメリカン・フットボールの決勝戦）、ケンタッキー・ダービーとともにアメリカ三大イベントに含まれる世界屈指の大会である。

インディ500が行われる五月は、五月一日の市長主催の朝食会に始まり、州内各地で様々な関連イベントが開催される。そうして徐々に高められていったボルテージは、決勝が行われる五月のメモリアルデー（最終週の月曜日）前日の日曜日に最高潮に達する。市内には全世界から四〇万人を超えるファンが押しかけ、州の人口が一時的に一・五倍以上にも増加するのだ。

州の経済基盤は農畜産業だが、このような背景もあり輸送機器、なかでも自動車部品などの自動車関連産業は全米有数の規模を誇る。日本企業の進出も盛んで、自動車メーカーではトヨタ、ホンダ、スバルの三社が工場を構える。ちなみに日本企業が多いこともあってか、同州の運転免許試験は日本語でも受験可能だ。

また、映画『エデンの東』『理由無き反抗』などで一世を風靡《ふうび》した名俳優ジェームス・ディーンは同州マリオンの生まれで、アマチュア・レーサーとしても活躍していた。幼いころよりインディ500の盛り上がりを体験していたことが、車にのめり込むきっかけになったのかもしれない。彼は皮肉にも、レース用の愛車を一般道路で運転している最中に事故に遭い、命を落としている。

そのほか、全米で最初にダイレクトイグニッション（現在最も普及しているエンジンの点火システム）を採用した自動車を完成させたことで有名な技術者エルウッド・ヘインズは、同州のポートランド出身である。このときつくられた自動車は、現在でもワシントンＤＣに保管されている。

## ■州名「インディアナ」が物語る州の歴史

ここで州の歴史をひも解くと、一七三二年にフランス人がこの地に最初の植民地を築いている。続いてイギリス、アメリカが進出してくるが、当時のインディアナ地域には一〇を超えるインディアンの部族が住んでおり、幾度となく白人との激しい争いが繰り広げられたようだ。やがてフランスがイギリスに土地を譲り、その後イギリスからアメリカへと譲渡される。一部の土地はインディアンの部族が所有権を持っていたが、一七九五年にアメリカへ割譲され、土地を巡る争いは一応の決着をみた。ちなみに、州名の「インディアナ」はインディアンの言葉で「インディアンの土地」という意味であり、まさに州の歴史を物語る名称といえる。

ほかにもインディアナ州を表すニックネームはたくさんあるが、とりわけよく使われるのが「フージア州」だ。フージアの語源については定かでなく諸説存在するが、「働き者」「口数が少なくまじめ」「田舎者」「不器用」などという意味で使われることから、この地で農業に従事する人々の姿を見た都市部の人間が使い始めた言葉なのかもしれない。

いかにこの言葉が多く用いられているかは、同州出身の著名人の愛称を見てもわかる。『ラヴ・フォー・セール』を作曲した音楽家コール・ポーターは「優雅なフージアの音律職人」、『故郷の歌』などの詩集を出版した詩人ジェームズ・ホイットコム・ライリーは「フージア詩人」と呼ばれている。

またフージアについて有名なエピソードがひとつある。「第一次世界大戦ではフージアの兵士が最初に銃口を開き、最初の戦死者となった」というのが、同州で強い力を持つ在郷軍人会の自慢話だ。

インディアナ州民は南北戦争で約二万四〇〇〇人、第一次世界大戦で約三四〇〇人、第二次世界大戦で約一万人もの戦死者を出しており、これもまじめで働き者なフージアが、忠実に任務を果たそうとした結果といえるかもしれない。

| | |
|---|---|
| モットー | アメリカの十字路 |
| ニックネーム | フージアの州 |
| シンボル | 州鳥：ショウジョウコウカンチョウ、州花：シャクヤク |
| 産業・産物 | 金属工業、自動車、とうもろこし、大豆、小麦 |
| 出来事・行事 | インディアナポリス500マイルレース（5月）、サーカス・シティ・フェスティバル（7月） |
| 施設・企業<br>大学・組織 | インディアナポリス・モーター・スピードウェイ、イーライリリー・アンド・カンパニー本社 |
| 出身者 | ジェームス・ディーン（俳優）、マイケル・ジャクソン（歌手）、ハーランド・サンダース（ケンタッキーFC創業者）、ジョン・デリンジャー（ギャング） |

人よりも牛の数が多いといわれる「アメリカの酪農国」

# ウィスコンシン州 Wisconsin

| | |
|---|---|
| 人口 | 5,363,675人 |
| 面積 | 169,639km² |
| 略称(郵便略称) | Wis.(WI) |
| 合衆国加盟 | 1848年5月29日 |
| 州都 | マディソン |

## ■「未確認生物」の目撃例が跡を絶たない

ウィスコンシン州は、陸地の約四五パーセントが深い森林で覆われた緑豊かな州である。かつて日本で人気を博したテレビドラマ『大草原の小さな家』の舞台となった州でもあり、ドラマを見たことがある人ならば、その壮大な自然をイメージできるだろう。

州名の由来はインディアンの言葉で「水の集まる場所」からきており、その名が示すとおり北にスペリオル湖、東にミシガン湖、南にミシシッピ川と、州の三方を水に囲まれ、内陸部には州を東西に分断するようにウィスコンシン川が流れる。さらに州内には一万五〇〇〇個以上もの湖が点在し、陸地の約一七パーセントが川や湖で占められている。つまり、ウィスコンシン州の六〇パーセント以上は森林や川、湖なのである。

ドイツ系移民によってもたらされたビールの醸造技術により、ウィスコンシン州最大都市ミルウォーキーは、世界有数のビール生産地となった。　Photo:アフロ

このように水と緑に恵まれたウィスコンシン州には、アウトドアスポーツのメッカとして一年を通じて多くの人が訪れる。また『大草原の小さな家』の原作者ローラ・インガルス・ワイルダーの育った丸太小屋が州南西部のペピンに再現され、人気の観光スポットとなっている。

秘境じみた場所が多く存在する同州では、未確認生物（UMA）の目撃例が跡を絶たない。なかでも有名なのが、数ある湖のひとつ「ロック湖」に棲息するといわれる「ロッキー」。ネス湖のネッシーに似た生物で、体長は約一〇メートルもあるそうだ。ほかにも狼と熊を掛け合わせたような生物や、「ジャギー」と呼ばれる赤く光る目を持つ獣人などの目撃情報が報告されている。

## ■収穫される牛乳は年間一〇〇億リットル！

湖が多いことから「湖の国」とも呼ばれるウィスコンシン州だが、ほかにも多くの俗称を持つことで知られる。最も有名なものは、ナンバープレートにも刻まれている「アメリカの酪農国」だ。ウィスコンシン州は全米でも指折りの酪農州であり、州を象徴する家畜、飲料にはそれぞれ乳牛と牛乳が選ばれている。

さらに、同州の二五セント硬貨には牛とチーズ、とうもろこしが描かれ、毎年十月には州都マディソンで世界酪農エキスポが開催される。また、ウィスコンシン大学は酪農研究の分野で全米トップクラスである。

このような背景もあって、ウィスコンシン州では人よりも牛の数の方が多いとさえいわれるが、実際は人口約五三六万人に対して乳牛数は約二〇〇万頭であり、人口の方がはるかに多い。しかしそれでも、乳牛の数は全米トップを誇り、収穫される牛乳は年間一〇〇億リットルを超える（二〇〇五年時点）。

また、ほかの俗称には「アナグマ州」というものがある。これは一八二〇年代に南西部で鉛鉱山が発見され、各地から採掘のために集まった採鉱夫たちがアナグマのように山腹に穴を掘って住んだことに由来し、州を象徴する動物にもアナグマが選ばれている。ちなみに同州では鉛だけでなく、銅や石炭、砂《さ》礫《れき》などの鉱物資源も豊富で、「銅の州」という愛称もつけられている。

こうした俗称のイメージが先行するあまり、農畜産業や鉱業、観光業に支えられた州と思われるかもしれないが、実際のところは工業の生産高がそれらを上回っている。特に州内に広がる森林資源を活用した製材、製紙、パルプ産業は全米有数の規模を誇り、農畜産業に関連して、食品加工や農業機械の生産も活発だ。

日本企業としては、キッコーマンが一九七三年にウォルワースに工場を設立し、全米進出の足がかりとした。キッコーマンはしょうゆの原材料、包装材、労働力などのすべてを現地でまかなう、「地域社会との融合」をモットーとした営業方針で成功を収め、現在ではこの工場から全米各地へしょうゆが発送されている。

## ■ドイツ系移民によって生まれた「ビールの町」

ウィスコンシン地方には十七世紀後半にフランスが植民地を構え、原住民族との毛皮取引を行っていたが、アメリカ領となってからしばらくののち、酪農へと主産業の転換を図った。これにより現在の酪農王国が築かれることとなったのだが、その契機はデンマークなどの北欧諸国やドイツから多くの移民が押し寄せ、この地に酪農技術を伝えたことにある。

現在でもウィスコンシン州の人種的内訳は白人が約八七パーセントと大多数を占め、なかでもドイツ系民族は全体の約四三パーセントにのぼる。

彼らドイツ系移民によってもたらされたものは酪農技術だけでなく、ドイツの代名詞といえるビールの醸造技術も持ち込まれた。このような背景があり、ウィスコンシン州最大の都市ミルウォーキーは世界有数のビール生産地として知られ、ビール生産量全米第二位のシュリッツ、全米第三位のミラー、全米第四位のパブストなど大手ビールメーカーが周辺に軒《のき》を連ねる。

ちなみに一九五八年、サッポロビールが流したCMのキャッチフレーズ「ミュンヘン・札幌・ミルウォーキー」のミルウォーキーとは同市のことである。このCM

でサッポロビールはドイツ、アメリカと肩を並べる「ビールの本場の味」を強調したかったという。

またドイツは社会保障制度の先進国としても知られているが、一九〇七年、ウィスコンシン州はほかの州に先駆けて社会保障制度を導入している。

一九三五年に連邦政府による社会保障法が制定されるころには、「盲人に対する年金支給」「孤児に対する養育資金支給」「老人への生活保護資金支給」「失業者への生活資金支給」などの制度がウィスコンシン州ではすでに行われていた。

さらに一九九六年に連邦政府によって実施された福祉改革も、ウィスコンシン州で先だって施行された福祉改革がモデルとなっている。

| | |
|---|---|
| モットー | 前進 |
| ニックネーム | アナグマ州、アメリカの酪農国、銅の州、湖の国 |
| シンボル | 州鳥：コマツグミ、州花：ウッドバイオレット |
| 産業・産物 | 製紙・製材業、酪農、とうもろこし、豆類、ビート |
| 出来事・行事 | ミルウォーキー鉄道開通（1851年）、<br>オシュコシュ航空・自家用飛行機大会（7月） |
| 施設・企業<br>大学・組織 | ウィスコンシン大学、ハーレーダビッドソン本社、<br>ミラービール本社 |
| 出身者 | レス・ポール（ギタリスト）、ローラ・インガルス・ワイルダー（作家）、ジョセフ・マッカーシー（政治家）、スペンサー・トレイシー（俳優） |

# オハイオ州

エジソン、ライト兄弟など有名人を数多く輩出

Ohio

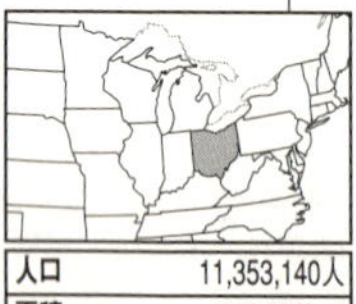

| 人口 | 11,353,140人 |
|---|---|
| 面積 | 116,096km² |
| 略称(郵便略称) | Ohio(OH) |
| 合衆国加盟 | 1803年3月1日 |
| 州都 | コロンバス |

## ■水上交通網の発展とともに一大工業都市へ

五大湖のひとつであるエリー湖の南に広がるオハイオ州は、インディアンの言葉で「偉大な川」を意味する州である。その名が示すとおり、南部の州境にはミシシッピ川へと注ぎ込む広大なオハイオ川が流れ、古くから水上交通の要所を担ってきた。

一八二五年、エリー湖とオンタリオ湖の間に運河が開通し、さらに一八三二年、オハイオ川がエリー湖と結ばれると、ミシシッピ川―オハイオ川―エリー湖―オンタリオ湖と、メキシコ湾から五大湖までの水路が形成されて、水上交通網が急速に発展する。やがて、水路につながる鉄道網も整備され、オハイオ州の人口は劇的に増加。一八〇〇年には約四万五〇〇〇人しかいなかった州人口が、一九〇〇年には約四二〇万人と一〇〇倍近くになったのである。

シンシナティには、奴隷解放運動を行った組織「地下鉄道」が奴隷の逃亡を手助けする際に使用した隠れ家などが史跡として残されている。 Photo:アフロ

交通網の整備や人口の増加によって工業生産の基盤ができあがると、それまで農業が主流だったオハイオ州は工業州へと変貌を遂げる。南北戦争の終戦から十年が経過するころには工業収入が農業収入を上回るようになり、現在ではアメリカを代表する工業地域として名を馳せている。

同州の工業の中心となるのは、南西部のシンシナティを中心とした自動車産業だが、中央部コロンバスの飛行機部品、北西部トレドのガラス生産、北東部クリーブランドの石油精製およびアクロンのタイヤ生産、西部デイトンのプラスチックとゴム製品およびデルフォスの製紙業……といったように、州全体で多種多様な工業生産が見られるのも特徴的だ。

ちなみにクリーブランドには、ロックフェラー財団で知られるジョン・ロックフェラーが一八七〇年に石油会社を設立。ここで得た巨額の利益をもとにして、慈善活動に乗り出している。

## ■「奴隷解放運動」に力を注いできた歴史

オハイオ川は水上交通の要所としてだけでなく、南北戦争以前は南部の奴隷州と北部の自由州を分ける境界線としての役割も果たしていた。そのためオハイオ川の北部に位置するイリノイ州、インディアナ州、オハイオ州には、南部から北部へ川を渡って逃げ出してくる黒人も多かったようだ。こうした背景もあってオハイオ州では古くから奴隷制度の廃止が訴えられており、一八三三年に創設されたオベリン大学は当初から黒人の入学が認められていた。

またオハイオ川周辺には「地下鉄道（アンダーグラウンド・レイルロード）」と呼ばれる組織がつくられ、黒人を奴隷制度のないカナダへ逃亡させるための手助けを行っていた。なかでもシンシナティはその拠点といえる都市で、現在も逃走ルートや隠れ家の一部が史跡として残されている。当時、地下鉄道によって救われた黒人は六万人にものぼるという。

ちなみに地下鉄道の組織はクェーカー教徒を中心に構成されており、オハイオ州のモットーである「神と共なれば、何事も可能」は、黒人解放に尽力した彼らの信念を表したものといえる。

南北戦争においても、オハイオ州は直接の戦闘地域にはなっていないものの、三〇万人以上のオハイオ州民が奴隷解放を目指して戦いに参加。ウィリアム・シャーマン（のちのアメリカ合衆国陸軍総司令官）をはじめとするオハイオ州出身者の活躍は、北軍を勝利へ導く大きな要因になったといわれている。

黒人奴隷制度の話といえば小説『アンクル・トムの小屋』が有名だが、作者のハリエット・ストーは一時期シンシナティで暮らしていたことがあり、ここでの生活が彼女の作品に少なからず影響を与えたと思われる。また『青い眼が欲しい』や『ビラヴド』などの小説をとおして人種問題に痛烈なメッセージを投げかけ、アメリカの黒人女性で初となるノーベル賞（文学賞）を受賞した作家トニ・モリスンもオハイオ州ロレインの生まれだ。

## ■桜美林大学の名前の由来は、同州のオベリン大学

オハイオ州は発明家や政治家など、優れた人物を数多く輩出した州でもある。蓄音機や白熱電球の発明者トーマス・エジソン、飛行機の発明者ライト兄弟のオービル・ライト、『ET』『インディ・ジョーンズ』などの名作を生み出した映画監督スティーブン・スピルバーグ、人類初の月面着陸に成功した宇宙飛行士ニール・アームストロング、ゴルフの帝王ジャック・ニクラウスらはこの州の出身だ。

また第一八代ユリシーズ・グラントを皮切りに、第一九代ラザフォード・ヘイズ、第二〇代ジェームズ・ガーフィールド、第二三代ベンジャミン・ハリソン、第二五代ウィリアム・マッキンレー、第二七代ウィリアム・タフト、第二九代ウォレン・ハーディングと、七人もの大統領がオハイオ州から誕生した。これはバージニア州に次いで多く、同州は「大統領の母の州」とも称される。

このような背景もあってか、オハイオ州は教育に力を入れており、州内には多く

の大学がある。なかでも州都コロンバスにあるオハイオ州立大学では毎年一二五ヶ国以上もの国々から留学生が訪れ、大学全体で五万人以上もの生徒が学ぶ。

当初は農業大学としてスタートした同大学だが、現在ではビジネス、教育学、人文学、自然科学、工学、社会科学など幅広い専門分野で高い評価を得ており、全米でも屈指の規模を誇る大学として名を馳せている。

ちなみに東京都町田市にある桜美林《おうびりん》大学は、同州のオベリン大学にちなんで名付けられている。オベリン大学は慈善活動で知られる牧師ジョン・オベリンの遺志を継いだ大学で、桜美林大学の創設者でもあり牧師の清水安三が、彼の生涯に感銘を受け命名したという。

| | |
|---|---|
| モットー | 神と共なれば、何事も可能 |
| ニックネーム | トチノキ州、大統領の母の州、学校と大学の地 |
| シンボル | 州鳥：ショウジョウコウカンチョウ、州花：赤のカーネーション |
| 産業・産物 | 運輸機器、金属、とうもろこし、冬小麦 |
| 出来事・行事 | グリーンビル協定（1795年）、デイトン航空フェア（7月）、フットボール最高の週末（7月） |
| 施設・企業<br>大学・組織 | サーペント・マウンド州立史跡、P&G本社、ウェンディーズ本社、クリーブランド管弦楽団 |
| 出身者 | トーマス・エジソン（発明家）、ニール・アームストロング（宇宙飛行士）、ピート・ローズ（MLB選手）、ライト兄弟（飛行機の発明家） |

自動車産業で栄えたふたつの半島からなる州

# ミシガン州

Michigan

| | |
|---|---|
| 人口 | 9,938,444人 |
| 面積 | 250,494km² |
| 略称(郵便略称) | Mich.(MI) |
| 合衆国加盟 | 1837年1月26日 |
| 州都 | ランシング |

## ■水上郵便局は、湖に囲まれた州独特の風景

ミシガン州は、「アッパー半島」と「ロウアー半島」のふたつの半島からなる州である。

アッパー半島はウィスコンシン州から東へ細長く延び、北側にスペリオル湖、南側にミシガン湖を望む。ロウアー半島はインディアナ州およびオハイオ州の北側にあり、西側はミシガン湖、東側はヒューロン湖とエリー湖に面している。ふたつの半島は同じ州に属しながらマキノー海峡によって隔てられており、以前はフェリーで横断するか、陸地を大幅に迂回していくしかなかったが、一九五七年に完成したマキノー橋によって結ばれ、ようやくひとつの州としての体裁が整ったといえる。

長らく離れていたこともあってか、ふたつの半島はそれぞれ異なる産業基盤を持っており、アッパー半島は美しい自然を背景とした観光業に力を入れている。一方、

湖に囲まれたミシガン州ならではの水上船の郵便局。昔も今も変わらぬ風景として存在している。
Photo:Time&Life Pictures/Getty Images/アフロ

最大都市デトロイトは自動車産業によって栄えたが、現在は不況の影響により治安の悪化が懸念されている。
Photo:Getty Images/アフロ

ロウアー半島は工業と農業が盛んであり、工業では自動車産業、農業ではとうもろこしが有名だ。また、デトロイトなど主要都市のほとんどがロウアー半島に集中し、人口も圧倒的に多い。

また州のニックネームである「五大湖州」は、五大湖のうちの四つと接することに由来し、州のナンバープレートにも刻まれている。四つの湖と接する水岸線（水面と陸地の境界線）は三五七〇キロメートルにもおよび、内陸部の州でありながら全米五〇州のなかで最も長い。

ちなみにミシガン州には、湖に囲まれた州独特の風景ともいえる水上（船）の郵便局が存在する。

## ■全米で一、二を争う犯罪都市デトロイト

州都はランシングだが、州内の最大都市はデトロイトである。よくも悪くも名前を耳にすることの多い町だ。デトロイトおよびその周辺地域は自動車工場が立ち並び、アメリカ自動車業界のビッグ・スリー「ゼネラル・モーターズ」「フォード・モーター」「クライスラー」、また過去には全米第四位の「アメリカン・モーターズ」（一九八七年、クライスラーによって買収）もここに本社を置いていた。

そのため、デトロイトは自動車の町として発展していったが、近年は自動車産業

の不況の影響もあって、ゼネラル・モーターズとクライスラーが破産法を相次いで申請するなど、かつての賑わいは影を潜めている。

不況とともに深刻化しているのが治安の悪化で、デトロイトは全米でも一、二を争う犯罪多発都市という一面がある。同市のスラム街は現地の人も恐れるほど治安が悪く、デトロイトを逃げ出して周辺の町で生活を始める人が跡を絶たない。

このような背景もあって、ミシガン州最大の都市ではあるものの、市内の人口は減少を続け、近年はピーク時の半数にも満たなくなっている。現在同市に残る人たちの多くは仕事にあぶれた黒人であり、州全体では約一四パーセントにすぎない黒人人口が、デトロイトに限ると八〇パーセント以上を占めている。

不況を招いた原因が日本車の米国進出にもよることから、日本人を毛嫌いする人も多く、タクシーさえも日本人とみるや乗車拒否することが少なくない。過去には日本人と間違われた中国系移民がバーで殺害される悲劇も起きている。

こうした治安悪化の裏側には、ミシガン州の司法制度も関係していると思われる。ミシガン州は一八四六年にアメリカで初めて死刑制度の廃止を決定しており、これは現在でも続けられている。そのため、たとえ殺人を犯しても死刑になることはなく、結果として凶悪犯罪の増加につながっている面があるようだ。

このように治安の悪さが目につくデトロイトだが、最近は再開発によって人口の減少に歯止めをかけ、もとの活気あふれる住みよい町にしようという試みが始まっている。その一貫としてデトロイトでは市民による自警団の結成や、清掃活動が活発に行われている。

デトロイトの中心部には再開発によって建てられた近代的なビルが並び、百二十年の歴史を持つデトロイト美術館や、アメリカの自動車の歴史がわかるヘンリー・フォード博物館も周辺に位置する。さらにプロ野球の名門デトロイト・タイガースをはじめ、多くのスポーツチームがこの地を本拠地としており、安全に気を配れば見所も非常に多い町である。

## ■「ミシガンターン」など一風変わった交通ルール

ミシガン州は自動車産業とともに発展してきた州ということもあってか、自動車や交通規則に関するトピックも多い。まず、デトロイトの自動車盗難率は全米トップだ（二〇〇六年度）。人口一〇万人あたり約二六〇〇人が被害に遭っており、これは全米平均の約六・五倍で、日本の約二六倍にものぼる。

交通ルールにも特徴的なものがあり、「ミシガンターン」と呼ばれる独特のルールが存在する。これは左折（日本でいう右折）による対向車との事故を防ぐためにつくられた規制で、この規制のある場所で左折するには、いったん右折し、その後専用のレーンで方向を変えるというやや面倒な方法をとらなくてはならない。

ほかにも、前方を走るスクールバスが赤点滅のサインを出している場合は、六メートルの間隔を空けて停止しなくてはならないルールもある。対向車でも、中央分離帯がない場合は、同様に停車する必要がある。これは乗り降りする児童の安全に配慮したもので、破った場合には百日以内の奉仕活動が命じられる。

こうして交通安全に気を配っている一方で、なぜかミシガン州には車検が存在しない。そのため、ボロボロの車が走っていることも珍しくないようだ。

ちなみにミシガン州は鹿との衝突事故が多い州としても有名で、二〇〇六年には六万件以上の事故が発生している。

| | |
|---|---|
| モットー | 楽しき半島を求むるならば、己の周囲を見回せ |
| ニックネーム | クズリの州、自動車州、五大湖州 |
| シンボル | 州鳥：コマツグミ、州花：リンゴ |
| 産業・産物 | 自動車、機械、化学製品、冬小麦、大豆 |
| 出来事・行事 | スー・セント・マリー運河開通（1855年）、自動車ショー（1月）、国際スキートーナメント（2月） |
| 施設・企業<br>大学・組織 | ゼネラル・モーターズ本社、クライスラー本社、フォード・モーター本社、ドミノ・ピザ本社、ケロッグ本社 |
| 出身者 | ヘンリー・フォード（フォード・モーター創業者）、ウィル・ケロッグ（ケロッグ創業者）、マドンナ（歌手）、ウィリアム・ヒューレット（実業家） |

地図で見るアメリカ

# アルコールMAP

## 飲酒大国の人気銘柄を厳選紹介!

世界一のビール醸造所数を誇る「アルコール大国」アメリカ。各地で愛飲される地ビールをはじめ、各国でもおなじみとなっているアルコールの生産地をピックアップしてみた。

**Beer ミラー**

生産地：ウィスコンシン州ミルウォーキー

1855年創業。米国三大ビールのなかで最も古い歴史を持つ。現在はSABミラー社の傘下に入り、本社は南アフリカ共和国にある。

**Beer サミュエル・アダムズ**

生産地：マサチューセッツ州ボストン

マイクロブルワリー（小規模醸造所）でつくられる東部の代表的な地ビール。アルコール度数は17.5度で、ワインのような甘味が特徴。

**Beer ブルックリン**

生産地：ニューヨーク州ニューヨーク

地ビール。禁酒法以前に東部でつくられていた味を再現した「ブルックリン・ラガー」は、香りが高く味わいも豊かで人気。

**Bourbon Whiskey ワイルド・ターキー アーリー・タイムズほか**

生産地：ケンタッキー州バーボン

アメリカを代表するウイスキーの産地「バーボン郡」でつくられるバーボン・ウイスキー。上記のほかにも「I・W・ハーパー」や「ジム・ビーム」など、日本でもおなじみの銘柄が多く存在する。

**Beer バドワイザー**

生産地：ミズーリ州セントルイス

米国三大ビールのひとつで販売量は世界一位。軽い口当たりで飲みやすく、「アメリカ＝ライト・ビール」のイメージを築いた。

**Tennessee Whiskey ジャック・ダニエル**

生産地：テネシー州リンチバーグ

同州でのみつくられるテネシー・ウイスキー。材料や蒸溜方法はバーボンと似ているが、蒸溜直後に燻蒸することで独特の香りがつく。

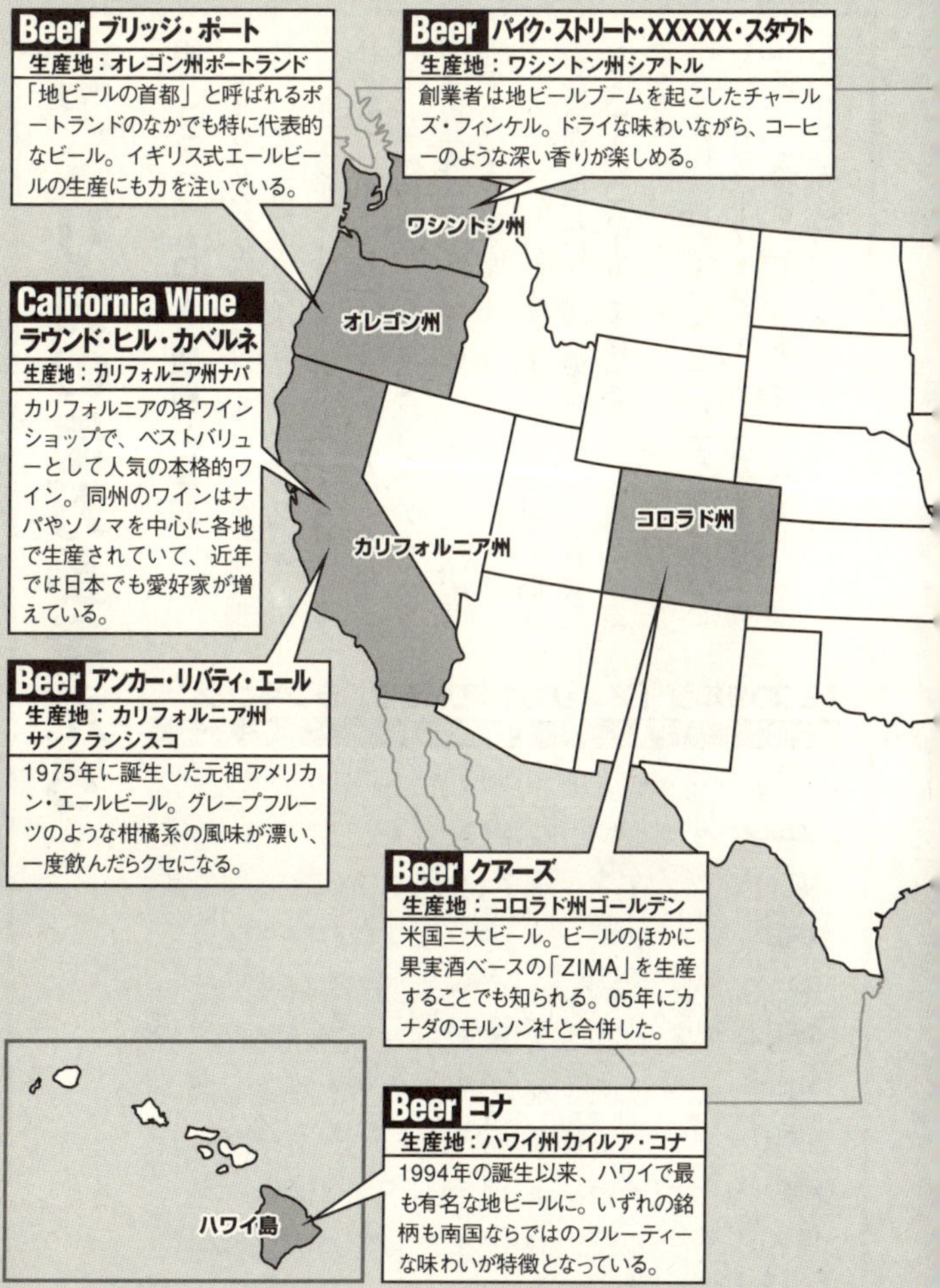


**Beer** **ブリッジ・ポート**

**生産地：オレゴン州ポートランド**

「地ビールの首都」と呼ばれるポートランドのなかでも特に代表的なビール。イギリス式エールビールの生産にも力を注いでいる。

**Beer** **パイク・ストリート・XXXXX・スタウト**

**生産地：ワシントン州シアトル**

創業者は地ビールブームを起こしたチャールズ・フィンケル。ドライな味わいながら、コーヒーのような深い香りが楽しめる。

**California Wine** **ラウンド・ヒル・カベルネ**

**生産地：カリフォルニア州ナパ**

カリフォルニアの各ワインショップで、ベストバリューとして人気の本格的ワイン。同州のワインはナパやソノマを中心に各地で生産されていて、近年では日本でも愛好家が増えている。

**Beer** **アンカー・リバティ・エール**

**生産地：カリフォルニア州サンフランシスコ**

1975年に誕生した元祖アメリカン・エールビール。グレープフルーツのような柑橘系の風味が漂い、一度飲んだらクセになる。

**Beer** **クアーズ**

**生産地：コロラド州ゴールデン**

米国三大ビール。ビールのほかに果実酒ベースの「ZIMA」を生産することでも知られる。05年にカナダのモルソン社と合併した。

**Beer** **コナ**

**生産地：ハワイ州カイルア・コナ**

1994年の誕生以来、ハワイで最も有名な地ビールに。いずれの銘柄も南国ならではのフルーティーな味わいが特徴となっている。

# アメリカの億万長者たち

## ■サブプライムローン問題で資産減?

世界有数の経済誌『フォーブス』が毎年発表している「世界の億万長者」ランキング。その二〇〇九年度版で一位となったのは、アメリカに本社を置くマイクロソフト会長のビル・ゲイツだ。以下、一〇〇位までの結果を見ると、アメリカからは計三九人がランクイン。もちろん、これは国別でトップの数字だ。

しかし、昨年に起きたサブプライムローン問題の影響か、例年に比べて億万長者たちの総資産が二〇〜四〇パーセントほど減少していたのが気にかかる。

ちなみに、日本人のトップはユニクロの経営で知られるファーストリテイリング会長兼社長・柳井正(一族含む)で、総資産は約六〇億ドルだった(世界七六位)。

### 2009年度「アメリカの億万長者」ランキング

| 順位(世界) | 名前 | 資産総額 | 備考 |
|---|---|---|---|
| 1位(1) | ビル・ゲイツ | 400億ドル | マイクロソフト会長 |
| 2位(2) | ウォーレン・バフェット | 370億ドル | バークシャー・ハサウェイCEO |
| 3位(4) | ラリー・エリソン | 225億ドル | オラクル・コーポレーションCEO |
| 4位(11) | ジム・ウォルトン | 178億ドル | ウォルマート創始者一族 |
| 5位(12) | アリス・ウォルトン | 176億ドル | ウォルマート創始者一族 |
| 5位(12) | クリスティ・ウォルトン | 176億ドル | ウォルマート創始者一族 |
| 5位(12) | S・ロブソン・ウォルトン | 176億ドル | ウォルマート創始者一族 |
| 8位(17) | マイケル・ブルームバーグ | 160億ドル | ブルームバーグ創始者 |
| 9位(19) | チャールズ・コーク | 140億ドル | コーク・インダストリーズ |
| 10位(19) | デイビッド・H・コーク | 140億ドル | コーク・インダストリーズ |

アメリカ『Forbes』誌調べ

# PART7

# 中西部　西北中央部地域

アメリカの中央部に位置するこの地域は、農業が主要な産業として発達し、「アメリカの穀倉庫」として国を支えている。平野部が多く、古き良きアメリカを思わせるのどかな田園風景が至るところで広がっている。

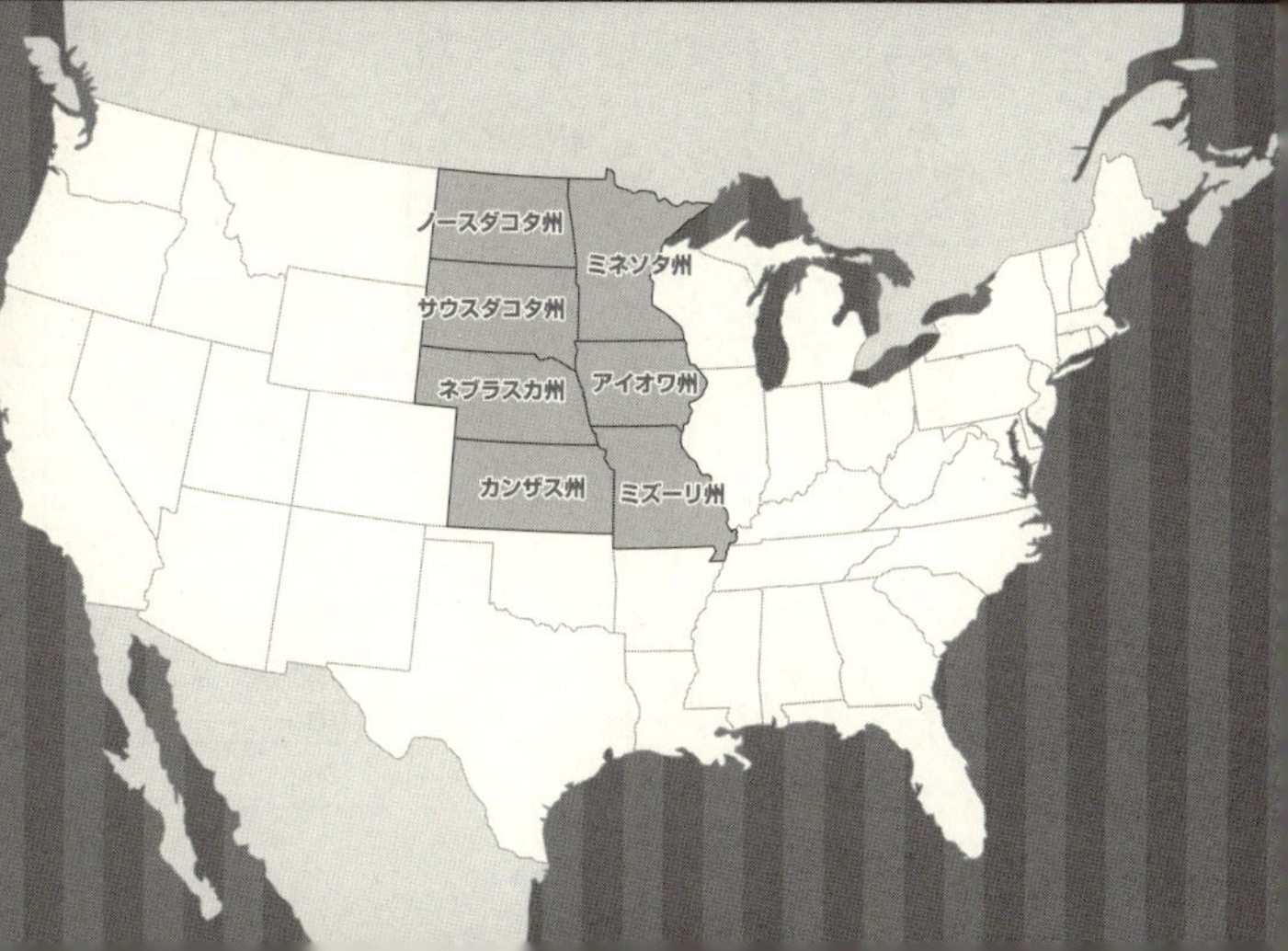

コーンベルトの中核を担う「アメリカの農業王国」

# アイオワ州

Iowa

| | |
|---|---|
| 人口 | 2,926,324人 |
| 面積 | 145,743km² |
| 略称(郵便略称) | Ia.(IA) |
| 合衆国加盟 | 1846年12月28日 |
| 州都 | デモイン |

## ■『マディソン郡の橋』の舞台となった壮大な田園風景

アイオワ州はアメリカの中央部に位置する州だが、目立って大きな都市も存在せず、名前だけを聞くと日本人にとってなじみの薄い州といえる。

しかし、同州はアメリカでも有数の農畜産州として知られ、栽培された作物や畜産物は日本をはじめとする世界各国へ輸出されている。そのため日本では「米国産」としか表示されないこれらの食品が、実は「アイオワ産」だったということも少なくない。

また、日本でアイオワ州を紹介する際によく引き合いに出されるのが、日本でも人気を博した映画『フィールド・オブ・ドリームス』や『マディソン郡の橋』の舞台となった州ということだ。

いずれの映画も、アイオワ州の特徴のひとつといえる壮大な畑や豊かな自然が作

『マディソン郡の橋』のモデルとなった屋根付きの橋は、アイオワ州の観光名所になっている。
Photo:アフロ

アメリカ最大、最古の農業博覧会である「アイオワ・ステート・フェア」。
Photo:ロイター/アフロ

中で描かれており、アイオワ州のイメージを広めるのに一役買っている。なお『フィールド・オブ・ドリームス』の撮影に使われた野球場や、『マディソン郡の橋』のモデルとなった屋根付き橋は、どちらも観光名所として残されている。

日本との関連でいうと、一八七二年に岩倉具視が率いる視察団がサンフランシスコからワシントンへ向かう途中にアイオワ州を通過している。このときの様子は彼らが記した旅行記『米欧回覧実記』にも描写されており、当時のアイオワ州の面影を知ることができる。

## ■州の愛称にもなった「ホークアイ」の部族

十七世紀には、およそ一七部族のインディアンがアイオワ地方に暮らしていたとされる。なかでも「ホークアイ」や「ブラックホーク」と呼ばれて恐れられた、鷹のような鋭い眼光を持つ部族は名高く、州の愛称にも「ホークアイの州」というものがある。彼らは一八三二年に起こった移民白人軍との戦争（ブラックホーク戦争）によって土地を追われてしまうが、アイオワ大学のスポーツチームの多くに「ホークアイ」の名がつけられるなど、依然として彼らの存在はアイオワ州の人々に強い影響を与えているようだ。

この戦争から間もなくしてアイオワ地方はアイオワ準州となり、一八四六年に二九番目の州として合衆国に加盟する。そして一八五四年には、現在まで続けられているアメリカ最大にして最古の農業博覧会「アイオワ・ステート・フェア」が初めて開催された。このことからも、アイオワ州は古くから農畜産業で発展してきたことがわかる。

一八六一年に勃発した南北戦争では、七万五〇〇〇人の州民が北軍として戦闘に参加。その結果、一万三〇〇〇人もの尊い命が失われた。

これはアイオワ州が「ルイジアナ買収」によって最初の自由州となったことを誇りに思い、奴隷解放のための戦争に志願したという建前もあるが、実際のところはミシシッピ川の水路を確保して、各地へ農畜産物の流通を促そうという思惑があったようだ。

## ■「農業の州」から「保険の州」への転換

前述したように、アイオワ州は広大な農地に覆われた自然豊かな州である。州全体がコーンベルトに含まれることもあって、産業の基盤は農畜産業だ。州土の九五パーセント以上が耕作され、州民の七五パーセントは農畜産業に関わっている。

主要産物であるとうもろこし、大豆の生産高は全米トップを誇り、それらを飼料として育てられた豚や鶏卵も全米第一位（二〇〇六年）。農畜産物の総輸出量も全米で上位に入っており、まさに農畜産業とともに歩んできた州といえる。

しかし、農畜産業に偏りすぎた経済からの脱却を図っているのか、州は一般企業に対して一部の税金を免除したり、事業を拡大する企業や新たに進出する企業に最大一〇〇万ドルまでの融資を行ったりするなど、企業誘致に積極的である。

このような努力もあってか、多くの企業がアイオワ州に集まり始めており、なかでも保険関連会社は九三社を数える。

これは前述の融資だけでなく、州の保険料税が一パーセントと非常に低いことも関係している。現在は生命保険や健康保険の分野で全米トップのシェアを狙う勢いで、「農業の州」だけでなく「保険の州」と呼ばれる日もそう遠くなさそうだ。

## ■全米最初の「党員集会」の開催地として

農畜産業からの転換といえば、エタノールの生産も忘れてはならない。

アメリカでは一九七八年にエネルギー税法が成立し、エタノールを一〇パーセント以上混合したガソリンに対しては連邦税が減税されることになった。同州ではこの法律制定をきっかけに、豊富なとうもろこしを原料としたエタノールの生産が本格的に行われ、現在生産量は全米トップにまで達している。二〇〇八年の原油価格高騰もあってエタノールの需要はさらに高まりをみせているが、そのためエタノール生産に必要な穀物の価格が高騰する事態を招いており、アイオワ州ではとうもろこしの代用に草木を原料とした次世代のバイオ燃料「セルロース・エタノール」への切り替えを進めている。

ちなみにアイオワ州は、ニューハンプシャー州と同様にアメリカ大統領選開幕の州としても有名で、全米最初の党員集会がこの地で開催されている。党員集会は今後の選挙戦を占う重要な指標であり、良い結果を得られなかった候補はここで辞退してしまうことも珍しくない。

最近では、現副大統領ジョセフ・バイデンがアイオワ州で惨敗し、撤退を余儀なくされた。逆に大統領に就任したバラク・オバマは、この地で勝利し勢いに乗ったのである。

| | |
|---|---|
| モットー | 我らは自由を尊び、権利を保持する |
| ニックネーム | ホークアイの州、とうもろこし州 |
| シンボル | 州鳥：オウゴンヒワ、州花：野バラ |
| 産業・産物 | タイヤ、農業機械、電気製品、とうもろこし、酪農 |
| 出来事・行事 | ドレーク大学スポーツ大会（4月）、ペラ・チューリップ祭（5月）、全米熱気球選手権（8月） |
| 施設・企業 大学・組織 | アイオワ大学、全米農業経営家連合本部 |
| 出身者 | ハーバート・フーバー（第31代大統領）、ノーマン・アーネスト・ボーローグ（農業学者）、ジョン・ウェイン（俳優）、ウォレス・カロザース（ナイロン発明者） |

広大な穀倉地帯が広がる「世界のパンかご」

# カンザス州

Kansas

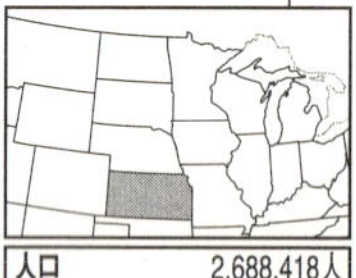

| | |
|---|---|
| 人口 | 2,688,418人 |
| 面積 | 213,096km² |
| 略称(郵便略称) | Kan.(KS) |
| 合衆国加盟 | 1861年1月29日 |
| 州都 | トピカ |

## ■「ゆく手を遮るものは放牧された牛くらい」

「アメリカのヘソ」とも呼ばれるカンザス州は、アラスカ州とハワイ州を除いた四八州のほぼ中央に位置する。州内には地平線を見渡せるほどの穀倉地帯が広がり、「ゆく手を遮るものは放牧された牛くらい」といわれるほど、のどかな州である。

東部と西部を結ぶユニオン・パシフィック鉄道とサンタフェ鉄道が通過する同州は、古くから牛の輸送拠点として発展を遂げてきた。南部のテキサスからカウボーイたちによって運ばれてきた牛は、ここで鉄道に乗せられ東部へと送られていったのだ。なお、道中でカウボーイたちが口ずさんだといわれる『峠の我が家』は、現在カンザス州の州歌となっている。

気候は湿潤大陸性気候に属し、夏は四〇度以上、冬は氷点下二〇度以下になることがあり、夏冬の寒暖差が大きい。春先から夏にかけては竜巻が発生しやすく、最

カンザス州は竜巻が発生しやすく、2007年に起きた竜巻では多くの死傷者が出た。
Photo:Newscom/アフロ

近では二〇〇七年五月に大規模な竜巻が発生し、多くの死傷者が出ている。

ちなみに、童話『オズの魔法使い』はカンザス州が舞台となっており、物語は主人公のドロシーが、竜巻によって家ごとオズの世界へ飛ばされるところからスタートする。

カンザス州は「小麦州」や「世界のパンかご」と称されるほど小麦の一大生産地として知られ、製パンや製粉の技術も高い。小麦の生産高は全米で一、二を争い、とうもろこしや大豆、干し草の生産も全米有数の規模を誇る。畜産も盛んで、多くの牛や豚が飼育されている。

州都はトピカだが、最大の都市はウィチタである。農畜産州のなかにあって同市は飛行機の町として名を馳せ、民間航空機の生産は全米でもトップクラス。軽飛行機やビジネス機のメーカーとして世界的に有名なセスナ社などが、この地に本社を構える。そのような背景もあってウィチタは「エア・キャピタル」の異名をとり、市内にあるカンザス航空博物館では、アメリカ空軍の練習を間近で見学することができる。

また「カンザス」といえばカンザスシティが有名だが、カンザスシティはカンザス州とミズーリ州の州境上にあり、近代的なビルの多くはミズーリ州側に集中している。そのため、カンザス州側の人口はそれほど多くはなく、一般的にもカンザスシティといえばミズーリ州側の都市を指す。

## ■南北戦争の契機となった「流血のカンザス」

のどかな風景からは想像もできないが、カンザス州には血塗られた歴史が存在する。南北戦争の前、自由州と奴隷州のどちらを支持するかでカンザス州はふたつに割れたのだ。州内ではふたつの派閥が激しい争いを繰り広げ、最終的に自由州を支持する側が勝利するが、「流血のカンザス」（一八五六年）と呼ばれるほど多くの人命が失われた。ほどなくして南北戦争に突入したことから、この争いが南北戦争のきっかけとなったとされている。

カンザス州は、全国に先駆けて「禁酒法」が施行された州としても有名だ。連邦政府による禁酒法の施行は一九二〇年から一九三三年だが、カンザス州では一八八一年から一九四八年まで禁酒が続けられた。禁酒法撤廃後も公共の場での飲酒はしばらく認められず、現在でも日曜日は酒の販売が禁止されている。

さらに歴史をさかのぼると、牛取引の盛んだったダッジシティが、牛泥棒やハンターのたまり場となり、娼婦があふれる無法地帯となっていた時期がある。このとき治安維持に活躍したのが、有名なワイアット・アープやバット・マスターソンらの保安官だ。

同市では今でも西部劇の舞台として撮影が行われ、毎年七月には当時の風俗を再現するイベント「ダッジシティ祭」が開催され賑わいを見せる。

| | |
|---|---|
| モットー | 困難を越えて星へ |
| ニックネーム | ヒマワリの州、小麦州、中央の州、自由の戦場 |
| シンボル | 州鳥：マキバドリ、州花：ヒマワリ |
| 産業・産物 | 小麦、とうもろこし、大豆、航空機 |
| 出来事・行事 | バッタ大量発生による農作物大被害（1874年）、パンケーキレース（2月）、スウェーデン祭（10月） |
| 施設・企業<br>大学・組織 | ローズテール・アーチ、カンザス航空博物館、セスナ・エアクラフト・カンパニー本社 |
| 出身者 | アメリア・エアハート（女性飛行士）、ウォルター・クライスラー（実業家）、ウォルター・ジョンソン（MLB選手）、ウィリアム・ホワイト（新聞発行者） |

インディアンとの激戦の傷跡が刻まれた地

# サウスダコタ州

South Dakota

| | |
|---|---|
| 人口 | 754,844人 |
| 面積 | 199,731km² |
| 略称(郵便略称) | S.D.(SD) |
| 合衆国加盟 | 1889年11月2日 |
| 州都 | ピア |

## ■土地の権利を巡る「スー族」との争い

サウスダコタ州の歴史は、インディアンとアメリカ政府の争いの歴史でもある。ミネソタ方面からやってきたアメリカ・インディアンのスー族が、同じアメリカ・インディアンの先住民族を追い出し、この地で生活を始めたのは一八二〇年ごろにさかのぼる。当初、政府はスー族の権利を尊重し、ミズーリ川より西側をインディアン居留地と定めていたが、一八七四年に居留地内のブラックヒルズで金鉱が発見されると、政府は軍を派遣してスー族追放へと動きだしたのだ。

「スー戦争」と呼ばれるこの戦いは、十数年にもわたって繰り広げられ、州南西部の町ウンデッド・ニーでは女性や子どもを含む一五〇人以上のスー族が虐殺されている（ウンデッド・ニーの虐殺）。戦争は政府に軍配があがり、スー族は政府の定めた複数の居留地へと追いやられた。

ワシントンなど、4人の大統領の顔が彫られた岩山が有名なラシュモア山国立記念公園。
Photo:アフロ

それから半世紀以上が経過して、インディアンの権利闘争が活発化してくると、ウンデッド・ニーはその拠点となった。さらに一九七三年にはアメリカ・インディアンによってつくられた組織が、「スー国家」の独立を宣言し武装蜂起している。

現在、サウスダコタ州には九つのインディアン居留地があり、多くのアメリカ・インディアンが暮らしている。しかし、土地の権利を巡った争いはいまだに解決していない。

一時期はインディアンを追い出し、「大ダコタ・ブーム」と呼ばれるゴールドラッシュに沸いたサウスダコタ州だが、現在は鉱山が閉鎖され、当時つくられた多くの町がゴーストタウンとなっている。このような背景もあって、同州は人口密度の低い州として知られており、今では「人と会わないのが魅力」とさえ揶揄《やゆ》される。しかし南西部のラピッドシティを中心に観光資源は多く、州人口の何倍もの観光客が毎年この地を訪れている。

## ■観光の目玉は、岩肌に彫られた四人の大統領

そんなサウスダコタ州の観光の目玉は、ブラックヒルズの「ラシュモア山国立記念公園」だ。ラシュモア山と聞いてピンとこなくても、岩肌に彫られた四人の大統領（ワシントン、ジェファーソン、ルーズベルト、リンカーン）の顔は見たことがあるだろう。これらの彫刻は十四年の歳月をかけてつくられた州のシンボルであり、その大きさは額からあごまで約一八メートルにもおよぶ。

現在、近くの山には、インディアンたちの働きかけによって、スー戦争で数々の戦果を挙げた伝説的戦士クレイジー・ホースの彫刻が制作されている。現時点ではまだ顔の部分しか完成していないが、完成時には高さ一七〇メートル、幅一九五メートルと、ラシュモア山の彫刻をはるかに上回る大きさとなる予定だ。

このような観光産業で栄えるサウスダコタ州だが、観光地はおもに州西部に集中しており、ミズーリ川を挟んだ東部は肥沃な土地を生かした農畜が主要産業である。サウスダコタ州は降水量が少なく、決して農業に最適な気候とはいえないが、それ

を補う灌漑《かんがい》技術が発達。多くの灌漑用の井戸が掘られ、「掘り抜き井戸の州」という愛称もつけられている。

愛称といえば、サウスダコタ州は過去にコヨーテが多くいたことから「コヨーテの州」や、ノースダコタ州と同時に合衆国へ加盟したことから「双子の州」とも呼ばれる。ちなみに、ノースダコタ州の愛称はコヨーテではなく「シマリス」だ。

また、サウスダコタ州はよく映画のロケ地に使われる。ラシュモア山は『北北西に進路を取れ』のクライマックスシーンに登場。西部時代の町並みが再現されたデッドウッド周辺は、『ダンス・ウィズ・ウルブズ』のエンディングの舞台となった。

| | |
|---|---|
| モットー | 神のもとで人が統治する |
| ニックネーム | コヨーテの州、サンシャイン州 |
| シンボル | 州鳥：コウライキジ、州花：アメリカオキナグサ |
| 産業・産物 | 石・陶器・ガラス製品、大麦、飼料 |
| 出来事・行事 | 金鉱発見（1874年）、大洪水発生（1972年）、とうもろこし宮殿祭 |
| 施設・企業<br>大学・組織 | ウインドケーブ国立公園、マウントラシュモア国定記念物、クレイジー・ホース・メモリアル |
| 出身者 | クレイジー・ホース（スー族戦士）、シッティング・ブル（スー族指導者）、アーネスト・オーランド・ローレンス（物理学者） |

# ネブラスカ州

西部開拓の先駆けとなった「牛肉の州」

Nebraska

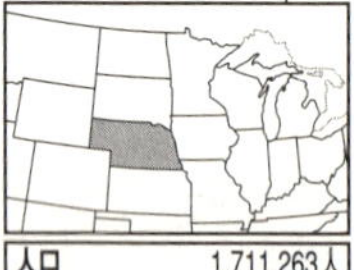

| | |
|---|---|
| 人口 | 1,711,263人 |
| 面積 | 200,345km² |
| 略称(郵便略称) | Neb.(NE) |
| 合衆国加盟 | 1867年3月1日 |
| 州都 | リンカーン |

## ■世界をまたにかける高級ブランド「オマハ牛」

ネブラスカ州は州の東部が大陸性気候に、西部がステップ気候に属する降水量の少ない州である。年間降水量は東部で約七〇〇～八〇〇ミリ、西部に至っては五〇〇ミリにも満たず、これは日本の年間降水量（約一四〇〇ミリ）の半分にも届かない。そのため古くから灌《かん》漑《がい》農業の研究が重ねられ、今では灌漑技術に支えられた農業地帯が東部を中心に広がっている。

この農業地帯では、おもにとうもろこしの栽培や牛の牧畜が行われ、いずれの生産量も全米でトップを争う。そのため同州には、「コーンハスカー（とうもろこしの皮むき）州」や「牛肉の州」などの愛称がある。

州の経済基盤である農業が東部を中心としていることもあり、人口も東部に集中。州都リンカーン、最大都市オマハ周辺には州人口の約三八パーセントが暮らしてい

州東部のオマハは交通の要所。ユニオン・パシフィック鉄道もここを起点にする。
Photo:アフロ

る。

　州の東端にあるオマハは、古くから交通の要所として栄えてきた。一八六二年には、アメリカ初の大陸横断鉄道の一部となったユニオン・パシフィック鉄道がオマハで起工し、ここから西部への鉄道敷設が始まっている。

　優れた交通網は、様々な商品の流通を促す。精肉業で全米最大規模を誇るオマハが生んだ高級ブランド「オマハ牛」は、アメリカのみならず世界各地に運ばれている。

　近年ではバイオ産業の発達もめざましく、オマハ周辺にはバイオ技術の研究施設が立ち並んでいる。ネブラスカ州ではバイオ技術を研究する大学と民間企業が協力態勢をとっており、これがバイオ産業の急激な成長を促した。共同研究から生み出された技術は医学分野で高い評価を得ており、さらに食品加工業や農業関連分野への応用研究も進められている。

ちなみに、オマハは多くの著名人を輩出している。無選挙でアメリカ大統領にのぼり詰めたジェラルド・フォード、黒人解放運動の指導者マルコムX、『黄昏』でアカデミー賞主演男優賞を受賞した俳優ヘンリー・フォンダ、『欲望という名の電車』『ゴッドファーザー』『地獄の黙示録』などに出演した俳優マーロン・ブランドらはいずれもオマハ出身だ。

## ■「州の命運」を左右したふたつの法律

ネブラスカ州では、連邦政府の政策によって過去二度にわたり州の方向性が左右されている。

ひとつ目は一八五四年の「カンザス・ネブラスカ法」の施行だ。これはミズーリ川より西の地域にカンザス、ネブラスカの準州を置き、自由州と奴隷州のいずれの道を歩むか、住民の意志に任せようという法律である。これによりカンザス州の項目でも述べたが（二一二ページ）、奴隷制推進派と反対派の武力衝突が発生。南北戦争へ向かうきっかけになったといわれている。

そしてもうひとつが、一八六二年に実施された「ホームステッド法」である。これは二十一歳以上ならば誰でも、アメリカ西部の未開拓地を「開墾と五年以上の居住」を条件に無料で提供するという法律で、これを機に多くの開拓者がネブラスカ州をはじめとする西部の地へ移り住んだのだ。

ちなみに、最近ある州法が話題を呼んだ。二〇〇八年七月、ネブラスカ州ではアメリカの州としては最も遅く、「育てられない子どもを医療機関が受け入れる制度」が施行された。

日本でいう「赤ちゃんポスト」であるが、法律内に年齢制限を忘れたため、十七歳を筆頭に十代の少年少女が殺到したのだ。すぐさま法改正が行われ、同年十一月に生後三十日までという規制が設けられたのだった。

| | |
|---|---|
| モットー | 法の前での平等 |
| ニックネーム | コーンハスカーの州、牛肉の州、植樹者の州 |
| シンボル | 州鳥：マキバドリ、州花：アキノキリンソウ |
| 産業・産物 | 輸送業、牛肉、とうもろこし、大豆、小麦 |
| 出来事・行事 | 植樹祭（4月）、ドイツ伝統文化記念祭（5月）、大学野球ワールドシリーズ（6月）、インディアン部族会議（7月） |
| 施設・企業<br>大学・組織 | ヘンリー・ドゥーリー動物園、ユニオン・パシフィック鉄道本社、オマハステーキ本社 |
| 出身者 | ジェラルド・フォード（第38代大統領）、マルコムX（黒人活動家）、ヘンリー・フォンダ（俳優）、エリオット・スミス（ロック歌手、ギタリスト） |

# ノースダコタ州
North Dakota

極寒の地に暮らす「平和を願う人々」

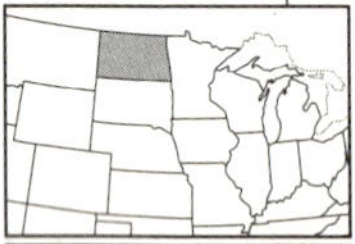

| | |
|---|---|
| 人口 | 642,200人 |
| 面積 | 183,112km² |
| 略称（郵便略称） | N.D.（ND） |
| 合衆国加盟 | 1889年11月2日 |
| 州都 | ビスマーク |

## ■冬夏の気温差が一〇〇度を記録！

ノースダコタ州は北米大陸の中心にあり、東の大西洋、西の太平洋、南のメキシコ湾、北の北極海からおおよそ二五〇〇キロの距離に位置する。

緯度的に北海道よりも北側に位置し、冬の寒波が厳しく、一月の平均気温は零下一四度しかない。一九三六年二月十五日には、パーシャルで州の最低気温零下五一度を記録した。一方、夏は稀に常軌を逸した暑さとなり、一九三六年七月六日にスティールで最高気温四九度が観測された。つまりこの年は、冬と夏で一〇〇度もの気温差があったわけだ。

こうした過酷な環境は人を寄せつけず、人口は全米第四七位の約六四万人だ。またほとんどの州で毎年人口が増加するなか、一九二〇年以降、人口に大きな変動がないのも環境によるところが大きいのだろう。最大都市ファーゴですら人口は約九

ノースダコタ州では寒さに強いデュラム小麦が栽培され、世界中に輸出されている。
Photo:アフロ

万人しかおらず、州内に一〇万人以上が生活する都市は存在していない。このような環境下へ進出するのは尻込みするのか、同州は珍しく日本企業が進出していない州でもある。

ちなみに、同州にあるJ・クラーク・サリヤー国立野生動物保護区はアメリカ最大の渡り鳥の繁殖地として有名だ。また州内には野生のリスが数多く棲息することから、「シマリスの州」とも呼ばれている。

また、州名の「ダコタ」は、アメリカ・インディアンであるスー族の言葉で「盟友」を意味している。州の南側にはサウスダコタ州があるが、同じ「ダコタ」の名を持つことになったのは、かつて同じ地域に住んでいたインディアンたちが、「たとえ別れて暮らすことになっても友人でいよう」という願いを込めて名付けたためといわれている。

このように州民の平和を祈る気持ちは、州のナンバープレートに「平和な庭園の州」という文字が刻まれていることからもわかる。

## ■ドイツ系民族が半数近く占める州都ビスマーク

州都のビスマークは、ドイツの名宰相「ビスマルク」の名に由来する。

ノースダコタ州は厳しい気候のせいもあって、一八七〇年ごろの人口はわずか二〇〇〇人ほどであった。そのため一八七三年から本格的な都市づくりが開始された際に、ドイツからの資本や移民を広く受け入れようとこの名が命名されたのだ。そのような背景もあってか、現在でも人口の約四四パーセントがドイツ系民族で占められている。

ドイツ系民族に次いで多いのはノルウェー系民族の約三〇パーセント、アイルランド系民族の約八パーセント、スウェーデン系民族の約五パーセントと、同じ寒冷地である北欧からの移入者が多い。

州の経済は農業に大きく依存しており、おもに寒さに強い小麦（デュラム小麦）が栽培されている。収穫された小麦は世界各地へ輸出されているが、一九八〇年代初頭の冷戦時代には、ソ連（ロシア）との穀物取引が規制されて経済的に大きな痛手を受けた。

また、同州は石炭や石油、天然ガスの採掘地としても知られ、鉱業は農業に次ぐ重要な位置を占めている。最近では食品加工や農機器工業にも力を入れており、不安定な農業に頼った経済からの脱却を図っている。

教育面ではグランドフォークスにあるノースダコタ大学航空宇宙学部が、パイロット養成の名門校として広く知られている。同校は神奈川県にある東海大学と留学協定を結んでおり、東海大学には、日本の大学では唯一のパイロット養成コース（工業学部航空宇宙学科航空操縦学専攻）が設置されている。

| | |
|---|---|
| モットー | 自由と団結、今と永遠に、ひとつとして分かつことなし |
| ニックネーム | 平和な庭園の州、鮮やかな地平線の州 |
| シンボル | 州鳥：マキバドリ、州花：ワイルドプレーリーローズ |
| 産業・産物 | 農機具製造、春小麦、デュラム小麦、ハダカ麦 |
| 出来事・行事 | 大統領予備選挙制度導入（1912年）、カントリー・ウェスタン・ジャンボリー（3月）、部族連合祭（9月） |
| 施設・企業<br>大学・組織 | ノースダコタ・ヘリテージセンター、<br>セオドア・ルーズベルト国立記念公園、ギャリソンダム |
| 出身者 | マクスウェル・アンダーソン（劇作家）、ペギー・リー（歌手）、ロジャー・マリス（MLB選手）、ローレンス・ウェルク（作曲家） |

開拓者の一大拠点となった「西部の母」の州

# ミズーリ州

Missouri

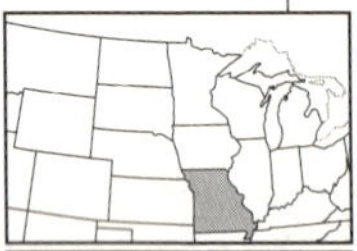

| | |
|---|---|
| 人口 | 5,595,211人 |
| 面積 | 180,533km² |
| 略称(郵便略称) | Mo.(MO) |
| 合衆国加盟 | 1821年8月10日 |
| 州都 | ジェファーソンシティ |

## ■鉱物資源が豊富な「西部のペンシルバニア」

ミズーリ州では古くからミズーリ川流域の肥沃な土地を利用した農業が盛んで、とうもろこしや大豆、小麦などが栽培されてきた。州を代表する都市セントルイスには、とうもろこしと大豆の生産者団体「全米とうもろこし生産協会（ＮＣＧＡ）」および「アメリカ大豆協会（ＡＳＡ）」の本部が置かれ、かの有名な農薬、種子販売会社モンサント社も本社を構えている。

モンサント社といえば、ベトナム戦争で使用された「枯葉剤」を開発した会社として悪名高い。しかし、現在は除草剤に耐性を持つ、遺伝子組み換え作物の技術で世界をリードしており、開発された遺伝子組み換え作物は世界各地で栽培されている。安全性の問題を指摘する声も一部にあるようだが、資源や工業技術を持たない国にとってこうした作物は財政を安定させるために欠かせなくなっており、発展途

セントルイスにある約189メートルのゲート・ウェイ・アーチは、ルイジアナ買収を決めたジェファーソン大統領と市の歴史を記念して1965年につくられた。　Photo:アフロ

上国を中心にその作付面積は年々増加し続けている。

ミズーリ州は鉱物資源にも富み、全米第一位の産出量を誇る鉛をはじめ、亜鉛、セメント、銀、天然ガス、石油、石炭などが採掘されている。このことから「鉱山の州」や「西部のペンシルバニア」などと称されている。またその昔、鉱山夫として「ピューク」と呼ばれる荒くれ者の男たちが集まっていたことから、「ピュークの州」というやや軽蔑的な俗称もつけられている。

## ■アメリカの人口分布の中心部に位置する

近年では外国企業の進出もあって工業の発展がめざましく、運輸機器や食品加工、自動車、電器製品、薬品、印刷、航空宇宙産業など工業の多様化を見せている。世界二三ヶ国、二〇〇社以上の外国企業が軒《のき》を連ね、そのなかには日本企業も数多く含まれる。

こうした外国企業が多い理由のひとつに、ミズーリ州の地理的特徴がある。ミズーリ州はアメリカの人口分布の中心部に位置し、ミズーリ州から半径八〇〇キロ以内にアメリカ人口のおよそ半数が生活しているのだ。そのため交通網が発達し、労働力を得るのもたやすい。

また気候は大陸湿潤気候に属し、気象の変化が激しいものの、冬でも大きく冷え込むことが少ないのも企業に好まれる要因といえる。

ミズーリ州の州都ジェファーソンシティは州の中央に位置するが、州を代表する都市は東端のセントルイスと西端のカンザスシティであり、この二大都市周辺に州人口の六〇パーセント以上が暮らしている。

一七三五年、ミズーリ地域にフランス人が初めて町を建設した。その後、一度スペインの手に渡り、再びフランスの領土となるが、一八〇三年のルイジアナ買収によってアメリカ領に編入された。これを機にセントルイスは「アメリカ最西の町」から「アメリカ中央部の町」となり、開拓者たちの拠点となったのだ。

多くの人々がセントルイスから西部へと旅立っていったことから、ミズーリ州は「西部の母」と呼ばれ、セントルイスは「西部諸州への出入り口」と称される。また、一九〇四年にはルイジアナ買収から百年を記念して、セントルイスでアメリカ初の万国博覧会とオリンピックが開催されている。ちなみに、このときの万国博覧会でコーンに乗ったアイスクリームが世界で初めて売り出され、各地へと広まったようだ。

セントルイスにはプロ野球チーム「セントルイス・カージナルス」が本拠地を構える。カージナルスは日本人の田口壮《そう》選手が在籍していたことでも知られる強豪チームで、過去には、世界一の販売量を誇るバドワイザー・ビールを製造するアンハイザー・ブッシュ社がオーナーを務めていたこともある。

## ■「ドーナツ化現象」に悩まされる州都

そんなセントルイスの「頭痛の種」といえるのが、多発する犯罪である。セントルイスは全米でも有数の犯罪都市に数えられ、治安の悪化が大きな問題となっているのだ。そのためセントルイスから治安の良い周辺都市へ移り住む人々が続出しており、最大都市でありながら「ドーナツ化現象」が顕著である。

もうひとつの大都市カンザスシティは、カンザス川とミズーリ川の合流地点にあり、対岸の同名都市カンザスシティ（カンザス州）と双子都市を形成する。今でこそふたつの都市は互いに協力しながら発展しているが、南北戦争以前、ミズーリ州は奴隷州であったために、奴隷制反対を唱えるカンザス州の住民と州境でしばしば争いがあった。

さらに歴史をさかのぼると、カンザスシティにはバッファローの毛皮取引所があり、西部開拓時代には取引の中継地として重要な役割を担っていた。バッファロー狩りが最も盛んだったころには、ミズーリ州全体で年間六万七〇〇〇頭以上ものバッファローが殺されたという。

州出身の著名人には、第三三代大統領ハリー・S・トルーマンが挙げられる。トルーマンは第二次世界大戦末期に大統領に就任した人物で、広島、長崎への原爆投下を承認した人物として知られる。日本の無条件降伏の調印は戦艦「ミズーリ」で行われたが、これは彼がミズーリ州出身だったことに起因している。

また『トム・ソーヤの冒険』で有名な小説家マーク・トウェインも、この州の出身だ。作中に登場する架空都市は、彼が幼少期を過ごしたミシシッピ川岸の町「ハンニバル」がモデルとされている。

そのためハンニバルはマーク・トウェイン博物館、マーク・トウェインの少年時代の家、マーク・トウェインの洞窟、トムとハックの記念碑など、マーク・トウェインとトム・ソーヤに関係する施設が盛りだくさんだ。

| | |
|---|---|
| モットー | 人々の福祉が最高の法 |
| ニックネーム | 西部の母、鉄鉱山の州 |
| シンボル | 州鳥：ブルーバード、州花：サンザシ |
| 産業・産物 | 運輸機器、鉛、鉄鉱、牛肉、大豆、綿花 |
| 出来事・行事 | セントルイス五輪（1904年）、ロデオ・オブ・チャンピオンズ（6～7月）、トム・ソーヤ記念日（7月） |
| 施設・企業<br>大学・組織 | 第一次世界大戦博物館、ホールマーク・カーズ本社、アンハイザー・ブッシュ本社、セントルイス交響楽団 |
| 出身者 | ジェシー・ジェームズ（無法者）、マーク・トウェイン（作家）、ハリー・S・トルーマン（第33代大統領）、ロイ・ウイルキンズ（黒人指導者） |

心優しき州民が暮らす「アメリカの冷蔵庫」

# ミネソタ州

Minnesota

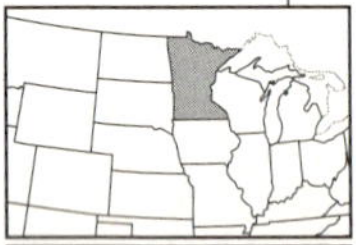

| | |
|---|---|
| 人口 | 4,919,479人 |
| 面積 | 225,171km² |
| 略称(郵便略称) | Minn.(MN) |
| 合衆国加盟 | 1858年5月11日 |
| 州都 | セントポール |

## ■過酷な気候でも生活環境は充実！

アラスカ州とハワイ州を除いたアメリカ四八州で最北に位置するミネソタ州は、冬の厳しさでつとに有名だ。あまりの冷え込みに学校がしばしば休校となるほどで、一月の平均気温は零下一五度（州都セントポール）にまで下がる。

こうした寒さの原因は、高緯度に位置するというだけではなく、州の地形も関係している。ミネソタ州は全体的に平たい地形をしており、最も高いイーグル山ですら標高七〇〇メートルしかない。そのため、風を防ぐ「壁」となるものがなく、冷たい北風が容赦なく吹きつけるのだ。こうした背景からミネソタ州は「アメリカの冷蔵庫」と呼ばれ、一九九六年二月二日には、州の最低気温記録となる零下五一度（タワー）が観測されている。

このような厳しい気候から住民を守るため、セントポールやミネアポリスでは、

冬の厳しい寒さから身を守るために設けられた空中通路「スカイウェイ」。
Photo:アフロ

全米最大の屋内複合商業施設「モール・オブ・アメリカ」内には遊園地もある。
Photo:アフロ

建物と建物の間に「スカイウェイ」と呼ばれる空中通路が張り巡らされている。またセントポールには全米最大の屋内複合商業施設「モール・オブ・アメリカ」があり、天候に左右されず買い物や娯楽を楽しむことができる。

なお州の消費税は通常七パーセントだが、衣料品と食料品には消費税がかからず、防寒着などを買い求めやすい。住民にとっては嬉しい配慮といえるだろう。

## ■州経済を支える「双子都市」を中心に発展

同州は「一万の湖の州」というニックネームを持つほど湖が多い。これは過去にこの地域が氷河に覆われていたためで、湖の大半は氷河が後退する際にできた氷河湖である。実際の数は一万五〇〇〇個以上にものぼるといわれ、州土の約八・四パーセントが水に覆われている。ちなみに、「ミネソタ」にはインディアンの言葉で「空の色を映す水」という意味があり、同州の湖の多さを物語っている。

こうした冬の寒さや湖の多さは、州の娯楽にも影響を与えており、スノーモービルやウォータースキーは同州が発祥である。ほかにもモール・オブ・アメリカのような屋内商業施設、冷凍野菜の技術などミネソタ州で生まれたものは数多い。

またミネソタ地域の歴史は古く、一万年以上前にいた人類の痕跡が見つかっている。一六五九年にはフランス人探検家が白人として初めてこの地域を訪れ、一六七九年にフランスが領有を宣言。その後、スペインやイギリスが進出し領地を争うが、一八〇三年のルイジアナ買収によって一帯がアメリカ領となった。ミネソタ州が合衆国に加盟したのは、それから五十五年後の一八五八年で、三二番目の加盟だった。なお、最初に生活を始めたのがフランス人だったこともあってか、同州のモットー「L'Etoile du Nord（北極星）」はフランス語である。

当時から州の産業基盤は農畜産業であり、小麦やとうもろこしの栽培、牛や豚の牧畜が盛んに行われてきた。こうしたことからミネソタ州は「パンとバターの州」とも呼ばれ、アメリカの農業生産の一角を担う。最近はとうもろこしを利用したエタノールの生産も活発で、二酸化炭素排出量の少ない「E85」（エタノール八五パーセントとガソリン一五パーセントの混合燃料）を販売するガソリンスタンド数は、全米で最も多い。環境に配慮した暮らしはミネソタ州民にとっては当たり前なのか、都市圏へ通勤する六〇パーセントの人が、自動車を使わずに鉄道やバスを利用しているそうだ。

また同州は、北米原産の穀物「ワイルド・ライス」の一大産地である。ワイルド・ライスは州を象徴する穀物にも指定されている。日本人にはなじみの薄い穀物だが、現地では「穀物のキャビア」と称される栄養分満点の穀物である。

最近では重・軽工業が発達してきており、食品加工、製紙、農業機器、コンピュータ機器、医療機器、化学製品機器などの生産で有名だ。これらの産業は双子都市を形成するセントポールとミネアポリスに集中しており、州人口の六〇パーセントがこのふたつの都市圏に暮らす。双子都市は文字どおり、州経済を支える二枚看板といえるだろう。ちなみにミネアポリスに本拠地を置くプロ野球チーム「ミネソタ・ツインズ」の「ツインズ」は、この双子都市に由来している。

## ■住民の人柄も抜群――「ミネソタ・ナイス」

生活環境の良さをいくつか紹介してきたが、ミネソタ州の素晴らしさはそれだけではない。治安が良いのはもちろんのこと、医療技術も高く、心臓ペースメーカーの開発や骨髄移植に成功したのも同州が世界初だ。さらに、消防署と警察署などの連携が整っている都市として高い評価を得ている。

こうした豊かな環境は人間の心も豊かにするのか、住民の人柄も抜群。その性格を評して「ミネソタ・ナイス」という言葉が用いられる。第二次世界大戦中には全米各地で反日感情が高まっていたが、ミネソタ州の人々は日本人を受け入れたため、多くの日本人移住者が殺到した。

その後も日本との関わりは深く、一九五五年には日米間における最初の姉妹都市提携をセントポールと長崎市が結んでいる。

一九九〇年には秋田県でミネソタ州立大学秋田校が開校。同校は二〇〇三年三月をもって閉校してしまったが、校舎を再利用して二〇〇四年に国際教養大学が開校した。同校はミネソタ州にあるウィノナ大学、セントクラウド大学、ハムリン大学と大学協定を締結しており、関係は継続している。

同州出身の著名人には「スヌーピー」で有名な漫画家チャールズ・シュルツがおり、漫画『ピーナッツ』に登場するキャラクターを町の至るところで見かけることができる。

ほかにも「フォークの神様」と呼ばれるボブ・ディラン、大西洋横断無着陸飛行に成功したチャールズ・リンドバーグらがミネソタ州に縁が深い。

| | |
|---|---|
| モットー | 北極星 |
| ニックネーム | ミニー、北極星の州、パンとバターの州 |
| シンボル | 州鳥：ハシグロアビ、州花：シプリペジウム |
| 産業・産物 | 食品加工、製紙、小麦、乳製品、穀物 |
| 出来事・行事 | スー族の反乱（1862年）、ミネアポリス水上祭（7月）、大ハロウィン・パレード（10月） |
| 施設・企業<br>大学・組織 | ミネアポリス美術館、セントポール大聖堂、ノースウェスト航空本社、カーギル本社 |
| 出身者 | ボブ・ディラン（フォーク歌手）、チャールズ・シュルツ（漫画家）、F・スコット・フィッツジェラルド（作家） |

地図で見るアメリカ

# 地域で異なる食文化

## 各地に根付く多様な「アメリカ料理」

歴史こそ短いものの、「人種のるつぼ」といわれるアメリカには実に多様な食文化が存在している。ここでは、そんな代表的な地方料理を紹介しよう。

### ■アーミッシュ・パイ

「アーミッシュ」とは、オハイオ州・ペンシルバニア州に移住したドイツ系アメリカ人のこと。アーミッシュの人々は厳しい戒律を持つが食文化は自由で、なかでも有名なのが同地で誕生したパイ料理。今やアメリカを代表するデザートとなったアップルパイも、リンゴの産地である同州から広がっていった。

### ■チャウダー

イギリス移民の多いマサチューセッツ州ボストンを中心に、アメリカ風のアレンジが加えられたスープ料理。有名なメニューは、二枚貝と生クリームを使用した「クラム・チャウダー」や、ベイクドビーンズを入れた「ビーン・チャウダー」など。

### ■ホットドッグ

アメリカのソウル・フードであるホットドッグは、ニューヨークで誕生した。名前の由来は諸説あるが、有力なのはMLBのニューヨーク・ジャイアンツ（現サンフランシスコ）の本拠地・ポロ球場で販売されていた「ダックスフント・ソーセージ」が、いつしか「ホットドッグ」と呼ばれるようになったという説だ。

### ■ケイジャン料理

スペイン系やフランス系、そしてアフリカ系やインディアンの文化が複雑に混じり合って生まれた郷土料理。現地で手に入る食材を生かした家庭料理で、この地に肉体労働者が多かったことから、やや男性向けの料理と認識されることもある。野菜やシーフードが入った「ガンボスープ」や、米料理の「ジャンバラヤ」が有名。

### ■クレオール料理

ルイジアナ州の最大都市ニューオーリンズの伝統料理で、そのメニューはケイジャン料理と非常に酷似している。現在ではケイジャン料理とクレオール料理の明確な違いはないが、ニューオーリンズ発祥ということから、「ケイジャン＝庶民的」「クレオール＝都会的」というイメージが強いようだ。

■ アメリカの定番メニュー

| | |
|---|---|
| ミートローフ | 家庭料理の超定番とされる肉料理。材料はハンバーグとほぼ同じだが、長方形の型に詰めてオーブンで焼き上げたものがミートローフと呼ばれる。 |
| ピザ | 本場イタリアのピザとは異なり、アメリカ風は具が多く生地が厚いパンピザタイプ。具を含めた厚さが3〜4センチもあるという、シカゴの「ディープディッシュピザ」が有名。 |
| ハンバーガー | アメリカを代表するファーストフード。19世紀末から20世紀初頭に誕生したとされるが、人気に火がついたのは「マクドナルド」が開店した20世紀半ばごろ。 |

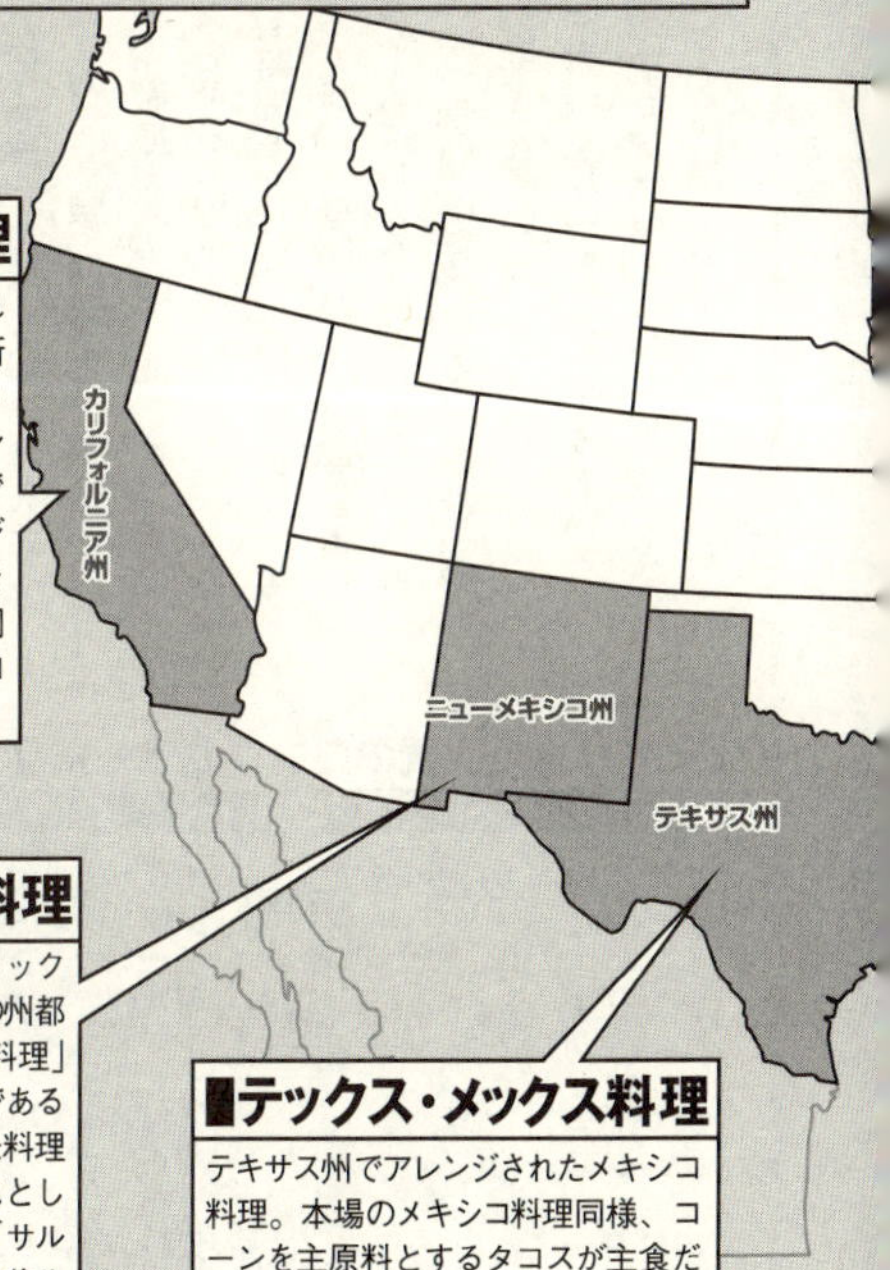


■カリフォルニア料理

1980年代にロサンゼルスで生まれた「新アメリカ料理」。地元の新鮮な野菜やシーフードを用いたメニューが豊富に考案され、ヘルシーかつカジュアルで人気を呼んでいる。イタリアンやフレンチ、アジア系などの外国料理にアレンジを加えたものが多く、和食では寿司を改良した「カリフォルニア・ロール」などがある。

■ニューメキシコ料理

メキシコ料理やテックス・メックス料理と関係が深く、同州の州都の名をとって「サンタフェ料理」とも呼ばれる。同州の名産であるインゲン豆と唐辛子を用いた料理が多く、トッピングのソースとしては、赤唐辛子とトマトの「サルサ・ロハ」や青唐辛子の「サルサ・ベルデ」などが有名。

■テックス・メックス料理

テキサス州でアレンジされたメキシコ料理。本場のメキシコ料理同様、コーンを主原料とするタコスが主食だが、大量の肉やチーズをトッピングする点がテキサス風。トルティーヤ・チップスに溶かしたチーズをかけた「ナチョス」や、豆や挽肉・トマトなどを煮込んだ「チリコンカン」が代表的。

# アメリカの食生活

## ■家庭で重宝される加工食品や冷凍食品

女性の社会進出が盛んなアメリカでは、既婚女性の半数以上が仕事を持っており、家事に割く時間が限られている。

このため、買い物は週に一度、大量に購入することが多い。一般的な家庭には大量の食糧を保存するための大型冷蔵庫が置かれ、複数の冷蔵庫を所有するケースもあるという。

また、調理にも時間をかけない家庭が多く、電子レンジで温めるだけ、缶詰やパックを開けるだけ、というディナーも珍しくない。こうした食事習慣から、手軽かつ長期保存できる冷凍食品や加工食品などが重宝されている。

もちろん、味や手づくりにこだわる人々もいる。だが、多くの合理的なアメリカ人は、いつでも簡単に食べられることを重視する傾向にある。

### ▌アメリカで人気のロングセラー食品

| 商品名（メーカー） | 発売年 | 備考 |
|---|---|---|
| マカロニ&チーズディナー（クラフト） | 1936年 | すべての材料がひとつのパッケージに入り、調理の手間が省けると人気に。 |
| シリアル（ケロッグ） | 1906年 | 朝食の定番。社名はコーンフレークを発明したジョン・ケロッグ博士から。 |
| スパム（ホーメル） | 1937年 | 沖縄でも人気の缶詰ランチョンミート。「スパム」はホーメル社の商標。 |
| 缶詰スープ（キャンベル） | 1869年 | 種類が豊富でスーパーの棚一段分を占有するほど。定番はチキンヌードルなど。 |
| コカ・コーラ（コカ・コーラ） | 1886年 | 薬がルーツの炭酸飲料。世界中で愛され、1日に7億本以上が飲まれている。 |
| オレオ（ナビスコ） | 1912年 | 発売以降、不変の人気を誇るお菓子。春限定でクリームの色がパステルに。 |

# PART8
# 西部　山岳地域

南北をロッキー山脈が貫き、雄大な自然を多く残す西部の山岳地域。南西にユタ州、アリゾナ州、ネバダ州、カリフォルニア州（太平洋岸地域）にまたがる砂漠が広がり、東には平均標高が全米一高いコロラド州が位置する。起伏に富んだ地形同様、州の特色もバラエティーに富んでいる。

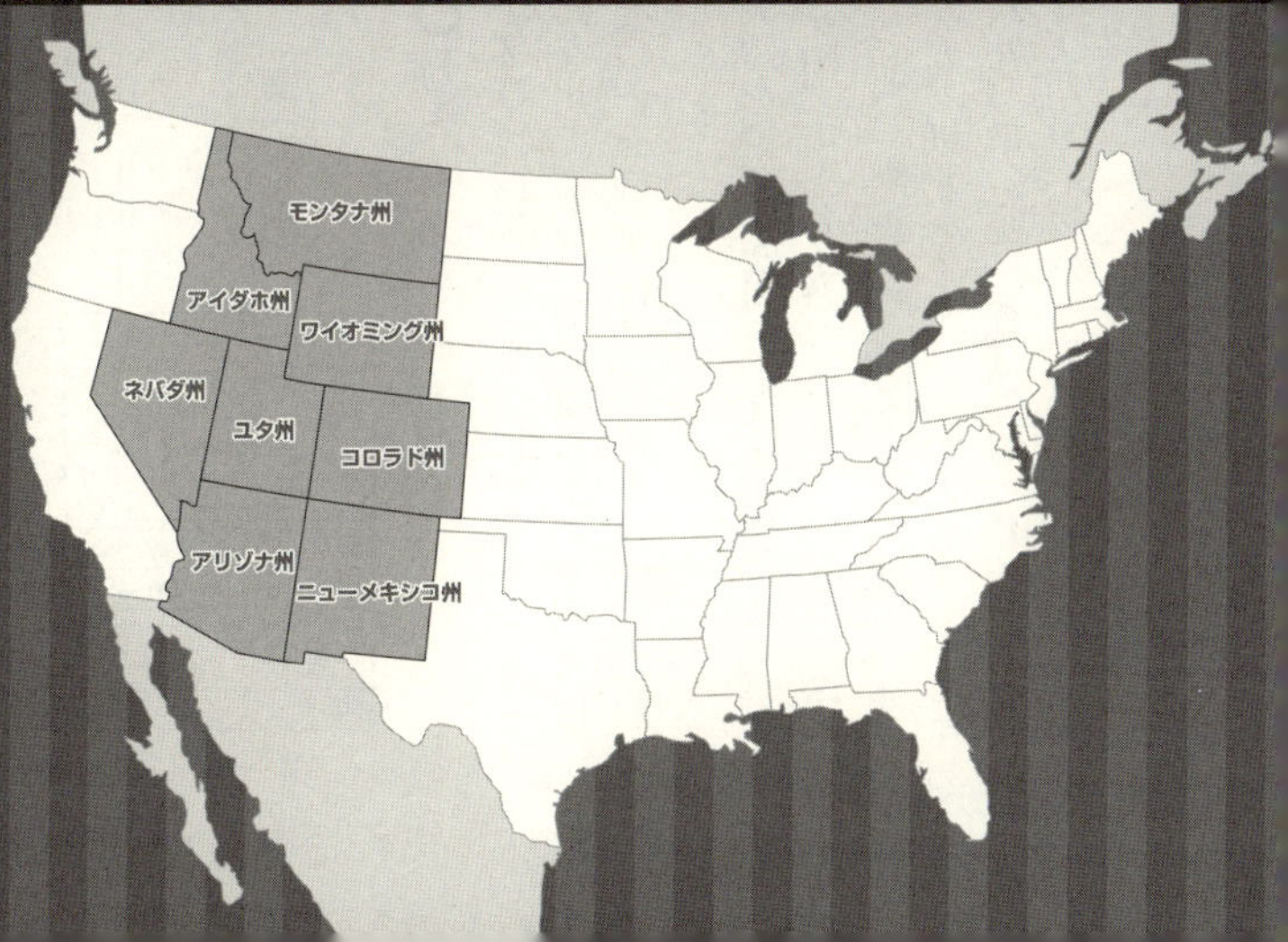

# アイダホ州

## 世界的に有名な「アイダホポテト」の故郷

Idaho

| | |
|---|---|
| 人口 | 1,293,953人 |
| 面積 | 216,446km² |
| 略称（郵便略称） | Ida.（ID） |
| 合衆国加盟 | 1890年7月3日 |
| 州都 | ボイシ |

### ■日本の本州ほどの面積に人口一三〇万人

「アイダホポテト」で有名なアイダホ州は、アメリカ西部山岳地域に位置し、豊かな自然に恵まれた農業、林業、鉱業などが盛んな州である。面積は日本の本州と同じくらいだが、人口は神奈川県川崎市と同程度の一三〇万人ほどしかおらず、人口密度が非常に低いことで知られる。

一八〇〇年代前半、アイダホ州を含む北米大陸を縦断するロッキー山脈の西側地域は「オレゴン・カントリー」と呼ばれ、五ヶ国（アメリカ、イギリス、フランス、ロシア、スペイン）が領有を主張する地域だった。一八四六年のオレゴン条約でオレゴン・カントリーの北緯四九度以南をアメリカ、以北をイギリスが占有することになり、アイダホ州は一八六八年に準州、一八九〇年に四三番目の州として認められた。州名は、「日が昇る」という意味のアメリカ・インディアンのショーショー

日本でもなじみの深いアイダホポテトは、世界各国に輸出されるアイダホ州の名産だ。
Photo:アフロ

ニ族の言葉からきている。

アイダホ州の南部は、禁欲的な教えのため保守的傾向が強いモルモン教徒によって開拓されていった。その一方、中部、北部は鉱山労働者の町を中心に発展し、リベラルな気風が根付いた。この政治的風土は現在でも変わらず、地域間の政治的対立は根強いが、州全体で見れば共和党の強力な基盤となっている。

またアイダホ州の魅力は、二六の州立公園と一一の国有林に代表される、豊かな自然だ。

なかでもマリリン・モンロー主演の映画『帰らざる河』の舞台となったスネーク川と、その激しい流れで大地が削られてできた渓谷ヘルズ・キャニオンが世界的に有名である。

ヘルズ・キャニオンの最深部は二四三八メートルもあり、これはかの有名なグランドキャニオンを上回る北米大陸で最も深い渓谷だ。

また、多くの著名人が世界中から訪れることで有名なスキーリゾート「サン・バレー」をはじめ、アウトドアリゾートが重要な観光資源となっており、スキー、ゴルフ、ラフティング、フィッシング、ロッククライミングなど、あらゆるアウトドアレジャーが楽しめることも、アイダホ州の魅力である。

## ■砂漠地帯に「円形の畑」でつくられるポテト

アイダホ州は、ナンバープレートに「Famous Potatoes」（有名なポテト）と書くほど自他ともに認めるポテト生産州で、その多くがスネーク川流域の「オレアイダ地方」で生産され、アメリカ国内はもちろん世界各国に出荷されている。

ポテト畑は砂漠地帯に水をまいてつくられるため、スプリンクラーを中心に円形になっているのが特徴だ。上空を通過する飛行機の窓から確認できるほど巨大な円形のポテト畑は、アイダホ州を象徴する風景といってよいだろう。

日本のマクドナルドで売られているフライドポテトも、州都ボイシに本社があるJ・R・シンプロット社から輸入されているものなので、日本人にとってもアイダホポテトはとてもなじみ深いものなのである。同社の創業者シンプロット氏は「ポテト王」と呼ばれ、アイダホ州では珍しい億万長者のひとりだった。

彼は、アメリカ唯一のDRAM（コンピュータのメインメモリーに使用される機器）製造メーカーでボイシ最大の企業に発展したマイクロン・テクノロジ社を創業時に支援したことで知られている。

また、コンピュータ関連機器で有名なヒューレットパッカード社もボイシに大規模な拠点を構えており、これらのハイテク産業の躍進に伴って人が集まり、同州は二〇〇〇年から約二二万人も人口が増えるという急成長を遂げた。

豊かな観光資源と全米一のポテト生産量に加え、最先端のハイテク産業という成長株を持ったアイダホ州は、今後ますます発展していくだろう。

| | |
|---|---|
| モットー | 永遠に続くことを |
| ニックネーム | 宝石州、ジャガイモ州、輝く山脈の国 |
| シンボル | 州鳥：マウンテンブルーバード、州花：サリンガ |
| 産業・産物 | 食品加工、ジャガイモ、豆類、観光 |
| 出来事・行事 | ノーザン・パシフィック鉄道完成（1882年）、国内初の原子力発電所完成（1951年） |
| 施設・企業<br>大学・組織 | ジュリア・デービス・パーク、バスクミュージアム＆カルチュラルセンター、アイダホ歴史博物館 |
| 出身者 | チーフ・ジョセフ（ネズパース族首長）、エズラ・ルーミス・パウンド（詩人）、ラナ・ターナー（俳優）、ハーモン・キルブルー（MLB選手） |

# アリゾナ州

超有名観光地グランドキャニオンと西部劇の州

Arizona

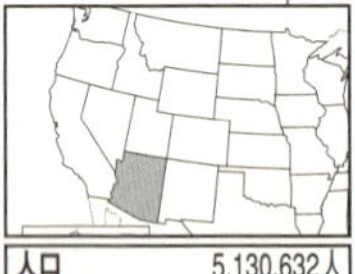

| | |
|---|---|
| 人口 | 5,130,632人 |
| 面積 | 295,254km² |
| 略称（郵便略称） | Ariz.（AZ） |
| 合衆国加盟 | 1912年2月14日 |
| 州都 | フェニックス |

## ■アメリカ・インディアンの居留区が数多く存在

アリゾナ州はロッキー山脈の南端に位置し、州南部はメキシコと国境を接している。年間約三百三十日が快晴という雨が少ない乾燥気候で、「サンベルト」と呼ばれる温暖な地域にあるため、荒涼とした砂漠とサボテンのイメージが強い。だが、北東部にはコロラド高原があり、それ以外の地域は「ベイスン・アンド・レンジ（盆地と山岳の意）」と呼ばれる谷と山脈が交互に入り組んだ地形をしている。

この地域一帯には、もともとアパッチ族やナバホ族といったアメリカ・インディアンが住んでいたが、一六〇〇年代になると伝説の黄金都市「シボラ」を目指してやってきたスペイン人たちに征服されてしまう。しかし、アメリカ・インディアンたちはスペイン人と衝突を繰り返したため、スペイン政府は一七五二年にトゥバク要塞を建設。これが現在のアリゾナ州内における初の白人入植地となった。

世界遺産に登録されているグランドキャニオンには、毎年多くの観光客が訪れる。
Photo:アフロ

55歳以上の退職者向けにつくられた町「サンシティ」。おもに北部の寒い地域から住民が集まっている。
Photo:アフロ

のちにメキシコがスペインから独立し、米墨戦争（アメリカ・メキシコ戦争）と「ガズデン買収」と呼ばれる条約によって、現在の国境線が確定。一九一二年にアメリカ本土の州としては最も遅い四八番目の州となった。

現在でもアリゾナにはアパッチ族、ナバホ族、ホピ族といったアメリカ・インディアン一四種族、約二八万七〇〇〇人が二〇の居留区に住んでいる。その数は全米に住むアメリカ・インディアンの一〇パーセント以上にあたり、居留区の総面積は州全体の四分の一を占めるほどだ。彼らは独自の言語を使っており、州名の由来も、「小さな泉」というアメリカ・インディアンのパパゴ族の言葉からきているといわれている。

## ■年間四〇〇〇万人が訪れるグランドキャニオン

アリゾナ州北部を流れるコロラド川がコロラド高原を浸食してできたのが、有名なグランドキャニオンだ。世界中から年間四〇〇〇万人が訪れるアメリカ屈指の観光地にちなんで、アリゾナは「グランドキャニオンの州」という愛称で呼ばれ、州のナンバープレートにも「GRAND CANYON STATE」と記されている。

また、砂漠から突き出た岩山が記念碑（モニュメント）のように見えることから「モニュメントバレー」といわれる地域も有名だ。映画『駅馬車』などの西部劇を撮影したジョン・フォード監督が好んで使った「ジョン・フォードポイント」と呼ばれる撮影場所があり、有名な観光スポットとなっている。

また、州北部の都市フラッグスタッフの東にある「バリンジャー・クレーター」は、約五万年前に隕石が衝突して形成された巨大なクレーターだ。世界的に見ても保存状態が良いとされ、直径約一二〇〇メートル、深さ約一七〇メートルという圧巻のスケールを誇る。ほかにも、先住民族の遺跡や西部開拓時代の面影を残す町並みやOK牧場など、豊富な観光資源がアリゾナ州の重要な収入源となっている。

## ■アリゾナ州の経済を支える「五つのC」

初期のアリゾナ州の経済を支え、発展の原動力となったのは鉱業だった。映画『OK牧場の決闘』で有名な、保安官ワイアット・アープとカウボーイ、クラントン兄弟らの銃撃戦が起きたトゥームストンも、銀鉱山で発展した町である。現在でも銅の産出量は全米一であり、アメリカ全体における産出量の約六〇パーセントを占めている。

一九〇〇年代に入ると、ルーズベルト・ダムやフーバー・ダムなどのダム建設により灌漑《かんがい》設備が充実し、綿や柑橘類、とうもろこし生産などの農業や畜産業が始まった。特に綿の生産は基幹産業に成長し、その生産量は全米一である。

また、アリゾナは冬でも温暖で湿度が低く過ごしやすいため、保養地としての人気が高い。近代建築の三大巨匠のひとりフランク・ロイド・ライトも、南部の都市スコッツデールに「タリアセン・ウェスト」という冬の間の居宅を建て、終《つい》の住み処《か》としたことが知られている。

ここまでに挙げた銅（Copper）、綿（Cotton）、牛（Cattle）、柑橘類（Citrus）、気候（Climate）はアリゾナ州の経済を支える基盤となっており、それぞれの頭文字をとって「五つのC（Five C's）」と呼ばれている。

州都フェニックスの南東五〇キロには、アメリカの建設会社デル・ウェッブによって退職者向けの町「サンシティ」が建設された。この町に住めるのは五十五歳以上の高齢者のみで、病院や図書館、ショッピングセンターにゴルフ場、図書館に教会など、生活に必要なありとあらゆるものがそろっており、おもに北部の寒い地域から退職者たちが集まっている。この都市設計が好評だったため、すぐ近くに「サンシティ・ウェスト」が建てられた。

また州都フェニックス近郊は、安価な人件費と土地代、半導体生産に有利な乾燥した気候という好条件が重なり、半導体やエレクトロニクスなどの先端産業の拠点が集まり急速に発展中だ。この地域は「シリコンデザート」と呼ばれ、半導体の出荷量では全米第三位であり、新たな経済基盤となっている。

フェニックスを中心とした都市圏の人口は爆発的に増加中で、二〇〇七年の人口は一五五万人を突破、全米第六位の規模を持つ大都市に成長した。

しかし不動産バブルの崩壊で、差し押さえ物件の比率が全米ワースト二位になってしまい、地域経済への打撃と治安の悪化が懸念されている。

二〇〇八年のアメリカ大統領選挙で、共和党の候補としてバラク・オバマ現大統領と争ったジョン・マケインは、ここアリゾナが本拠地だ。また、わずか創設四年でメジャーリーグのワールドチャンピオンになった「ダイヤモンドバックス」やNBA所属のバスケットボールチーム「フェニックス・サンズ」の本拠地はフェニックスにある。

| | |
|---|---|
| モットー | 神は豊かにする |
| ニックネーム | グランドキャニオンの州、砂丘の州、日没の州 |
| シンボル | 州鳥：サボテンミソサザイ、州花：ベンケイチュウ |
| 産業・産物 | 航空機、電子機器、観光、綿花、銅 |
| 出来事・行事 | フーバー・ダム完成（1936年）、フェニックス・オープン・ゴルフ・トーナメント（1月） |
| 施設・企業<br>大学・組織 | グランドキャニオン、ローウェル天文台、USエアウェイズ本社、フェニックス・サンズ（NBA） |
| 出身者 | ジェロニモ（アパッチ族）、マーティ・ロビンス（ウェスタン歌手）、バリー・モリス・ゴールドウォーター（政治家）、ジャック・ウィリアムソン（SF作家） |

全米一の平均標高の高さを誇る「山の州」

# コロラド州

Colorado

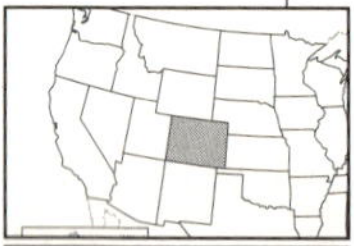

| | |
|---|---|
| 人口 | 4,301,261人 |
| 面積 | 269,601km² |
| 略称（郵便略称） | Colo.（CO） |
| 合衆国加盟 | 1876年8月1日 |
| 州都 | デンバー |

## ■「マイル・ハイ・シティ」と呼ばれる州都デンバー

アメリカには、州の境界線が緯線と経線のみで囲まれている長方形の州がふたつあるが、コロラド州はそのひとつだ（もうひとつはワイオミング州）。その範囲は北緯三七度から四一度、西経一〇二度から一〇九度までとなっており、日本の東北地方とほぼ同じ緯度に位置する。

州の西側は四〇〇〇メートル級の山々がそびえ立つロッキー山脈、東側は「グレートプレーンズ」と呼ばれる海抜一〇〇〇～二〇〇〇メートルの台地状の平原が広がっているため、州の平均標高は全米一の高さとなる二〇七三メートルだ。州の愛称はそのまま「山の州」であり、州都デンバーはちょうど海抜一マイル（一六〇〇メートル）の高さにあるため「マイル・ハイ・シティ」と呼ばれている。

コロラド州は、アメリカには珍しくはっきりと四季が感じられる気候で、夏は暑

「雲へ向かうレース」と呼ばれる由緒あるモーターレース、パイクスピーク・インターナショナル・ヒルクライム。 Photo:アフロ

未開発の自然がよく保存され、壮大な風景が広がるロッキー山脈国立公園。 Photo:アフロ

く冬は寒い。ただし、降水量が年平均で四〇〇ミリ程度と少なく、年間を通して湿度が低いため、湿気の多い日本と比べて過ごしやすい。

州名は、スペイン語で「赤い色」を意味し、赤い土砂が流れ込んで赤く見えるコロラド川に由来するといわれている。この地域はもともとプエブロ・インディアンが住んでいたが、スペインに征服されたあと、一八〇三年に東半分、一八四八年に西半分がアメリカの領土となり、一八七六年に州へと昇格した。この一八七六年はアメリカ建国百周年にあたるため、「百周年記念州」という愛称もある。

一八五八年にはロッキー山脈東端、コロラド・スプリングスの西にあるパイクスピーク山で金が発見され、ゴールドラッシュが起こる。これに参加した「フィフティナイナーズ」と呼ばれる抗夫たちの多くが、現在の州都デンバー近郊に定住した。市内にあるコロラド州議事堂はドーム部分が金鉱山業者から寄贈された七キロの金箔で覆われており、鉱業の町として発展したデンバーの歴史がうかがえる。

また、デンバーの南一一〇キロにあるコロラド第二の都市コロラド・スプリングス近郊には、アメリカ空軍士官学校「エアフォース・アカデミー」や軍の基地、北アメリカ航空宇宙防衛司令部（ＮＯＲＡＤ）の施設があり、冷戦時代にはデンバー近郊で軍需関連産業が興隆《こうりゅう》をきわめた。それもこの地域が大きく発展した理由に挙げられるだろう。現在は気候条件の良さも手伝って、エレクトロニクス、半導体産業が集まり、「シリコンマウンテン」と呼ばれる一大工業地域になっている。

## ■戦争中、日系人たちを救ったカー州知事

日本人にとってコロラド州はなじみが薄いが、実は日本との接点が多い州のひとつだ。特にアメリカに住む日系人にとって、デンバーは特別な場所だろう。第二次世界大戦中、当時の州知事ラルフ・ローレンス・カーは、在米日本人と日系アメリカ人の強制収容に対して、「強制収容はアメリカ憲法違反だ」と一貫して反対し続け、日本人と日系アメリカ人たちを擁護し、積極的に受け入れたのである。

カーのこの勇気ある行動に対して、一九七六年に州都デンバーにある日本人街「サクラ・スクウェア」に彼の胸像が建てられ、一九九九年にはデンバー・ポスト紙が「今世紀の人」に選んでいる。また、二〇〇二年にはカーの誕生日の十二月十一日が「ラルフ・カー知事の日」として、コロラド州の祝日に制定された。

このような経緯もあって、コロラド州には日本と姉妹都市の関係にある町が多い。デンバーと岐阜県高山市、コロラド・スプリングスと山梨県富士吉田市など一二都市が交流を行っている。

また、パイクスピーク山で毎年七月四日前後に開催される「パイクスピーク・インターナショナル・ヒルクライム」では、日本のスズキ自動車が三年連続で総合優

勝を果たした。このレースは中腹から標高四三〇〇メートルの山頂へ駆け上るため「雲へ向かうレース」と呼ばれ、全米で二番目に古い歴史を持つ由緒あるモーターレースだ。

また、日本文学の翻訳により日本の文化を広くアメリカに紹介した日本学者エドワード・ジョージ・サイデンステッカーも同州の出身である。彼は川端康成の小説『雪国』を英訳したことで知られ、川端康成がノーベル文学賞を受賞したときに「この賞の半分はサイデンステッカー氏のものだ」とコメントし、賞金の半分を渡したというエピソードが残されている。

## ■コロラド州民に広く根ざす「進取の精神」

コロラド州は、ロッキー山中のスキーや山岳リゾートの拠点として人気の高い観光地だ。音楽祭や国際会議が開かれるアスペンが最も有名だが、二六の大規模スキー場があるほか、ロッキー山脈国立公園やレッドロックス公園、野外円形劇場、ロイヤルゴージュ渓谷、ガーデン・オブ・ザ・ゴッズなど自然の景観を生かした観光名所が数多くあり、たくさんの観光客が訪れる。

コロラドの人々は物事に率先して取り組む「進取の精神」があるようで、住民投票によって女性参政権を認めた最初の州であり、人工中絶自由化法も全米で初めて採択している。デンバーでは、二〇〇五年から成人に限って大麻の所持、使用を容認する条例が施行されるなど、二十一世紀になってもその精神は変わらないようだ。また、二〇〇六年の調査では平均肥満比率が全米で最も低い州という結果が出ている。

一九七二年には「環境破壊」「財政難」を理由とした住民の反対運動に遭い、デンバーでの冬季オリンピック開催権を返上したが、これはオリンピックの長い歴史のなかで唯一デンバーのみである。

政治的には民主党と共和党の支持率が互角の激戦州であり、二〇〇八年の大統領選でも投票日当日にマケイン氏とオバマ夫人の演説が行われるなど、選挙の行方を左右する重要な州のひとつである。

| | |
|---|---|
| モットー | 神の摂理なしには何もなし |
| ニックネーム | 山の州、ロッキー山脈の宝の州 |
| シンボル | 州鳥：ハジロクロヒメドリ、州花：ロッキーマウンテンオダマキ |
| 産業・産物 | コンピュータ機器、機械、観光、小麦、飼料 |
| 出来事・行事 | 全米西部家畜ショー＆ロデオ（1月）、テルライド国際映画祭（9月） |
| 施設・企業 大学・組織 | セントラルシティ・オペラハウス、メサ・ヴェルデ国立公園、アメリカ・オリンピック委員会本部 |
| 出身者 | マルコム・スコット・カーペンター（宇宙飛行士）、ポール・ホワイトマン（ジャズ奏者）、デビッド・フィンチャー（映画監督）、ボブ・サップ（格闘家） |

エキゾチックな魅力あふれる芸術と文化の州

# ニューメキシコ州

New Mexico

| | |
|---|---|
| 人口 | 1,819,046人 |
| 面積 | 314,915km² |
| 略称(郵便略称) | N.M.(NM) |
| 合衆国加盟 | 1912年1月6日 |
| 州都 | サンタフェ |

## ■いずれ少数民族の比率が白人を逆転する?

ニューメキシコ州は、メキシコ領だった土地をアメリカが買い取った経緯から、文字どおり「新しいメキシコ」と名付けられた。一五〇〇年代からスペイン人がこの地に入っていたため歴史のある古い町が多いが、州に昇格したのは一九一二年と遅く、本土（アラスカ、ハワイを除く）では二番目に新しい四七番目である。

ロッキー山脈の南端に位置しているため、最低標高が八五九メートル、平均標高一七三五メートルという高地の州だ。平均標高は高いが夏は暑く、冬も暖かい気候で、年間三百四十日前後が晴天のため非常に乾燥している。

州の形はほぼ正方形に近いが、南西部に「ブーツのかかと」と呼ばれる飛び出した地域があり、この部分はメキシコと国境を接している。もともとメキシコ領土だったこともあり、ヒスパニック系の居住比率が全米で最も高く、またアメリカ・イ

アドビ建築やスペイン様式の建物が立ち並び、観光客に人気の州都サンタフェ。
Photo:アフロ

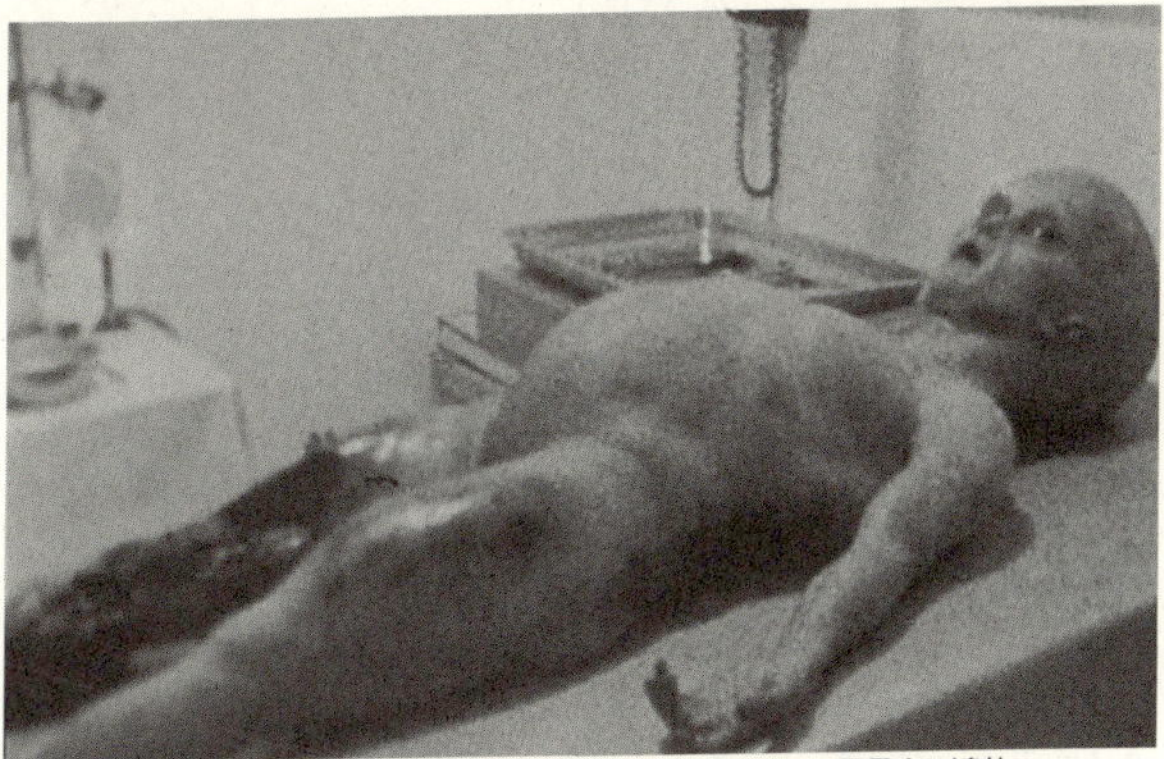

1947年にUFOがロズウェルの町に墜落して回収されたとされる異星人の遺体。
Photo:アフロ

ンディアンの居留地があるため先住民族の比率も高い。

最新の統計では、二〇四五年には彼ら少数民族の比率が白人を逆転すると予想されているが、さらに近年、メキシコからの不法入国者が増加の一途をたどっており、この予測は早まるかもしれない。

また、こうした特性から州法では公用語を規定していないが、英語と並んでスペイン語が実質的な公用語として扱われており、選挙の投票用紙などは英語とスペイン語の二ヶ国語が印刷されている。また、一九九五年にはバイリンガルな州歌「ニューメキシコ・我が美しきヌエボ・メヒコ」が制定された。

## ■芸術の町サンタフェと、ニューメキシコ料理

州都サンタフェは一六〇七年にスペイン人によって建設された都市で、アメリカ国内では二番目に古い歴史を持っている。

市内には十二世紀に建てられたといわれるアメリカ最古の家をはじめ、総督邸、グアダルーペ聖堂など歴史的建造物が多く、町をあげて歴史的な町並みを保存している。赤や黄色の日干し煉瓦でつくるアドビ建築や、白壁のスペイン様式の建物が立ち並ぶ独特の景観で観光客に人気が高い。

また、サンタフェにはアメリカを代表する女性画家ジョージア・オキーフほか多

くの芸術家が集まった。彼女を記念したジョージア・オキーフ美術館をはじめとして、美術館、博物館が数多くあり、芸術の町として世界的に有名だ。現在も多くの芸術家が住んでおり、彼らの作品を扱うギャラリーや美術商の数は二〇〇を超え、その市場規模はニューヨークに次いで二番目に大きい。日本ではこの町を舞台に撮影された、宮沢りえのヌード写真集のタイトルとしても広く知られている。

ニューメキシコ州には、スペイン人とアメリカ・インディアンの食文化が融合し、独自の風土の影響を受けたニューメキシコ料理と呼ばれる伝統料理がある。この料理は、州の野菜にも選ばれているニューメキシコ・チリという唐辛子を使うことが大きな特徴だ。青唐辛子でつくった緑のサルサと、赤唐辛子でつくった赤のサルサソースがあり、「赤、それとも緑（のチリソース）？」という質問が「州のよくある質問」に制定されるほど多用されている。

このようにニューメキシコ州には、エキゾチックな独自の文化があることから「魅惑の地」という愛称がつけられた。

## ■世界初の「原爆実験」に成功する

州北部の小都市ロスアラモスは、世界の歴史に名を残した町だ。第二次世界大戦当時、ロスアラモス国立研究所の所長ロバート・オッペンハイマーの指揮のもと、

「マンハッタン計画」によって原子爆弾を開発。一九四五年七月十六日に同じく州北部のホワイトサンズ・ミサイル実験場で、世界初となる核爆弾の爆発実験に成功した。「トリニティ実験」と名付けられたこの実験の成功によって、核爆弾は現実のものとなり、広島と長崎の悲劇につながった。

原爆実験が行われたホワイトサンズ・ミサイル実験場は、兵庫県とほぼ同じ大きさを誇り、アメリカで最も大きい軍事施設として知られている。この実験場は、ホワイトサンズの名のとおり、敷地内に石膏《せっこう》の結晶からなる真っ白な砂丘を有するホワイトサンズ国定公園が含まれる珍しい軍事施設だ。

また、ホワイトサンズにはスペースシャトルの着陸ができる宇宙港がある。ただし、ケネディ宇宙センター、エドワーズ空軍基地が悪天候などで使用できない場合の第三候補の基地のため、実際に着陸したのは「コロンビア」のみである。

宇宙といえば、UFO墜落事件で有名な町ロズウェルを紹介しておこう。州で五番目に大きいこの町は、一九四七年にUFOが牧場に墜落し異星人の遺体が回収されたという事件で一躍有名になった。その真偽を巡っていまだに議論が続いているが、この事件は『ロズウェル――星の恋人たち』というTVドラマのモチーフになり、日本でも放送されている。

そして、ニューメキシコ州にはもうひとつ非常に珍しい町がある。トゥルース・

オア・コンシクエンシーズという町は、鉱泉が湧き退職者に人気の保養地だが、もともとの市名は温泉を意味する「ホットスプリングス」だった。

ところが、一九五〇年にラジオの人気番組『トゥルース・オア・コンシクエンシーズ』が、「名前を同番組のタイトルに改名した町で番組の放送を行う」と公言。多数の立候補のなかからホットスプリングスが選ばれ、市名をトゥルース・オア・コンシクエンシーズに改めてしまったのだ。

ラジオ番組は一九七八年に終了したが市名はそのまま残り、改名を呼びかけた司会者ラルフ・エドワーズは五十年間市の祭りに参加し続け、市民と交流を続けていた。

| | |
|---|---|
| モットー | 進むにつれて成長する |
| ニックネーム | 魅惑の地、陽光の国、サボテン州 |
| シンボル | 州鳥：ミチバシリ、州花：ユッカ |
| 産業・産物 | 航空宇宙、バイオテクノロジー、観光、食品加工 |
| 出来事・行事 | アパッチ戦争終結（1886年）、ロズウェルUFO事件(1947年)、ロデオ・デ・サンタフェ（7月）、サンタフェ祭（8〜9月） |
| 施設・企業<br>大学・組織 | キモ・シアター、タオス・プエブロ、アスペン・サンタフェバレエ団、サンタフェ交響楽団 |
| 出身者 | コンラッド・ニコルソン・ヒルトン（ヒルトンホテル創設者）、ピーター・ハード（画家）、アル・アンサー（レーサー）、デミ・ムーア（女優） |

# ネバダ州

世界最大級のカジノと核施設が共存する砂漠地帯

Nevada

| | |
|---|---|
| 人口 | 1,998,257人 |
| 面積 | 286,351km² |
| 略称(郵便略称) | Nev.(NV) |
| 合衆国加盟 | 1864年10月31日 |
| 州都 | カーソンシティ |

## ■大統領選の「政治的思惑」で州に昇格？

ラスベガスがあることで有名なネバダ州はアメリカ西部の砂漠地帯に位置し、州面積の八七パーセントが連邦政府所有となっている珍しい州だ。これは、一八六二年に制定された国有地を無償で払い下げる「ホームステッド法」と関係がある。同法は、払い下げには「約六五ヘクタールの土地で五年以上農業を行った実績が必要」という条件を設けたため、農業に適した土地がほとんどないネバダ州では、その条件を満たすことが困難だったのだ。

南北戦争が終わりに近づいた一八六四年、ネバダは三六番目の州に昇格したが、これには共和党の議会支配と共和党員初の大統領エイブラハム・リンカーンの再選を狙った政治的な意図があった。そのため大統領選挙に間に合うよう、カーソンシティからワシントンDCに向け州憲法全文をモールス信号で送り（このときの数時

ラスベガスは世界最大級のカジノ街。それぞれ趣向を凝らしたホテルも人気が高い。
Photo:アフロ

ネバダ州は婚姻手続きが簡単であるため教会が多く、なかには「ドライブスルー教会」という一風変わった教会も。
Photo:アフロ

間におよぶモールス信号は歴史上最も長いものとして記録されている）、投票日のわずか八日前に正式な州として認められるという慌ただしさであった。

州名は、西部にある「シエラネバダ山脈」に由来し、ネバダとは「雪に覆われた」という意味のスペイン語である。州都カーソンシティは、どの郡にも属していない独立都市で、これは全米で三都市しか存在しない（州法で市をすべて独立都市とするバージニア州を除く）珍しいものだ。また、アラスカ州とハワイ州以外で、州の間を結ぶハイウェイが通っていない唯一の州都でもある。

## ■砂漠のオアシスに発展したラスベガス

ネバダ州の主要産業は、ラスベガスを中心としたカジノとサービス業、そして鉱業だ。かつては大規模な銀鉱脈があり、州の愛称が「銀の州」となるほど鉱業が盛んであったが、産出量の減少で州経済が破綻しかけたことをきっかけに一九三一年、カジノを合法化。同年に始まったダム建築の工事関係者が集まったことでラスベガスは活況を呈し、完成したダムからの豊富な電力供給が成長に拍車をかけた。

現在のラスベガスは、客室数世界一の七〇七四室を誇るベネチアンホテル・パラッツォタワーや同二位となるＭＧＭグランドホテルなどの巨大ホテルと、古代エジプトをテーマに外観はピラミッドそのものであるルクソールホテル、パリの町並みを再現したパリスホテルなどのテーマホテルが立ち並び、カジノはもちろん、様々なショーが楽しめる一大歓楽街になっている。

ホテル併設のカジノでは、ルーレットやブラックジャックなど様々なゲームを楽しむことができ、カジノの象徴ともいえるスロットマシンの数は二〇万台を超えた。ラスベガスの玄関口であるマッカラン国際空港にも一〇〇〇台以上のスロットマシンが置かれ、最後の一勝負に興じる人々を見ることができる。ちなみにスロットマシンの過去最高の当選金額は、二〇〇三年にエクスカリバーホテルのカジノで出た約三九七〇万ドル、日本円にして約四〇億円という途方もない金額だ。

また、ラスベガスにはギネスブックの「ウェディングチャペル数世界一」に認定されるほど結婚専用の教会が多く、なかには車に乗ったまま挙式できるドライブスルー教会まである。これはネバダ州の婚姻手続きが簡単なことが大きな理由で、年間約一五万組が式を挙げており、この挙式数もまた世界一である。

さらに、一度は陰りが見えた鉱業も、金、銀、銅、リチウムの採掘が州経済の重要な位置を占めるまでに回復。金の産出量は全米第一位、銀の産出量は同二位だ。

## ■「謎の軍事基地」とUFOの目撃情報

ネバダ州は、世界中のUFO研究家から注目を集めているグルームレイク空軍基地、通称「エリア51」と呼ばれる地区がある。この基地は衛星写真で滑走路など施設の存在がはっきりと確認され、周辺は接近すら許されない厳重警戒区域にもかかわらず、政府も軍もその存在を肯定も否定もしないという謎に満ちたエリアだ。

一般的にはステルス爆撃機など新兵器の研究開発を行っていると考えられているが、UFOや異星人に関係する研究をしていると信じて疑わない人々もいる。周辺ではたびたびUFOの目撃情報があるため、同基地に最も近いレイチェル村はUFO観光の名所となった。村には「Little Alien（小さな異星人）」をもじった「Little A'Le'Inn」というモーテルがあり、州政府も同村へ通じるハイウェイ（NV-375）を「地球外生命体道路（ExtraTerrestrial Hwy.）」と名付けている。

エリア51に隣接してネバダ核実験場があり、公表されているだけでも地上実験一〇〇回、地下実験八二五回が行われた。また、核実験場の西にあるユッカマウンテンに地下核処理施設が建設中であり、世界初の核爆発実験を行ったニューメキシコ州と並んで、核との関係が非常に深い州である。

## ■経済も人口も急速に成長を続ける注目州

ネバダ州は法人税、所得税、相続税、固定資産税がかからず、そのほかの税金も税率が低いことで有名だ。このような税制上のメリットに加え、最低資本金の制限がないこと、国税局に対する企業情報公開に制限がある唯一の州であること、会社設立者の国籍を問わないこと、郵送や電話で会社が設立できることなど、会社設立に関する制限がゆるいこともあって、会社設立数が全米一である。

　また、ラスベガスの発展を背景に、全米経済を上回る成長を続けているネバダ州は、二〇〇八年現在の州人口が二六〇万一六七人で、二〇〇〇年の調査から約六〇万人、率にして三〇・一パーセントも増加した。

　この人口増加によって、二〇一〇年に予定されている選挙区再編で下院議員定数と大統領選挙人数が増加することが見込まれており、州の政治的地位が上昇すると考えられている。

| | |
|---|---|
| モットー | すべては我らの国のために |
| ニックネーム | 銀の州、ヨモギの州、戦争生まれの州 |
| シンボル | 州鳥：マウンテンブルーバード、州花：ヨモギ |
| 産業・産物 | 観光、化学製品、金、銀、アルファルファ |
| 出来事・行事 | 州議会が賭博を容認（1931年）、ネバダ核実験場にて核実験（1951年）、全米ラクダレース（9月） |
| 施設・企業<br>大学・組織 | カジノ（ラスベガス）、エリア51（アメリカ空軍管理地区）、ストラトスフィアタワー |
| 出身者 | パット・ニクソン（ファーストレディ）、カーティス・ハンソン（映画監督、脚本家）、ドナート・カブレラ（指揮者）、リア・ディゾン（歌手） |

# モンタナ州

ふたつの世界遺産を持つ美しい自然の「大空の州」

Montana

| | |
|---|---|
| 人口 | 904,433人 |
| 面積 | 380,838km² |
| 略称(郵便略称) | Mont.(MT) |
| 合衆国加盟 | 1889年11月8日 |
| 州都 | ヘレナ |

## ■再評価された「リトルビッグホーンの戦い」

ラテン語で「山の多い」という言葉が州名の由来となったモンタナ州は、ロッキー山脈が縦断する州西部から中央部にかけては文字どおり山岳地帯だが、州東部は一転して「グレートプレーンズ」と呼ばれる台地状の大平原が広がっている。

面積は全米第四位と広いが、人口は同第四四位と少なく、人口密度はわずか二・四一人／平方キロメートル（二〇〇八年データ）である。これは、日本列島全体に九〇万人（仙台市程度）しか住んでいないのとほぼ同じであり、人口密度は日本の約一四一分の一しかない。そのため、未開発の美しい自然がそのまま残されており、青く大きく広がる空からつけられた州の愛称は「大空の州」である。

モンタナ州のほとんどは、フランスが領有するミシシッピ川流域の広大な地域をアメリカが買い取った「ルイジアナ買収」によってアメリカ領土となったもので、

西部開拓時代の町並みを残すバージニアシティ。モンタナ州の重要な観光資源にもなっている。
Photo:アフロ

一八六四年に準州となったのち、一八八九年に四一番目の州に昇格した。

モンタナ州にはもともとアメリカ・インディアンの諸部族が住んでおり、ゴールドラッシュの際に入り込んだ白人、西部開拓民たちとたびたび衝突した。

最も有名な戦いは、ジョージ・アームストロング・カスター率いる第七騎兵連隊が、スー族、シャイアン族、アラパホ族の連合軍と戦い全滅した「リトルビッグホーンの戦い」といわれるものだ。

この戦いは、カスターが無謀な攻撃を仕掛け返り討ちにあって全滅したものだが、長い間アメリカ・インディアンによる奇襲、虐殺とされ、戦いのあった場所は「カスター国立記念戦場」と呼ばれていた。これに対し、インディアンたちは抗議を続け、ようやく二〇〇三年に「リトルビッグホーン古戦場国定公園」に改名され、「リトルビッグホーン戦場記念碑」と「インディアン記念碑」が建立された。これにより彼らの名誉は回復されたのである。

## ■雄大な自然遺産と、西部開拓時代の町並み

モンタナ州、アイダホ州、ワイオミング州にまたがるイエローストーン国立公園は、一八七二年に国立公園に指定された世界最古の国立公園で、一九七八年には世界遺産に登録された。

敷地のほとんどがワイオミング州内にあるが、五ヶ所の公園入り口のうち三ヶ所がモンタナ州内にあり、年間二〇〇万人近い観光客が訪れる。特に公園西口にほど近いウェスト・イエローストーンの町は、ソルトレイクシティからの定期便が運行されており、公園内の名所にも行きやすいため公園の玄関口として人気が高い。

州北部のグレイシャー国立公園は、国境を接するカナダのウォータートン・レイク国立公園とつながっており、両公園を合わせてウォータートン・グレイシャー国際平和自然公園に指定されているほか、世界遺産でもある。

氷河に削られた荒々しい山肌と山麓に広がる緑豊かな森林のコントラスト、谷間に広がる美しい湖や流れ落ちる滝という壮大な景観に加えて、ビッグホーンシープ

など様々な野生動物に出会えることもあって、非常に人気が高いスポットだ。

州都ヘレナは、一八六四年に「四人のジョージア人」と呼ばれる四人組に発見された砂金によって発展した町である。ピーク時には五〇人もの億万長者が住んでいたといわれ、モンタナ州議会議事堂やセントヘレナ大聖堂など、歴史を感じさせる建物が数多く残されている。

また、西部開拓時代の町並みをそのまま残すバージニアシティは、『トゥルー・ウェスト』誌が選ぶ二〇〇九年「本物の西部の町」の二位にランクインした。

ゴールドラッシュに沸いた当時の面影が大切に保存されており、隣町のネバダシティとともに重要な観光資源となっている。

| | |
|---|---|
| モットー | 金と銀 |
| ニックネーム | 宝の州、大当たりの州、大空の州 |
| シンボル | 州鳥：ウェスタンマキバドリ、州花：ビタールート |
| 産業・産物 | 小麦、飼料、観光、金、銀、石炭 |
| 出来事・行事 | リトルビッグホーンの戦い（1876年）、フォートペックダム完成（1940年）、ウィンターカーニバル（2月） |
| 施設・企業<br>大学・組織 | イエローストーン国立公園、セントヘレナ大聖堂、バブコック・シアター、ビリングス交響楽団 |
| 出身者 | ゲイリー・クーパー（俳優）、ウィリアム・ロデリック・ジェームズ（作家）、ジャネット・ランキン（婦人参政権・反戦活動家） |

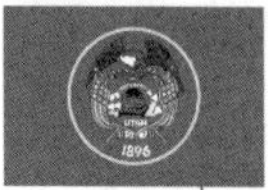

# ユタ州

## 敬虔な開拓者たちが生んだ「蜂の巣箱の州」

Utah

| | |
|---|---|
| 人口 | 2,233,169人 |
| 面積 | 219,887km² |
| 略称(郵便略称) | Ut.(UT) |
| 合衆国加盟 | 1896年1月4日 |
| 州都 | ソルトレイクシティ |

### ■大自然が生んだ不思議な風景

二〇〇二年の冬季オリンピック会場となったソルトレイクシティを州都とするユタ州は、日本の本州ほどの大きさがあり、アメリカ中西部の山岳地帯に位置する。州名は、この地に先住していた「山の民」という意味のユテ族に由来している。

州の中央にあるワサッチ山脈はロッキー山脈の西の端にあたり、北東には同じくロッキー山脈の支脈ユインタ山地があるため、平均標高は二〇〇〇メートル近い。西側は「グレートベースン」と呼ばれる乾燥した砂漠地帯が広がり、南西部も乾燥した砂岩地帯となっているため、人口の七五パーセントが「ワサッチフロント」と呼ばれるワサッチ山脈沿いの峡谷や盆地で暮らしているのが特徴だ。

西部山岳地域の州には、自然が生んだ不思議な風景が数多く広がるが、特にユタ州には珍しい地形が集中している。なかでも「大きな塩水湖」の名を持つグレート

塩分濃度が海水の約8倍ある塩水湖「グレートソルトレイク」をはじめ、ユタ州では珍しい自然の地形を多数見ることができる。 Photo:アフロ

ソルトレイクは、「人がコルクのように浮く」湖として世界的に有名だ。これは、土地の隆起によって陸封《りくふう》された大昔の海の水分が長い年月をかけて蒸発したため、塩分濃度が海水の約八倍になり起きている現象である。

湖の西方には、海水が干上がったあとに残った塩で形成された真っ白なグレートソルトレイク砂漠があり、そのなかにある「ボンネビル・ソルトフラッツ」と呼ばれる大平原は、毎年八月に世界最高速に挑む「ボンネビル・ナショナル・スピード・トライアル」の開催地として知られている。

州南部の砂岩地帯は、コロラド川や風雨の浸食によってできた渓谷やアーチなどが集中している場所だ。州のシンボルになっているデリケート・アーチをはじめ、二〇〇〇以上のアーチがあるアーチーズ国立公園、無数の土柱が立ち並ぶブライスキャニオン国立公園、コロラド川とグリーン川の浸食でできた大渓谷のキャニオンランズ国立公園、台地や岩山がまるで記念碑（モニュメント）のように見えるモニュメントバレーなど、人気の観光スポットが数多い。

## ■「モルモン教徒」による西部開拓の歴史

ユタ州の開拓は一八四七年、現在の州都ソルトレイクシティにブリカム・ヤング率いるモルモン教（末日聖徒イエス・キリスト教会）の信徒たちが入植したことに始まる。モルモン教は独自のキリスト教的宗教観を持っていたことから、伝統的なキリスト教徒との間に軋轢《あつれき》が生まれ、イリノイ州でひどい迫害を受けたのち、収監された開祖ジョゼフ・スミス・ジュニアが暗殺されてしまう。そのため、モルモン教徒たちは西部に新天地を求め、ソルトレイクの地へやってきたのである。

このとき、モルモン教徒たちが通ったイリノイ州ノーブーからソルトレイクシティまでつながる二〇〇〇キロにおよぶ道は「モルモン街道」と呼ばれ、のちに西部開拓の重要なルートとなった。

モルモン教徒たちは不毛の地を開墾して町をつくると、やがてユタ州内のみならず、現在のネバダ州やアイダホ州内にも入植していく。カジノで有名なラスベガスも、もともとはモルモン教徒の開拓者が発見した砂漠のオアシスだ。

州の標章と州旗に記された州のモットー「勤勉」は、厳しい環境のなか、開拓者たちが自身の勤勉さだけを頼りに未開の地を切り拓いていったことに由来する。州の愛称である「蜂の巣箱の州」も、勤勉さを働き者のミツバチに結びつけたものだ。

また、日本ではあまり知られていないが、第二次世界大戦中に日系人の強制収容に反対し、戦後は多くの日系人を受け入れた。現在も親日的な土地柄で日系人も多く、毎年四月にはソルトレイクシティで「日本祭」が開催され、和太鼓の演奏や生け花、日本舞踊などの日本文化が紹介されている。余談だが、外国人タレントのはしりといえる、ケント・デリカット、ケント・ギルバートは、どちらもモルモン教の宣教師として来日した過去があり、ユタ州と関係が深い人物だ。

## ■「保守の風土」にはオバマ人気もおよばず……

ソルトレイクシティはモルモン教の総本山であり、市内には本部ビルや六つの尖塔を持つ立派な大聖堂がある。現在でも州内人口の六〇パーセント近くがモルモン教徒であり、敬虔《けいけん》で穏やかな彼らが長い年月をかけて培ってきた風土は、全米一治安の良い州という評価を受けている。

また、戒律で飲酒と喫煙を禁じているために、アメリカ疾病予防管理センターによる二〇〇四年のデータでは、タバコを吸った経験がない未喫煙率が全米一高く、成人喫煙率が最も低い州であった。

政治的には、モルモン教徒は保守的な傾向が強く、ユタ州は共和党の牙城といわれている。オバマ旋風が吹き荒れた二〇〇八年の大統領選挙においても、共和党の大統領候補マケイン氏が勝利していることからも、それがわかる。

州の産業は鉱業や畜産業、名産の塩製品が中心だ。銅の産出量が非常に多いことで知られ、ソルトレイクシティの近郊には露天掘り方式の銅山としては世界一といわれるビンガム銅山がある。この銅山は一九〇六年から採掘が始まり一八〇〇万トンの銅を産出した結果、直径四四〇〇メートル、深さ一二〇〇メートルもある大穴ができた。この穴は現在のペースで採掘が続けば、二〇一八年には深さ二〇〇〇メートルに達するという。

また、スペースシャトルのブースターロケットなどを製造するチオコール社の本社と工場が州内にあり、航空宇宙産業の中心地としても知られている。

州都のソルトレイクシティは、東西と南北を結ぶ主要幹線道路が交差し、デルタ航空がソルトレイク国際空港をハブ空港として全米の主要都市と直行便で結ぶなど、西部の中心地として栄えてきた。近年はIT産業の誘致に力を入れており、新たな産業拠点として今後の発展が期待されている。

| | |
|---|---|
| モットー | 勤勉 |
| ニックネーム | 蜂の巣箱の州、モルモン教徒の国 |
| シンボル | 州鳥：カモメ、州花：チョウユリ |
| 産業・産物 | IT産業、銅、電子部品、小麦、飼料、リンゴ |
| 出来事・行事 | ソルトレイクシティ冬季五輪（2002年）、サンダンス映画祭（1月）、日本祭（4月） |
| 施設・企業 大学・組織 | ソルトレイク・テンプル、オリンピックパーク、ユタ・ジャズ（NBA）、ユタ交響楽団 |
| 出身者 | ウィリアム・ダドレイ・ヘイウッド（労働運動指導者）、バーナード・オーガスティン・デボト（歴史家）、マーリン・オルセン（NFL選手） |

ロッキー山麓での放牧が盛んな「カウボーイの州」

# ワイオミング州

Wyoming

| | |
|---|---|
| 人口 | 493,782人 |
| 面積 | 253,336km² |
| 略称（郵便略称） | Wyo.（WY） |
| 合衆国加盟 | 1890年7月10日 |
| 州都 | シャイアン |

## ■イエローストーン国立公園など豊かな自然遺産

ワイオミング州は、東側に「グレートプレーンズ」と呼ばれる海抜一〇〇〇～二〇〇〇メートルの台地状の平原が広がり、西側はロッキー山脈が縦断しているため平均標高が全米で二番目に高い高地の州だ。また、州の境界線が緯線と経線に囲まれた長方形という、全米でふたつしかない州のひとつとして知られる（もうひとつはコロラド州）。「ワイオミング」とは、「大草原が山と出会う場所」という意味の先住民レナペ族の言葉で、州の地形的な特徴がそのまま州名になったものだ。

年間降水量は二五〇ミリ前後と少なく、気候が乾燥しているため農業にはあまり適さない土地だが、大麦や小麦、テンサイ、干し草などが生産されているほか、牛や羊の放牧が盛んで、州人口の二倍以上となる一〇〇万頭近くの家畜が飼われている。また、原油や天然ガスといった地下資源も豊富で、州経済を支える重要な産業

世界遺産に登録されているイエローストーン国立公園。北米大陸最大の火山地帯にある。
Photo:アフロ

となっている。

ワイオミング州には手つかずの自然が数多く残っているが、その代表格が州の北西の角に位置し、敷地の一部がアイダホ州、モンタナ州にまたがる世界遺産、イエローストーン国立公園だ。

世界初の国立公園としても知られる同公園は、北米大陸最大の火山地帯にある。無数の温泉や間欠泉、熱水やバクテリアが生み出す独特の景観のほか、アメリカバイソンなどの野生動物が数多く生息しており、自然の生態系がそのまま残されている貴重な場所である。

公園内は、環境保護のための細かいルールが定められており、一九八八年に山火事が発生した際には、自然の摂理に任せるという理由で、人間の手による消火活動を一切せず自然鎮火を待つという判断を下し、世界を驚かせた。

このイエローストーン国立公園のすぐ南に位置するのが、グランドティトン国立公園だ。大空に向かって鋭く伸びる姿が美しいティトン連山を望むこの公園は、アメリカにある五五の国立公園のなかで最も美しいといわれ、一九五三年のアラン・ラッド主演の映画『シェーン』のラストシーンに使われたことでも有名である。

また映画といえば、一九七七年のスティーブン・スピルバーグ監督のＳＦ映画『未知との遭遇』で、宇宙船が着陸するシーンで使われた「デビルスタワー」もワイオミング州にある。高さ三八六メートルの円柱形をしたこの岩は、マグマが冷えて固まった火成岩からなり、冷却するときにできた「柱状節理」という垂直方向の割れ目が大きな特徴だ。一九〇六年にアメリカ初の国定記念物に指定されていたが、有名になったのは映画公開以降で、現在では多くの観光客が訪れる人気スポットとなっている。

## ■いち早く男女同権を実現した「平等の州」

ワイオミング州では、ロッキー山麓の牧草地を生かした放牧が昔から盛んで、カウボーイが多いことから州の愛称も「カウボーイの州」となった。しかし、男社会を連想させる西部の荒くれ者のイメージとは裏腹に、準州時代の一八六九年にアメリカで初めて女性参政権を認めたほか、一九二五年にはネリー・テイロー・ロスがアメリカ初の女性州知事になるなど、古くから女性の権利を尊重し、男女平等を率先してきた歴史を持つ。

現在も州のモットーは「平等の権利」であり、もうひとつの州の愛称は「平等の州」である。

面白いのは、これほど進歩的な考えを受け入れる気風がありながら、政治的には保守傾向が非常に強い州として知られていることだ。

第二次世界大戦後の大統領選挙で民主党が勝ったことはわずか二度しかなく、「オバマ旋風」が吹き荒れた二〇〇八年の大統領選でさえ、共和党のマケイン候補が勝利しているのである。

| | |
|---|---|
| モットー | 平等の権利 |
| ニックネーム | カウボーイの州、平等の州 |
| シンボル | 州鳥：マキバドリ、州花：カステラソウ |
| 産業・産物 | 石油精製加工、食品、小麦、豆類、飼料 |
| 出来事・行事 | 米国初の女性参政権認定（1869年）、米国初の女性州知事誕生（1925年）、フロンティア・デイズ（7月） |
| 施設・企業<br>大学・組織 | イエローストーン国立公園、シャイアン・ディーポ博物館、デビルスタワー国定記念物、ワイオミング大学 |
| 出身者 | ネリー・ロス（初の女性州知事）、トム・ブラウニング（MLB選手）、マシュー・フォックス（俳優）、ディック・チェイニー（第46代副大統領） |

地図で見るアメリカ

# 世界が注目する数々のスポーツ大会
# スポーツイベントMAP

スポーツビジネス先進国であるアメリカでは、MLBやNFLなどの「四大スポーツ」以外にも、国際的に注目されるビッグイベントが数多く開催されている。

※賞金・収入は2008年の平均為替レート（1ドル＝104.23円）で計算。

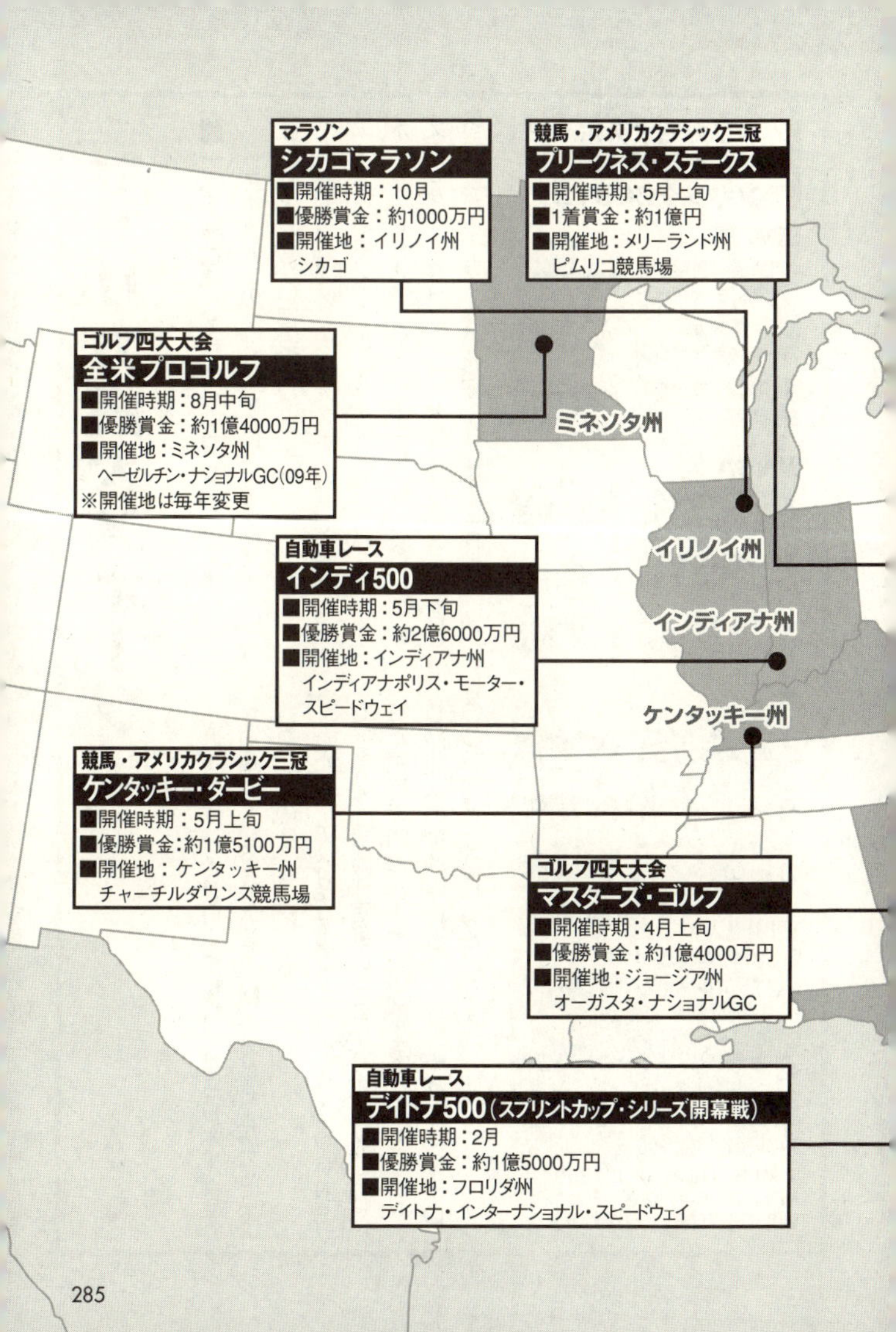
マラソン
シカゴマラソン
■開催時期：10月
■優勝賞金：約1000万円
■開催地：イリノイ州
シカゴ
競馬・アメリカクラシック三冠
プリークネス・ステークス
■開催時期：5月上旬
■1着賞金：約1億円
■開催地：メリーランド州
ピムリコ競馬場
ゴルフ四大大会
全米プロゴルフ
■開催時期：8月中旬
■優勝賞金：約1億4000万円
■開催地：ミネソタ州
ヘーゼルチン・ナショナルGC(09年)
※開催地は毎年変更
ミネソタ州
イリノイ州
自動車レース
インディ500
■開催時期：5月下旬
■優勝賞金：約2億6000万円
■開催地：インディアナ州
インディアナポリス・モーター・
スピードウェイ
インディアナ州
ケンタッキー州
競馬・アメリカクラシック三冠
ケンタッキー・ダービー
■開催時期：5月上旬
■優勝賞金：約1億5100万円
■開催地：ケンタッキー州
チャーチルダウンズ競馬場
ゴルフ四大大会
マスターズ・ゴルフ
■開催時期：4月上旬
■優勝賞金：約1億4000万円
■開催地：ジョージア州
オーガスタ・ナショナルGC
自動車レース
デイトナ500（スプリントカップ・シリーズ開幕戦）
■開催時期：2月
■優勝賞金：約1億5000万円
■開催地：フロリダ州
デイトナ・インターナショナル・スピードウェイ

# アメリカ四大スポーツ

## ■一番人気はアメリカン・フットボール

スポーツ好きのアメリカ人にとって、スポーツ観戦は欠かせない娯楽のひとつだ。

なかでも「アメリカ四大スポーツ」と呼ばれるアメリカン・フットボール（NFL）、バスケットボール（NBA）、ベースボール（MLB）、アイスホッケー（NHL）は、各地に所属チームを持つ背景から、ファンの熱狂ぶりはすさまじい。

近年では、イチローや松坂大輔ら日本人選手が活躍していることから、MLBは日本にとってもなじみが深くなっている。

ただし、アメリカで最も人気のスポーツはNFLである。優勝決定戦の「スーパーボウル」は、毎年視聴率四〇パーセント以上を記録しており、CM放送の契約料に至っては三十秒で二億七〇〇〇万円というビッグビジネスだ。

### アメリカ四大スポーツ チーム別年間収入ランキングBEST3

**■MLB**

| | | |
|---|---|---|
| 1位 | ニューヨーク・ヤンキース | 約385億円 |
| 2位 | ボストン・レッドソックス | 約310億円 |
| 3位 | ニューヨーク・メッツ | 約277億円 |

**■NBA**

| | | |
|---|---|---|
| 1位 | ニューヨーク・ニックス | 約231億円 |
| 2位 | ロサンゼルス・レイカーズ | 約200億円 |
| 3位 | シカゴ・ブルズ | 約190億円 |

**■NFL**

| | | |
|---|---|---|
| 1位 | ワシントン・レッドスキンズ | 約385億円 |
| 2位 | ニューイングランド・ペイトリオッツ | 約332億円 |
| 3位 | ダラス・カウボーイズ | 約317億円 |

**■NHL**

| | | |
|---|---|---|
| 1位 | トロント・メープルリーフス（カナダ） | 約167億円 |
| 2位 | モントリオール・カナディアンズ（カナダ） | 約145億円 |
| 3位 | ニューヨーク・レンジャース | 約143億円 |

※MLB、NBA、NFLは2007年、NHLは2008年の数字。各金額は発表年の平均為替レートで計算。

# PART9
# 西部　太平洋岸地域

広い大洋にのぞむ大地同様、人々は開放的で自由な気風にあふれている。政治的にもリベラルな思想の持ち主が多く、日系人を含むアジア系移民が多いことで知られる。また「飛び地」であるアラスカ州、唯一太平洋を挟んだハワイ州は、土着の文化を残しながら独自の発展を遂げている。

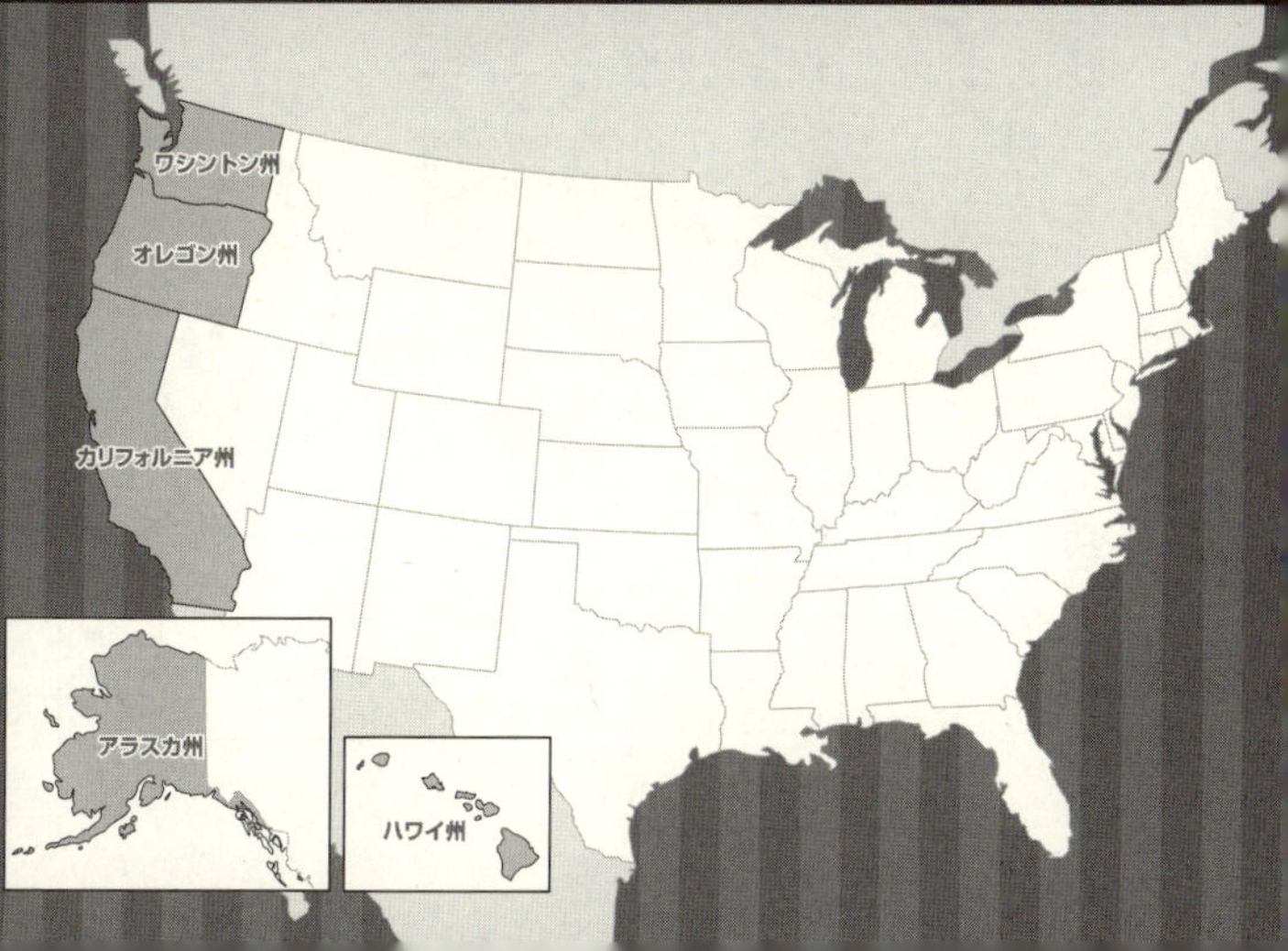

# アラスカ州

北半分が北極圏に含まれる「真夜中の太陽州」

Alaska

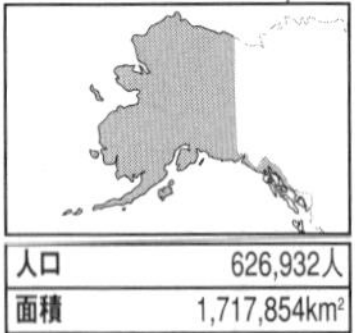

| | |
|---|---|
| 人口 | 626,932人 |
| 面積 | 1,717,854km² |
| 略称(郵便略称) | Alas.(AK) |
| 合衆国加盟 | 1959年1月3日 |
| 州都 | ジュノー |

## ■アラスカへの評価を逆転させた冷戦と天然資源

北米大陸の西北端に位置するアラスカ州は、アメリカ本土の四八州とはカナダを挟んだ飛び地にあり、日本の四倍もの面積を有する全米一大きな州だ。人口は約六二万人と非常に少ないため、人口密度は五〇州のなかで最も低い。

同州は一八六七年、アラスカ一帯を領有していたロシアから七二〇万ドルでアメリカが購入したことでアメリカ領となる。しかし当時、アラスカは不毛の地だったため買収を進めた国務長官ウィリアム・H・スワードは非難を浴び、アラスカは「スワードの冷蔵庫」などと揶揄《やゆ》された。

ところが、第二次世界大戦後にソ連に対する国防上の重要拠点となったこと、金鉱や油田が発見されたことから、現在はスワードに対する評価が好転し、アラスカ州では三月最後の月曜日を「スワードの日」に制定するなどして、彼の功績を讃え

アラスカ州は、世界で最もオーロラが見やすい地域として研究者の注目を集める。
Photo:アフロ

ている。

同州は一八八四年に属領地、一九一二年に準州に昇格したが、正式な州に昇格したのは一九五九年と遅く四九番目であった。州名は、先住民アレウト族の言葉で「半島」を意味する「アラクシャク」から、スワードが名付けたものである。

## ■油田がもたらした巨万の富

一八九九年にノームで金が発見されたことで、一攫千金を夢見る人々が殺到し、フェアバンクスなどの町がつくられたことが、アラスカ発展の第一歩だった。アメリカで起きた最後のゴールドラッシュだったことから、同州は「最後のフロンティア」という愛称がつけられた。

一九〇〇年代前半は、漁業や水産加工

物の缶詰製造、銅の採掘が州経済の中心だったが、一九六八年に発見されたプルドー湾の原油が州の経済を大いに潤《うるお》した。

州政府は、将来石油が枯渇《こかつ》するときに備え、一九七六年に税収の一部で「アラスカ永久基金」を設立する。この基金は全米一の資金力を持ち、合衆国政府に最も貸しつけ額が多い基金へと成長した。この基金による州民への分配金も影響して、州の平均所得は全米でトップクラスとなっている。

州人口の四割近くが住む最大都市アンカレッジは、旅客機であってもソ連上空を飛行することができなかった冷戦期に、アジアと西ヨーロッパを結ぶ北回り航路の給油中継基地として発展した。冷戦が終結し旅客機の航路が変更された現在でも、航空貨物のハブ空港として機能しており、市内には航空貨物関連会社のオフィスが軒《のき》を連ねている。

アラスカ州の北半分は北極圏内にあり、夏は太陽が沈まない「白夜」、冬は太陽が昇らない「極夜」となるため、「真夜中の太陽州」という愛称も持つ。また、世界で最もオーロラが見やすい地域としても有名で、特に晴天率が高いフェアバンクスにあるアラスカ大学フェアバンクス校には、世界中のオーロラ研究者が集まる。

州内には一一の国立公園があり、国立保護区や国定公園なども含めた自然保護地区の総面積は、州の約三分の一を占める大きさだ。州も細かな規則を定めて自然の保護に力を入れており、あるがままの自然に触れられる場所として観光客に人気が高い。なかでも最も人気があるのは、北米大陸最高峰「マッキンリー（デナリ）」があるデナリ国立公園である。

日本では冒険家、植村直己《なおみ》が遭難した山としても有名なマッキンリーだが、これはアメリカ人が第二五代大統領マッキンリーにちなんでつけた呼称であり、先住民たちはこの山を「デナリ」と呼んでいた。

アラスカ地名局は、一九八〇年に公園が制定される際、マッキンリーの名を改めてデナリとし、公園の名もデナリ国立公園としたが、連邦地名局はデナリに変更しなかったため、現在のところ州と国で異なる呼称が使われている。

| | |
|---|---|
| モットー | 未来へ向かう北の地 |
| ニックネーム | 真夜中の太陽州、最後のフロンティア |
| シンボル | 州鳥：ヌマライチョウ、州花：ワスレナグサ |
| 産業・産物 | 漁業、石油・天然ガス工業、ハダカ麦、観光 |
| 出来事・行事 | プルドー湾付近で大規模な油田と、天然ガス田が発見される（1968年）、白夜祭（6月） |
| 施設・企業<br>大学・組織 | アイルソン空軍基地、グレイシャー・ベイ国立公園、デナリ国立公園、アラスカ大学 |
| 出身者 | マリー・スミス・ジョーンズ（イヤック族首長）、エドワード・ルイス・バートレット（新聞記者、政治家）、サラ・ルイズ・ペイリン（現州知事） |

# オレゴン州

Oregon

東部からの大開拓団が目指した「夢の新天地」

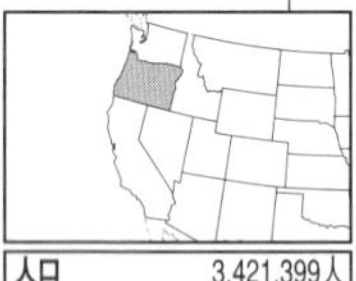

| | |
|---|---|
| 人口 | 3,421,399人 |
| 面積 | 254,805km² |
| 略称(郵便略称) | Ore.(OR) |
| 合衆国加盟 | 1859年2月14日 |
| 州都 | セイラム |

## ■三五〇〇キロの街道「オレゴン・トレイル」

オレゴン州はアメリカ西海岸、太平洋に面する三つの州の真ん中に位置し、西部開拓時代の象徴ともいえる歴史を持つ。一八三〇年代に、ミズーリ州を起点に三五〇〇キロメートルの道程を経てオレゴンシティへと至る街道「オレゴン・トレイル」を通って、東部から入植者がやってきていたが、本格的な入植が始まったのは、土地を無償で所有できる憲法を入植者たちが採択した一八四三年以降だ。

当時、東部諸州は不況に苦しんでおり、この年にマーカス・ホイットマン率いる数百台の幌馬車《ほろばしゃ》と一〇〇〇人からなる大開拓団が、新天地オレゴン目指してミズーリ州を出発。以降、十数年もの間、何万人もの人々が新天地での豊かな暮らしを夢見て、半年におよぶオレゴン・トレイルの旅に挑んだ。

多くの開拓者が移住したことで、一八五九年にアメリカ三三番目の州となったが、

メトロによって都市計画が行われ、住みやすい町として評判の高いポートランド。
Photo:アフロ

珍しいことに州名の由来が「コロンビア川の古名」など諸説あるものの、はっきりとはわかっていない。

また、州旗の表には州章、裏には州の愛称「ビーバーの州」からビーバーが描かれており、全米で唯一、表と裏のデザインが異なる州旗を持つ州でもある。

## ■独立した地域政府「メトロ」

西海岸にあるワシントン州、カリフォルニア州とともに、オレゴン州はリベラルな気風で知られているが、特にオレゴン州は一九〇二年に「オレゴン・システム」と呼ばれる直接民主制の政治制度を採用したことで有名だ。

住民投票による議案の提出と採択の権利、そして公職者の解任権を認めたこの制度によって、現在もポートランド・メトロポリタンエリアにある三つの郡の二五都市、一三〇万人以上の住民を有する地域政府「メトロ」が運営されている。メトロは連邦政府、州政府から独立した存在で地方自治の権限を持ち、一九九二年には、選挙民に承認されたアメリカ唯一の自治憲章「メトロ憲章」が採択された。

もともとメトロは、土地の有効利用や交通機関の計画、調整、ゴミ処理など、調和のとれた都市計画の遂行が主たる目的で一九七八年に設立された機関だ。実際のところポートランドは非常に住みやすいと評判で、メディアなどが行う「住みたい町ランキング」の上位に必ずランクインするほど人気の町となっている。

## ■世界のハイテク企業が集まる「シリコンフォレスト」

温暖な気候と適度な雨量、そして肥沃な土壌という農業に最適な条件がそろったオレゴン州では、二〇〇種類以上の農産物が生産されており、日本をはじめとして多くの国に輸出されている。また林業も盛んで、木材の生産量は全米一だ。

ポートランドには、世界的スポーツ用品メーカーのナイキとコロンビアスポーツの本社があるほか、近年は周辺地域にハイテク企業が集まってきており、森林が多い特徴から「シリコンフォレスト」と呼ばれるほどになった。特にヒルズボロにはハイテク企業が多く、半導体メーカー、インテルの工場（同社最大規模）と研究所をはじめとし、ヤフーやエプソンなどの企業が進出している。

また、同州は意外にも日本との関係が深い。ポートランドは、北海道札幌市とほぼ同緯度に位置し、ともに開拓者がつくった町という共通点を持つことから、一九五九年に姉妹都市の提携を結んだ。

そのほか州内には、州都セイラムと埼玉県川越市、映画『スタンド・バイ・ミー』の撮影地ユージンと静岡県掛川市など、日本と姉妹都市の提携を結んでいる町が二二もある。

アメリカは建国以来、他国の航空機による本土空襲を受けたことが一度しかなく、その一度とは、第二次大戦中の一九四二年、日本軍の潜水艦搭載機がオレゴン州の森林地帯に対して行ったものだ。

| | |
|---|---|
| モットー | 団結 |
| ニックネーム | ビーバー州、ならず者の州 |
| シンボル | 州鳥：マキバドリ、州花：ヒイラギメギ |
| 産業・産物 | 機械、木材、ペパーミント、ベリー類 |
| 出来事・行事 | 大陸横断鉄道がオレゴンに到達（1883年）、バラ祭（6月）、ティンバー・カーニバル世界選手権（7月） |
| 施設・企業<br>大学・組織 | ポートランド美術館、ワシントン公園、ナイキ本社、ポートランド・トレイルブレイザーズ（NBA） |
| 出身者 | ジョン・マクローリン（開拓者）、チャールズ・リンザ・マクネアリー（政治家）、ホアキン・ミラー（作家）、ジョン・リード（ジャーナリスト） |

大国アメリカを代表する文化の発信地

# カリフォルニア州

California

| | |
|---|---|
| 人口 | 33,871,648人 |
| 面積 | 423,970km² |
| 略称(郵便略称) | Calif.(CA) |
| 合衆国加盟 | 1850年9月9日 |
| 州都 | サクラメント |

## ■「伝説の理想郷」の名を冠した州名

カリフォルニア州は、アメリカ本土の太平洋に面する海岸線の半分以上を占める南北に長い州で、面積は全米第三位、人口は同第一位というアメリカを代表する州のひとつだ。州名は、スペインの探検家エルナン・コルテスがカリフォルニア半島を発見した際、同地を伝説の理想郷「カリフォルニア島」と信じてカリフォルニアと名付け、のちに半島北の大陸に入植したスペイン人が「カリフォルニアの上」を意味する「アリタ・カリフォルニア」と呼んだのが由来だ。

州南部のほとんどはスペイン人が開拓したスペイン領だったが、メキシコのスペインからの独立に伴ってメキシコ領となった。一八四八年、周辺地域一帯をアメリカが一五〇〇万ドルで買い取る「グアダルーペ・イダルゴ条約」によって今度はアメリカ領となり、一八五〇年に三一番目の州へ昇格している。

塩の大平原「バッドウォーター」のあるデスバレー国立公園をはじめ、カリフォルニア州には多数の国立公園と世界遺産がある。 Photo:アフロ

そのためカリフォルニア州には、スペイン語由来の地名が非常に多い。一例を挙げれば、ロサンゼルス（スペイン語でロサンヘレス＝天使の意）、サンフランシスコ（聖フランシスコ）などがそれだ。また、現在でも州人口の約三分の一をヒスパニック系の住民が占めているため、スペイン語が準公用語の扱いを受けている。

## ■ジーンズ、マクドナルド、モーテルの故郷

一八四八年、アメリカン川で砂金が発見されたことをきっかけに、一攫千金を夢見る開拓者や山師たちがカリフォルニアに殺到。いわゆる「ゴールドラッシュ」が始まる。人口はわずか数年で二〇万人近くに達し、州昇格の原動力となった。また州の愛称「金の州」の由来にもなった。

アメリカ文化の象徴といえる「ジーンズ」は、ジェイコブ・デイビスがゴールドラッシュの鉱夫たちのために帆布《はんぷ》をリベットで補強したパンツを開発し、サンフランシスコのリーバイ・ストラウス社と協同で特許を取得し、生地をより丈夫なデニムに変更して製品化したものが元祖だ。

また、マクドナルド兄弟のハンバーガーレストランが起源のマクドナルド、アーサー・ハイネマンの自動車旅行者用の宿泊施設が起源のモーテル、アナハイムのディズニーランドなども、カリフォルニア州発祥のアメリカを代表する文化である。

そのほか、日本人初のメジャーリーガー村上雅則が所属したサンフランシスコ・ジャイアンツや野茂英雄が活躍したロサンゼルス・ドジャース、一九八〇年代に一世を風靡《ふうび》したサンフランシスコ・フォーティーナイナーズなど、州内の都市を本拠地にするアメリカ四大スポーツ（ベースボール、アメリカンフットボール、バスケットボール、アイスホッケー）のプロチームも数多い。

## ■州の二大都市に集中する人口と産業

カリフォルニア州には、ロサンゼルスとサンフランシスコという世界的に有名な大都市がある。約三八五万人が暮らすロサンゼルスは、ニューヨークに次いで人口の多い全米第二の都市で、同市を中心とするロサンゼルス都市圏には、映画の都ハリウッドや高級住宅街ビバリーヒルズなどがあり、北米の金融、商工業、文化の中心地のひとつだ。

ゴールデンゲートブリッジで有名なサンフランシスコの人口は約八〇万人と少ないが、周辺都市圏の人口は約七〇〇万人に達する。近隣には、アップルやインテル、アドビシステムズなどIT、ハイテク関連の最先端企業が集まるシリコンバレーがあり、ロサンゼルスと同様に金融、商工業、文化の中心となっている。また、霧の町、坂の多い町としても有名で、市のシンボルともいえるケーブルカーは観光客に人気が高い。

このふたつの大都市の知名度があまりにも高いため、どちらかを州都と勘違いする人が多いが、百六十年余りの歴史を持つ州北部の町サクラメントが、一八五四年に定められて以来の州都だ。州知事は、日本でも有名なハリウッド俳優アーノルド・シュワルツェネッガーが務めている（二〇〇九年現在）。

政治的には、一九八〇年代までは保守傾向が強く、第二次世界大戦後の大統領選で民主党候補が勝利したのはわずか二回しかなかった。ところが、一九九〇年代からリベラル寄りになっており、一九九二年以降に行われた五回の大統領選はすべて民主党候補が勝利している。同州は全米最多の五五人の選挙人を抱えるため、大統領選の大きな鍵を握る州のひとつだが、現在のところは民主党の大票田だ。

## ■全米で最も厳しい排ガスなどの環境規制

カリフォルニア州には大規模な都市圏がある反面、豊かな自然も多数残されている。アメリカの「自然保護の父」と呼ばれるジョン・ミューアの運動により、一八九〇年に国立公園となったヨセミテ国立公園は、多様な動植物の生態系がそのまま残されていることが評価され、一九八四年にユネスコの世界遺産に登録された。

ほかにも、高さ数十メートルにもなるレッドウッドの巨木が立ち並ぶ世界遺産レッドウッド国立・州立公園や、西半球で最も海抜の低い（海抜下八六メートル）塩の大平原「バッドウォーター」があるデスバレー国立公園など、ありのままの大自然が保護されている。

環境保護という面では、同州は排ガス規制などの環境規制が全米で最も厳しいことで知られ、二〇〇二年には地球温暖化問題に配慮し、排ガス規制にCO2を含めた新規制を決めた。

長らく、この規制は実施されなかったが、「グリーン・ニューディール政策」を掲げるオバマ政権によって、実施に移される見込みだ。

一三の州が同規制を採用するといわれ、各国の自動車メーカーが規制対応の技術開発を進めている。

| | |
|---|---|
| モットー | 我、発見せり |
| ニックネーム | 黄金の州、ブドウ州、ユーリカ州 |
| シンボル | 州鳥：カンムリウズラ、州花：ハナビシソウ |
| 産業・産物 | 映画、観光、果物、ワイン、酪農品 |
| 出来事・行事 | ゴールドラッシュ開始（1848年）、サンフランシスコ大地震（1906年）、アカデミー賞授賞式（2～3月） |
| 施設・企業<br>大学・組織 | コダック・シアター、ウォルト・ディズニー・カンパニー本社、カリフォルニア工科大学 |
| 出身者 | マリリン・モンロー（女優）、リチャード・ニクソン（第37代大統領）、ジョン・スタインベック（作家）、ウィリアム・ランドルフ・ハースト（新聞発行者） |

古くから日本との関係が深い「太平洋の楽園」

# ハワイ州

Hawaii

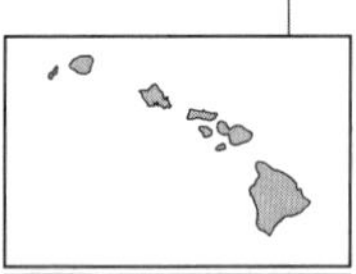

| 人口 | 1,211,537人 |
|---|---|
| 面積 | 28,311km² |
| 略称(郵便略称) | Haw.(HI) |
| 合衆国加盟 | 1959年8月21日 |
| 州都 | ホノルル |

## ■アメリカで最も新しい五〇番目の州

ハワイ州は、北米大陸に存在しないただひとつの州であり、ハワイ諸島と北西ハワイ諸島に含まれるハワイ島、マウイ島、オアフ島など主要な八つの島と一〇〇以上の小島（ミッドウェー環礁は除く）で構成されている全米唯一の島の州だ。

ハワイ諸島は海底火山の活動によってつくられた島々で、現在でも、キラウェア火山の溶岩が新たな海岸線をつくり、ハワイ島の南東にロアヒという島が誕生しつつあるなど、活発な火山活動によって州の陸地面積が増えている。

また、一年間に約八センチの速度で北西に向かって移動する太平洋プレート上にあるため、位置が年々北西方向に移動しており、五〇州のなかで唯一「面積の増加」と「移動」という特徴を持つ州でもある。

ハワイ諸島は、複数の首長により分割統治されていたが、一八一〇年に「カメハ

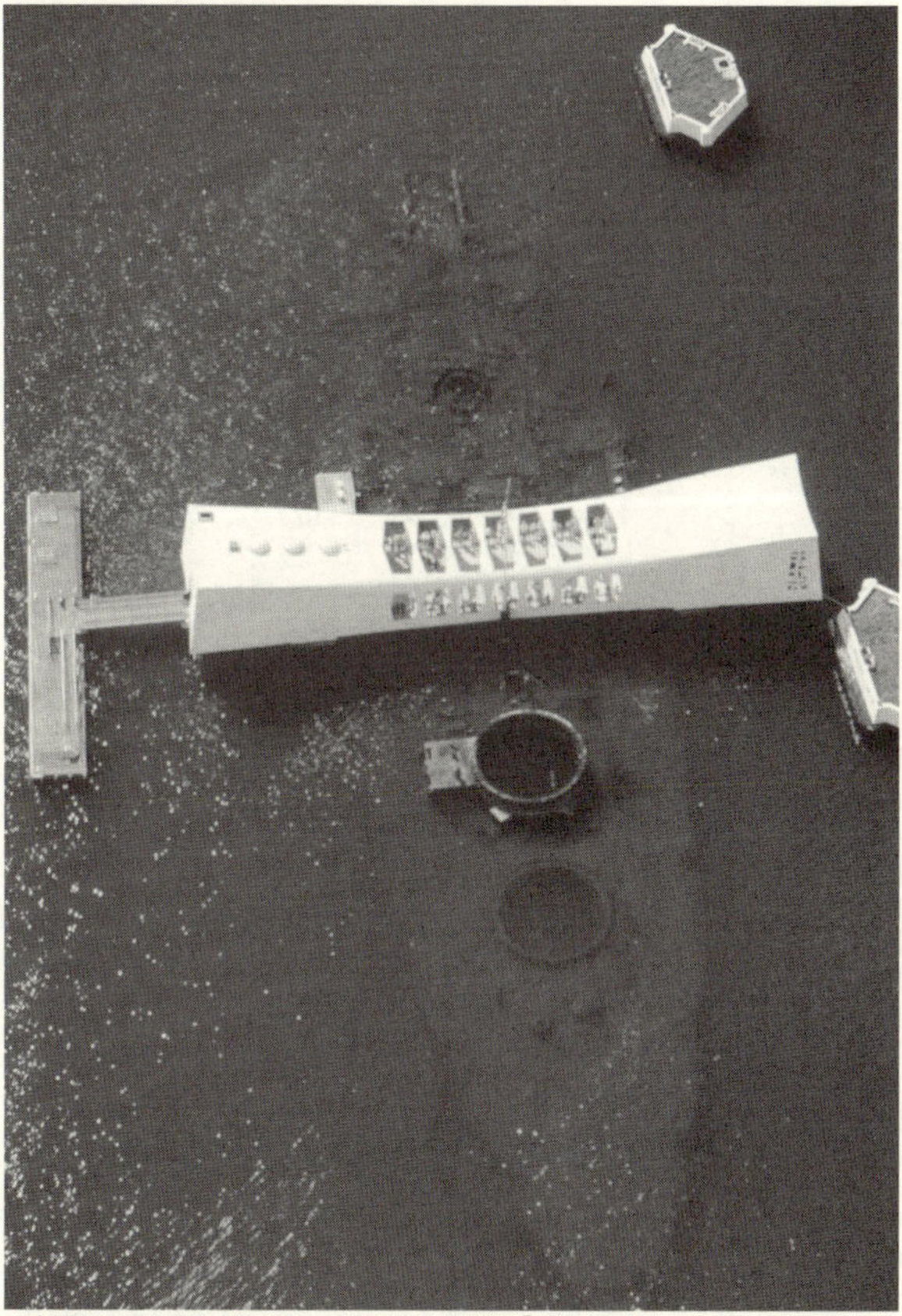

日本軍による真珠湾攻撃によって海に沈んだ戦艦「アリゾナ」と、その上に建てられた慰霊碑アリゾナ・メモリアル。
Photo:アフロ

メハ一世」が全域を統一し「ハワイ王国」となった。しかし、一八九八年にアメリカの圧力でリリウオカラニ女王が退位させられたのち、アメリカに併合されハワイ準州となる。そして一九五九年、五〇番目の州に昇格したのだった。

州都は、オアフ島にある州人口の四割が集まる州最大の都市ホノルルで、ハワイの玄関口ホノルル国際空港があるほか、ビーチリゾートで有名なワイキキビーチ、ダイヤモンドヘッドなど多くの観光スポットがあり、政治、経済、文化の中心地となっている。

アメリカ五〇州のなかで日本と最も関係が深い州は、間違いなくハワイだ。非公式ではあるが、明治元年の一八六八年には「元年者」と呼ばれる初の移民がハワイに渡り、一八八五年には初の公式な移民団が続いた。

彼らの子孫は現在五世まで誕生しており、州人口に占める日系人の割合は約一七パーセントに達している。これは白人の約二四パーセント、混血約二〇パーセントに次いで三番目に多い人種だ。

また、年末年始やゴールデンウィークになるとハワイへ向かう芸能人に代表されるように、年間観光客数の実に五分の一にあたる一二万人が日本から訪れており、海外旅行先として日本人に非常に人気が高い。

しかし、わずか六十五年前には、日本軍の真珠湾（パールハーバー）攻撃という戦争の歴史があったことを忘れてはならない。この攻撃でアメリカ軍は戦艦五隻が沈没するなどの多大な損害を出し、二三〇〇人以上もの人々が亡くなった。一〇〇〇人以上の乗員とともに沈んだ戦艦「アリゾナ」は、現在もそのまま海底に残され、船体上の海面には慰霊のためのアリゾナ・メモリアルが建てられている。

アリゾナ・メモリアルのすぐ隣には、退役した戦艦「ミズーリ」が一般公開されており、内部も見学することが可能だ。ミズーリは、日本が降伏文書に調印した場所であり、太平洋戦争の最初と最後を象徴するふたつの戦艦が並んでいるのである。

## ■記念日が制定されるほど人気の日本の特撮ヒーロー

近年、日本のオタク文化が海外でブームになっているが、ハワイでは、石ノ森章太郎原作の特撮ヒーロー『人造人間キカイダー』『キカイダー01』の両作品が、初放映から三十年以上たった現在も根強い人気がある。州知事が四月十二日を「ジェネレーション・キカイダーDAY」（二〇〇二年）、マウイ島市長が五月十九日を「キカイダー・ブラザーズDAY」（二〇〇七年）に制定したことからも、その人気のほどがわかる。

また、夏服の定番アロハシャツは日系人たちが和服の生地をシャツに仕立てたものが起源といわれ、日本でもおなじみとなった白飯の上にハンバーグを載せたロコモコ、ハワイ出身の力士として活躍した高見山や小錦（現KONISHIKI）、曙、武蔵丸など、日本との接点は枚挙《まいきょ》に暇《いとま》がない。

## ■史上初のハワイ出身大統領、バラク・オバマ

ハワイ州の経済は、一九〇〇年代後半から二〇〇〇年代のなかごろまでは、プランテーション農場によるサトウキビの栽培と製糖が支えていたが、現在は農業の占める割合は低くなった。とはいえ、全米唯一のコーヒー生産地であるハワイ島のコナコーストで「コナコーヒー」が栽培されているほか、パイナップルは、世界の生産量の八割以上を占めたこともあるほどの一大産地だ。

現在、州経済を支えているのは観光業と軍需である。ワイキキビーチをはじめとした美しいビーチ、多数のゴルフ場、キラウェア火山の荒々しい景観、美しい海と雄大な自然などを目当てに訪れる、年間五〇〇〇万人もの観光客による経済効果は計り知れない。

また、真珠湾には太平洋艦隊総司令部が置かれるなど軍事基地の施設が多く、軍事関連の雇用と支出も州経済の重要な要素を占めている。

しかし、「太平洋の楽園」という州の愛称とは裏腹に、州民の生活は決して豊かとはいえない。本土と離れた島であるため、食品や石油など物品の輸送コストがか

かり、平均物価、光熱費ともに全米一高いのだ。平均年収は全米平均とほぼ同程度であるため、生活が厳しいことは容易に想像できるだろう。

政治的には民主党が圧倒的に強く、州昇格以来四十年以上にわたり民主党系知事が続いたが、二〇〇二年にリンダ・リングルが共和党系候補で初当選（ハワイ州初の女性州知事）し、二〇〇六年の選挙で再選を果たした。また、ハワイ州からは上下両院で初の日系議員となったダニエル・イノウエ、全米初の日系州知事ジョージ・アリヨシが誕生している。

二〇〇八年の大統領選では、ホノルル生まれのバラク・オバマが勝利し、史上初の黒人大統領となったが、同時にハワイ州出身者としても初の快挙となった。

| | |
|---|---|
| モットー | この地の生命は正義のうちに全うされる |
| ニックネーム | アロハ州、太平洋の楽園 |
| シンボル | 州鳥：ネネ、州花：ハイビスカス |
| 産業・産物 | 観光、サトウキビ、マカダミアナッツ、果物 |
| 出来事・行事 | 真珠湾攻撃（1941年）、ソニーオープン・イン・ハワイ（ゴルフ・1月）、ホノルルマラソン（12月） |
| 施設・企業<br>大学・組織 | アロハ航空本社、ハワイアン航空本社 |
| 出身者 | デビッド・カラカウア（ハワイ王）、サンフォード・バラード・ドール（初代州知事）、曙太郎（外国人初の横綱）、バラク・オバマ（第44代大統領） |

# ワシントン州

世界の「超有名企業」が集まるアメリカ西海岸の雄

Washington

| | |
|---|---|
| 人口 | 5,894,121人 |
| 面積 | 184,665km² |
| 略称(郵便略称) | Wash.(WA) |
| 合衆国加盟 | 1889年11月11日 |
| 州都 | オリンピア |

建国の父である初代大統領ジョージ・ワシントンの名を冠するワシントン州は、太平洋に面する三つの州のひとつで、アメリカ本土の北西端に位置する。北部は北緯四九度線に沿ってカナダと国境を接するが、これは、この付近一帯の領有権を巡って争っていたアメリカとイギリスの間で、一八四六年に結ばれた「オレゴン条約」によって定められたものだ。

## ■「州の東西」で気候が全く異なる

州西部は太平洋に面し、州東部はカスケード山脈が南北に縦断するという起伏に富んだ地形をしている。山脈の西側は雨が多く、杉などの常緑樹が生い茂っているため「常緑樹の州」という愛称がつけられた。しかし、山脈の東側は乾燥した半砂漠地域であり、同じ州内でも東西で気候が全く異なるのが特徴だ。

州西北部にあるピュージェット湾は、氷河が削った複雑な地形が天然の良港とな

シンボルタワー「スペースニードル」がそびえ立つ、ワシントン州最大の都市シアトルの夜景。
Photo:アフロ

マイクロソフト社など、多数の大企業が本拠地を置いている。
Photo:Getty Images/アフロ

り、物流、交通の要所として最大都市シアトルを中心とした四〇〇万人が住む全米第一五位の大都市圏が形成されている。

カスケード山脈は環太平洋火山帯の一部で、一九八〇年に同山脈にあるセント・ヘレンズ山が大噴火を起こした。この噴火で山頂には直径一・五キロもある火口が出現し、標高が二九五〇メートルから四〇〇メートルも低くなったほか、多くの建物や橋、鉄道、道路が破壊され、五七人の命が奪われている。

## ■ブルース・リーも暮らした人気都市シアトル

ワシントン州のなかで、最も知名度が高い都市はシアトルだろう。同市は州最大の都市であり、周辺都市圏も大規模なため州都と勘違いされやすいが、ピュージェット湾の最も奥に位置するオリンピアが州都だ。

シアトルは大都市のなかでは治安も良く、整然とした町並みと穏やかで過ごしやすい気候から、メディアなどが行う「住んでみたい町ランキング」の上位に毎回ランクインするほど人気が高い。

一九六二年には万国博覧会が開催されたが、その跡地「シアトル・センター」には、同市のシンボルタワー「スペースニードル」をはじめ、ギャラリーや博物館、劇場といった三〇以上の文化施設が集まり、市民の憩《いこ》いの場となっている。

また、史上最高のロックギタリストと称されるジミ・ヘンドリックスの生まれた場所であり、グランジ・ロックの元祖ニルバーナやパール・ジャム、クイーンズライクなど、ロックファンにはなじみ深いミュージシャンたちが同市を拠点に活動していたことでも有名だ。日本ではイチローと城島健司が所属するメジャーリーグ球団「シアトル・マリナーズ」の本拠地として覚えている人が多いだろう。

映画スターのブルース・リーは、学生時代を州立ワシントン大学で過ごし、在学中に道場を開いて彼独自の武道「截拳道（ジークンドー）」を創始した。道場経営に専念するために大学を中退したが、そのまま家族とともにシアトルで暮らした。市内にはブルース・リーと彼の息子の墓が残されている。

## ■マイクロソフトが牽引する「シリコンフォレスト」

ワシントン州には、シアトル出身のビル・ゲイツとポール・アレンが設立したマイクロソフト、通信販売大手のアマゾン、ゲーム機器販売の任天堂オブアメリカ、会員制の倉庫型卸売りのコストコやカジュアルウェアブランドのエディバウアーなど、日本でも有名な世界的大企業の本拠地が多い。

二〇〇一年にシカゴに移転したが、ジャンボジェット機や軍用機の生産で有名なボーイングの本社も創業以来シアトルにあった。同社の雇用が市の経済と発展を支えていたといっても過言ではないが、あまりにも依存しすぎたため、同社の経営不振がそのまま州経済の危機になるなどの弊害も過去に起きている。

また日本でも人気が高い、スターバックスやタリーズコーヒー、シアトルズベストコーヒー（現在はスターバックスが買収）などの、エスプレッソをベースにしたシアトル系コーヒー発祥の地でもある。

州南部にあるオレゴン州との境を流れるコロンビア川は水量が多く、それを生かした水力発電が盛んだ。水力発電による豊富な電力があるため、多量の電気を必要とする電気メッキやアルミニウムの生産が盛んになった。また、シアトル周辺にはマイクロソフトなどのＩＴ関連のハイテク産業が集まっており、隣州オレゴンのポートランドまでの一帯を、森林が多い特徴から「シリコンフォレスト」と名付け、最先端企業の誘致に取り組んでいる。

州内には豊かな自然が残されており、世界遺産に指定されているオリンピック国立公園のほか、ふたつの国立公園がある。

また、豊富な森林資源を生かした林業や製紙業、さらにリンゴやブドウの生産も盛んだ。近年、ワシントン州産のブドウでつくられるワインが「ワシントン・ワイン」として注目を集めつつある。

太平洋岸のカリフォルニア州とオレゴン州はともにリベラルな気風で知られる

が、ワシントン州も同様の特徴を持っている。二〇〇八年の大統領選では、民主党候補のバラク・オバマが同州を制し選挙人一一人を獲得したが、この勝利によって一九八八年から続く民主党候補の連続勝利数を六回に伸ばした。

オバマ政権で商務長官を務めるゲイリー・フェイ・ロックは、一九九七年から二期連続でワシントン州知事を務めた人物である。彼は中国系アメリカ人としては史上初の州知事で、同性愛や妊娠中絶を擁護する自由主義者である。

また、オレゴン州に次いで末期患者の自殺を認める「尊厳死（安楽死）法」が二〇〇九年に成立したことなどからも、「自由」を是とするリベラルな気風が非常に強いことがわかる。

| | |
|---|---|
| モットー | 徐々に |
| ニックネーム | 常緑の州、ハマグリの州、チヌーク族の州 |
| シンボル | 州鳥：オウゴンヒワ、州花：シャクナゲ |
| 産業・産物 | 航空機、ソフトウェア開発、製紙・製材、ホップ |
| 出来事・行事 | セント・ヘレンズ山噴火（1980年）、<br>プヤバップ・バレー水仙祭（4月）、北西太平洋祭（7月） |
| 施設・企業<br>大学・組織 | オリンピック国立公園、マイクロソフト本社、<br>スターバックス本社、シアトル・マリナーズ（MLB） |
| 出身者 | ビング・クロスビー（俳優・歌手）、ジミ・ヘンドリックス（ギタリスト）、ミノル・ヤマサキ（建築家）、ビル・ゲイツ（マイクロソフト創業者） |

※アメリカ国勢調査2000年版より。
ただし「貧困率」は2007年、「失業率」は2006年のデータ。

| | 面積（km²） | 人口密度（人/km²） | 合衆国加盟年 | 平均個人所得 | 貧困率（※） | 失業率（※） |
|---|---|---|---|---|---|---|
| | 14,357 | 237.2 | 1788 | 28,766ドル | 7.90% | 4.30% |
| | 24,216 | 51 | 1788 | 23,844ドル | 7.30% | 3.40% |
| | 24,901 | 24.4 | 1791 | 20,625ドル | 10.10% | 3.60% |
| | 27,336 | 232.3 | 1788 | 25,952ドル | 10.00% | 5.00% |
| | 91,646 | 13.9 | 1820 | 19,533ドル | 12.20% | 4.60% |
| | 4,002 | 261.9 | 1790 | 21,688ドル | 11.90% | 5.10% |
| | 141,299 | 134.3 | 1788 | 23,389ドル | 13.80% | 4.50% |
| | 22,588 | 372.5 | 1787 | 27,006ドル | 8.50% | 4.60% |
| | 119,283 | 103 | 1787 | 20,880ドル | 11.60% | 4.70% |
| | 62,755 | 28.8 | 1863 | 16,477ドル | 17.10% | 4.90% |
| | 82,932 | 48.4 | 1788 | 18,795ドル | 15.10% | 6.50% |
| | 153,909 | 53.2 | 1788 | 21,154ドル | 14.30% | 4.60% |
| | 6,447 | 121.5 | 1787 | 23,305ドル | 10.30% | 3.60% |
| | 139,389 | 57.7 | 1789 | 20,307ドル | 14.30% | 4.80% |
| | 110,785 | 63.9 | 1788 | 23,975ドル | 9.90% | 3.00% |
| | 170,304 | 93.8 | 1845 | 21,557ドル | 12.10% | 3.30% |
| | 32,133 | 164.8 | 1788 | 25,614ドル | 8.30% | 3.90% |
| | 177 | 3,597 | 1800 | 28,659ドル | 17.10% | 6.00% |
| | 135,765 | 32.8 | 1819 | 18,189ドル | 16.60% | 3.60% |
| | 104,659 | 38.6 | 1792 | 18,093ドル | 17.20% | 5.70% |
| | 109,151 | 52.1 | 1796 | 19,393ドル | 15.80% | 5.20% |
| | 125,434 | 22.7 | 1817 | 15,853ドル | 20.70% | 6.80% |
| | 137,732 | 19.4 | 1836 | 16,904ドル | 17.60% | 5.30% |
| | 181,035 | 19.1 | 1907 | 17,646ドル | 15.80% | 4.00% |
| | 695,621 | 30 | 1845 | 19,617ドル | 16.30% | 4.90% |
| | 134,264 | 33.3 | 1812 | 16,912ドル | 18.80% | 4.00% |
| | 149,998 | 82.8 | 1818 | 23,104ドル | 11.90% | 4.50% |
| | 94,321 | 64.5 | 1816 | 20,397ドル | 12.30% | 5.00% |
| | 169,639 | 31.6 | 1848 | 21,271ドル | 10.80% | 4.70% |
| | 116,096 | 97.8 | 1803 | 21,003ドル | 13.10% | 5.50% |
| | 250,494 | 39.7 | 1837 | 22,168ドル | 13.90% | 6.90% |
| | 145,743 | 20.1 | 1846 | 19,674ドル | 11.00% | 3.70% |
| | 213,096 | 12.6 | 1861 | 20,506ドル | 11.20% | 4.50% |
| | 199,731 | 3.8 | 1889 | 17,562ドル | 13.20% | 3.20% |
| | 200,345 | 8.5 | 1867 | 19,613ドル | 11.10% | 3.00% |
| | 183,112 | 3.5 | 1889 | 17,769ドル | 11.80% | 3.20% |
| | 180,533 | 31 | 1821 | 19,936ドル | 13.30% | 4.80% |
| | 225,171 | 21.8 | 1858 | 23,198ドル | 9.50% | 4.00% |
| | 216,446 | 6 | 1890 | 17,841ドル | 12.10% | 3.40% |
| | 295,254 | 17.4 | 1912 | 20,275ドル | 14.10% | 4.10% |
| | 269,601 | 16 | 1876 | 24,049ドル | 11.50% | 4.30% |
| | 314,915 | 5.8 | 1912 | 17,261ドル | 17.90% | 4.20% |
| | 286,351 | 7 | 1864 | 21,989ドル | 10.60% | 4.20% |
| | 380,838 | 2.4 | 1889 | 17,151ドル | 14.10% | 3.20% |
| | 219,887 | 10.2 | 1896 | 18,185ドル | 9.80% | 2.90% |
| | 253,336 | 1.9 | 1890 | 19,134ドル | 9.50% | 3.20% |
| | 1,717,854 | 0.4 | 1959 | 22,660ドル | 9.80% | 6.70% |
| | 254,805 | 13.4 | 1859 | 20,940ドル | 13.00% | 5.40% |
| | 423,970 | 79.9 | 1850 | 22,711ドル | 12.40% | 4.90% |
| | 28,311 | 42.8 | 1959 | 21,525ドル | 8.50% | 2.40% |
| | 184,665 | 31.9 | 1889 | 22,973ドル | 11.40% | 5.00% |
| | 9,826,632 | 28.6 | | 21,587ドル | 13% | 4.60% |

## ■アメリカ50州データ

| 地域 | 州名 | 州名英表 | 略号 | 人口(人) |
|---|---|---|---|---|
| ニューイングランド地域 | コネチカット州 | Connecticut | CT | 3,405,565 |
| | ニューハンプシャー州 | New Hampshire | NH | 1,235,786 |
| | バーモント州 | Vermont | VT | 608,827 |
| | マサチューセッツ州 | Massachusetts | MA | 6,349,097 |
| | メイン州 | Maine | ME | 1,274,923 |
| | ロードアイランド州 | Rhode Island | RI | 1,048,319 |
| 中央大西洋岸地域 | ニューヨーク州 | New York | NY | 18,976,457 |
| | ニュージャージー州 | New Jersey | NJ | 8,414,350 |
| | ペンシルバニア州 | Pennsylvania | PA | 12,281,054 |
| 南部大西洋岸地域 | ウェストバージニア州 | West Virginia | WV | 1,808,344 |
| | サウスカロライナ州 | South Carolina | SC | 4,012,012 |
| | ジョージア州 | Georgia | GA | 8,186,453 |
| | デラウェア州 | Delaware | DE | 783,600 |
| | ノースカロライナ州 | North Carolina | NC | 8,049,313 |
| | バージニア州 | Virginia | VA | 7,078,515 |
| | フロリダ州 | Florida | FL | 15,982,378 |
| | メリーランド州 | Maryland | MD | 5,296,486 |
| | ワシントンD.C. | Washington,D.C | DC | 572,059 |
| 東南中央部地域 | アラバマ州 | Alabama | AL | 4,447,100 |
| | ケンタッキー州 | Kentucky | KY | 4,041,769 |
| | テネシー州 | Tennessee | TN | 5,689,283 |
| | ミシシッピ州 | Mississippi | MS | 2,844,658 |
| 西南中央部地域 | アーカンソー州 | Arkansas | AR | 2,673,400 |
| | オクラホマ州 | Oklahoma | OK | 3,450,654 |
| | テキサス州 | Texas | TX | 20,851,820 |
| | ルイジアナ州 | Louisiana | LA | 4,468,976 |
| 東北中央部地域 | イリノイ州 | Illinois | IL | 12,419,293 |
| | インディアナ州 | Indiana | IN | 6,080,485 |
| | ウィスコンシン州 | Wisconsin | WI | 5,363,675 |
| | オハイオ州 | Ohio | OH | 11,353,140 |
| | ミシガン州 | Michigan | MI | 9,938,444 |
| 西北中央部地域 | アイオワ州 | Iowa | IA | 2,926,324 |
| | カンザス州 | Kansas | KS | 2,688,418 |
| | サウスダコタ州 | South Dakota | SD | 754,844 |
| | ネブラスカ州 | Nebraska | NE | 1,711,263 |
| | ノースダコタ州 | North Dakota | ND | 642,200 |
| | ミズーリ州 | Missouri | MO | 5,595,211 |
| | ミネソタ州 | Minnesota | MN | 4,919,479 |
| 山岳地域 | アイダホ州 | Idaho | ID | 1,293,953 |
| | アリゾナ州 | Arizona | AZ | 5,130,632 |
| | コロラド州 | Colorado | CO | 4,301,261 |
| | ニューメキシコ州 | New Mexico | NM | 1,819,046 |
| | ネバダ州 | Nevada | NV | 1,998,257 |
| | モンタナ州 | Montana | MT | 904,433 |
| | ユタ州 | Utah | UT | 2,233,169 |
| | ワイオミング州 | Wyoming | WY | 493,782 |
| 太平洋岸地域 | アラスカ州 | Alaska | AK | 626,932 |
| | オレゴン州 | Oregon | OR | 3,421,399 |
| | カリフォルニア州 | California | CA | 33,871,648 |
| | ハワイ州 | Hawaii | HI | 1,211,537 |
| | ワシントン州 | Washington | WA | 5,894,121 |
| | アメリカ合衆国 | United States of America | USA | 281,424,144 |

# 参考文献


『アメリカ黒人〈アフロ・アメリカン〉の文化と政治』チャールズ・P・ヘンリー著　河田潤一訳　明石書店
『アメリカ歴史地図』マーティン・ギルバート著　池田智訳　明石書店
『改訂版 アメリカのことがマンガで3時間でわかる本』松尾弌之、吉田直哉著　明日香出版社
『わがアメリカ文化ガイド』日本アメリカ文学・文化研究所編　荒地出版社
『わがアメリカ文化誌』亀井俊介著　岩波書店
『アメリカン・ルーツ・ミュージック　楽器と音楽の旅』奥和宏著　音楽之友社
『アメリカスポーツ地図』山際淳司著　角川書店
『「アメリカ音楽」の誕生——社会・文化の変容の中で』奥田恵二著　河出書房新社
『実験国家アメリカの履歴書——社会・文化・歴史にみる統合と多元化の軌跡』鈴木透著　慶應義塾大学出版会
『異文化社会アメリカ〔改訂版〕』示村陽一著　研究社
『アメリカ地名辞典』井上謙治、藤井基精編　研究社出版
『宗教から読む「アメリカ」』森孝一著　講談社選書メチエ
『不思議の国アメリカ——別世界としての五〇州』松尾弌之著　講談社学術文庫
『アメリカの軍事戦略』江畑謙介著　講談社現代新書
『アメリカ南部——大国の内なる異郷』ジェームス・M・バーダマン著　森本豊富訳　講談社現代新書
『アメリカの伝統文化　野外博物館ガイド』杉本尚次著　三省堂選書
『フロリダ・アメリカ東海岸——オーランド、マイアミ、ワシントンDC、ニューヨーク、ボストン〈るるぶワールドガイド——アメリカ〉』JTBパブリッシング
『そうだったのか！アメリカ』池上彰著　集英社
『ポケット図解 アメリカ合衆国がよ〜くわかる本——歴史、民族、政治、社会の実態が見える！』杉田米行著　秀和システム
『アメリカ文化史入門——植民地時代から現代まで』亀井俊介編　昭和堂
『アメリカ史重要人物101』猿谷要編　新書館
『アメリカ音楽地図』木之下晃著　新潮社
『アメリカ50州を読む地図』浅井信雄著　新潮文庫
『アメリカ食文化』ダナ・R・ガバッチア著　伊藤茂訳　青土社
『今がわかる時代がわかる世界地図2009年版』正井泰夫監修　成美堂出版
『地球の歩き方　ガイドブック　B01　アメリカ　2005〜2006年度版』地球の歩き方編集室著　ダイヤモンド社
『地球の歩き方　ガイドブック　B01　アメリカ　2008〜2009年度版』地球の歩き方編集室著　ダイヤモンド社

『地球の歩き方 ガイドブック B07 ボストン&ニューイングランド地方 2004~2005年度版』地球の歩き方編集室著 ダイヤモンド社
『地球の歩き方 ガイドブック B08 ワシントンDC 2006~2007年度版』地球の歩き方編集室著 ダイヤモンド社
『地球の歩き方 ガイドブック B11 シカゴ 2006~2007年度版』地球の歩き方編集室著 ダイヤモンド社
『地球の歩き方 ガイドブック B12 アメリカ南部 ニューオリンズ/アトランタ/メンフィス/南部主要都市ガイド 2006~2007年度版』地球の歩き方編集室著 ダイヤモンド社
『地球の歩き方 ガイドブック B12 アメリカ南部 ニューオリンズ/アトランタ/メンフィス/南部主要都市ガイド 2008~2009年度版』地球の歩き方編集室著 ダイヤモンド社
『地球の歩き方 ガイドブック B13 アメリカの国立公園 2007~2008年度版』地球の歩き方編集室著 ダイヤモンド社
『地球の歩き方 ガイドブック B25 アメリカ・ドライブ 2008~2009年度版』地球の歩き方編集室著 ダイヤモンド社
『アメリカの風土と地域計画』マイケル・ブラッドショー著 正井泰夫・澤田裕之訳 玉川大学出版部
『物語アメリカの歴史――超大国の行方』猿谷要著 中公新書
『新詳高等地図』帝国書院
『最新アメリカ合衆国要覧――50州と日本』外務省北米局監修 東京書籍
『アメリカ合衆国テーマ別地図』ロジャー・ドイル編 高橋伸夫、田林明訳 東洋書林
『現代アメリカ社会地図』アリス・C・アンドリュース、ジェームズ・W・フォンセカ編著 高橋伸夫、田林明、菅野峰明訳 東洋書林
『アメリカ――超大国のリアルな生活』WCG編集室編 トラベルジャーナル
『アメリカ先住民の現代史――歴史的記憶と文化継承』内田綾子著 名古屋大学出版会
『図解雑学アメリカ大統領』高畑昭男著 ナツメ社
『早わかりアメリカ――文化が見える・歴史が読める』池田智、松本利秋著 日本実業出版社
『面白いほどよくわかるアメリカ――歴史から社会問題まで本当の姿が見えてくる』鈴木晟、荒木教夫著 日本文芸社
『世界の食文化12 アメリカ』本間千枝子、有賀夏紀著 農文協
『アメリカを知る事典』斉藤真監修 平凡社
『アメリカン・メジャースポーツ読本』ベースボール・マガジン社
『アメリカ解体全書――どう出る「帝国」どうする日本!』高成田享、杉本宏著 ベストセラーズ
『アメリカ文化への招待――テーマと資料で学ぶ多様なアメリカ』朝日由紀子、谷中寿子、粂井輝子編 北星堂書店
『アメリカ州別文化事典』清水克祐著 名著普及会
『アメリカの歴史――テーマで読む多文化社会の夢と現実』有賀夏紀、油井大三郎編 有斐閣アルマ
ほか、多数の書籍およびWebサイトを参考にしています。

監修者紹介

**松尾 弌之**（まつお かずゆき）

1941年生まれ。上智大学名誉教授、東京純心女子大学学長。主としてアメリカ史を教える。上智大学卒業後、NHKで教養番組の制作を担当し、その後ワシントンの合衆国政府（国務省）勤務を経て、ジョージタウン大学院歴史学博士課程修了（アメリカ現代史）。在米11年のあと帰国。上智大学助教授、日本国外務省専門調査員（ワシントン在米大使館勤務）などを歴任。主著書に『不思議の国アメリカ』（講談社学術文庫）、『民族で読みとく「アメリカ」』（講談社メチエ選書）、『アメリカという物語――欲望大陸の軌跡』（勉誠出版）、『アメリカの永久革命～共和党と民主党が生むダイナミズム』（勉誠出版）など。

編著者紹介

**株式会社レッカ社**（かぶしきがいしゃ れっかしゃ）

編集プロダクション、1985年設立。ゲーム攻略本を中心にサッカー関連、ファッション系まで幅広く編集制作する。代表作としてレトロバイブル『大百科シリーズ』（宝島社）やシリーズ計600万部のメガヒット『ケータイ着メロ　ドレミBOOK』（双葉社）などがある。『永遠のガンダム語録』（カンゼン）をはじめ、ガンダム関連本も多数編集制作。現在『ジュニアサッカーを応援しよう！』を雑誌、ウェブ、ケータイ公式サイトで展開中。

編集……………………株式会社レッカ社
　斉藤秀夫、森哲也
ライティング……………松本晋平、小日向淳、井藤至成、
杉原誉洋
本文デザイン……………和知久仁子
写真提供…………………アフロ
DTP……………………Design-Office OURS

各州紹介ページ右下に入っている人口、面積はアメリカ国勢調査2000年版を参考にしています。

本書は、書き下ろし作品です。

PHP文庫　日本人が意外と知らない
「アメリカ50州」の秘密

2009年8月19日　第1版第1刷
2014年4月7日　第1版第4刷

監修者　松尾式之
編著者　株式会社レッカ社
発行者　小林成彦
発行所　株式会社PHP研究所
東京本部　〒102-8331　千代田区一番町21
文庫出版部　☎03-3239-6259（編集）
普及一部　☎03-3239-6233（販売）
京都本部　〒601-8411　京都市南区西九条北ノ内町11
PHP INTERFACE　http://www.php.co.jp/

印刷所
製本所　図書印刷株式会社


ISBN978-4-569-67302-8